画语求索

全山石口述史

全山石 口述
全根先 访问
全根先 陈都 王文杰 整理

商务印书馆
The Commercial Press

图书在版编目（CIP）数据

画语求索：全山石口述史 / 全山石口述；全根先访问；全根先，陈都，王文杰整理． — 北京：商务印书馆，2021

ISBN 978-7-100-20341-8

Ⅰ.①画… Ⅱ.①全… ②全… ③陈… ④王… Ⅲ.①全山石—传记 Ⅳ.① K825.72

中国版本图书馆 CIP 数据核字（2021）第 180708 号

权利保留，侵权必究。

画语求索
——全山石口述史

全山石　口述
全根先　访问
全根先　陈都　王文杰　整理

商务印书馆出版
（北京王府井大街36号　邮政编码100710）
商务印书馆发行
北京新华印刷有限公司印刷
ISBN 978-7-100-20341-8

2021年11月第1版　开本 787×1092　1/16
2021年11月北京第1次印刷　印张 22¼

定价：98.00 元

1995年，在意大利现代艺术馆

1947年，在宁波中学学习时期

1957年，在列宾美术学院光荣榜上

1959年,在列宾美术学院进行毕业创作

1976年，重画《前赴后继》，全山石（左）与罗工柳（右）合影

1979年冬，在新疆野外写生

1985年，访美与明尼苏达大学校长海勒（左）合影

1986年，全山石（左3）与王蒙（左4）、李维康（右2）参加中国政府文化代表团访问朝鲜

1998年,中国美术家协会油画艺术委员会成立,全山石(右)接受靳尚谊主席(左)聘书

1999年访问俄罗斯,与画家特卡乔夫兄弟合影

1999年，俄罗斯列宾美术学院叶尔曼耶夫院长（右）授予全山石（左）荣誉教授证书

2011年，意大利博洛尼亚美术学院院长（左4）授予全山石（左5）、靳尚谊（左3）艺术成就奖，陪同人员有张祖英、雷波等

采访时工作照（左起：萨红、全根先、全山石、宋本蓉、陈都）

2021年6月30日，高世名（右1）、沈世龙（左1）看望全山石先生，并颁发"光荣在党50年"纪念章

左起：铁凝、刘山花（刘文西家属）、全山石、靳尚谊、常莎娜、周蓉（周令钊家属）

2018 年罗马尼亚考察

前 言

本书是"中国记忆·学者口述史"丛书的第五本。自2017年1月《风雨平生——冯其庸口述自传》出版以来，这一丛书又陆续推出了《一生一事——顾方舟口述史》《锦绣流光——黄能馥口述史》《丽泽忆往——刘家和口述史》等，成为中国记忆项目"当代重要学者专题"口述史整理出版的系列成果。

国家图书馆中国记忆项目是以中国现当代重大事件、重要人物、传统文化遗产为专题，以传统文献体系为依托，系统性、抢救性地进行口述史料、影音史料等新类型文献建设，并最终形成特色专题资源体系的文献建设和服务项目，是国家文献信息资源总库的重要组成部分，是图书馆资源采集、整理、保存、服务与文化传播职能的新拓展。

中国记忆项目自2012年开始当代重要学者口述史库的建设工作，对我国各领域具有重要影响和突出贡献的专家学者进行口述史访谈，目前已开展对30余位学者的口述史访谈，涉及历史学、哲学、医学、艺术学、工学、农学等多个领域。这些学者的口述史料将作为图书馆的文献资源永久保存，并转化为出版物，为更大范围的读者所用。

全山石先生是接受中国记忆项目口述史访谈的第一位画家和美术教育家。全山石1930年生于浙江宁波，是清代著名学者全祖望的后裔。他自幼酷爱绘画与音乐，1950年考入国立杭州艺专（中国美术学院前身），师从美术大师林风眠、潘天寿、黄宾虹等。1954年公派苏联列宁格勒（圣彼得堡）列宾美术学院油画系留学，师从阿列希尼柯夫、梅尔尼科夫等油画大师。1960年毕业后，他回到母校中国美术学院任教，曾任油画系主任、院教务长等职，为中国的油画事业和美术教育事业做出了重要贡献。他的历史画作品主要有《英勇不屈》《井冈山上》《八女投江》《娄山关》《血肉长城》等。

2018年4月12日，国家图书馆中国记忆项目中心开始在浙江杭州对全山石先生进行口述史访谈，至2019年1月9日访谈结束，共访谈21次，口述史料总时长约33小时。全山石先生口述史访谈的项目负责人为全根先，负责访谈和书稿整理工作；陈都和全山石艺术中心的王文杰参与了书稿整理工作；摄像录音工作由赵亮、刘东亮、谢忠军、陈都和宋本蓉承担。在访谈过程中，全山石艺术中心给予了大力支持和帮助，谨此致谢！

今后，中国记忆项目将继续开展学者口述史料的整理出版工作，让更多的读者可以借由文字，了解这些深处书斋、实验室或象牙塔中学者们的人生经历和思想情感，走进他们的内心世界。

国家图书馆中国记忆项目中心

目 录

一、从鹊巢坊到"小上海" / 1
    鹊巢全氏 / 1
    勤劳的父母 / 4
    自立的兄妹 / 7
    从私塾到小学 / 10
    九宫格画像——美术启蒙 / 11
    电台播音乐——音乐启蒙 / 13

二、在国立杭州艺专初习绘画 / 17
    报考国立杭州艺专 / 17
    自筹学费 / 18
    关良师和黄宾虹师 / 20
    美院里的新画派 / 21
    转向苏联画法 / 27
    颜文樑师的印象主义 / 30
    选择油画 / 32

三、赴列宾美院留学深造 / 34
    留苏考试 / 34
    赴京培训 / 36
    友好而美丽的苏联 / 38

严格的苏式教学	/41
感受油画语言	/43
学画与生活	/45
冬宫临画	/48
分工作室的苦恼	/51
从师名家	/54
同窗"三剑客"	/57
访亚美尼亚画家萨里扬	/60
体验生活与毕业创作	/63

四、回浙江美院教书育人 /67

被母校留下任教	/67
为潘天寿师画肖像	/70
经历风霜	/72
鸿雁传书	/74
动荡岁月	/77
源于样板戏的油画	/79

五、历史画创作 /81

《前赴后继》	/81
《英勇不屈》（一）	/83
《井冈山上》	/86
《八女投江》（一）	/89
《贫下中农赞》	/94
《井冈山斗争》	/95
《英勇不屈》（二）	/96
《重上井冈山》	/98
《娄山关》	/100

六、探寻敦煌宝藏 / 106
常书鸿师 / 106
临摹所悟 / 108
北魏壁画 / 111

七、情系天山南北 / 116
《塔吉克姑娘》 / 116
一场火灾 / 118
办油训班 / 119
北疆写生 / 122
吐鲁番风情 / 125
吐尔干一家 / 127
南疆写生 / 129
塔什库尔干 / 133
新疆油画写生展览 / 137

八、探索教研新路径 / 139
教学管理 / 139
没有消失的蛋彩画 / 140
伊贡·席勒 / 141
方兴未艾的丙烯画 / 142
在北美感受西方文化 / 143
朝鲜印象 / 146
出版素描集 / 148

九、迎来创作新高峰 / 150
《历史的潮流》 / 150
《八女投江》（二） / 151

《八女投江》（三） / 153
　　《血肉长城——义勇军进行曲》 / 156
　　《黎明前》 / 160
　　《塔吉克人的婚礼》 / 161

十、旅欧考察文化艺术 / 164
　　到西班牙寻访委拉斯凯兹 / 164
　　走访意大利深厚的文化底蕴 / 168
　　去法国考察油画原作 / 171
　　达·芬奇派画家阿尼戈尼 / 174
　　重返自然的画家塞冈蒂尼 / 176
　　杰出的写实主义画家佐恩 / 177

十一、为油画进步而奔波 / 181
　　东南亚讲学 / 181
　　香港画界的商业气息 / 182
　　策划超前卫艺术展 / 183
　　任教中央美院高研班 / 185
　　缅怀罗工柳师 / 186
　　"留学到苏联"巡回展 / 189
　　家乡文艺 / 190

十二、编辑出版俄罗斯画册系列 / 192
　　重访俄罗斯 / 192
　　引进俄罗斯绘画 / 193
　　富于哲思的画家莫伊谢延科 / 195
　　科尔热夫与弗明 / 197
　　离开故土的画家尼古拉·菲钦 / 199

"人民艺术家"梅尔尼科夫 / 201
"乌克兰英雄"雅勃隆斯卡娅 / 205

十三、创办艺术中心 / 209
建馆缘起 / 209
中心宗旨 / 211
内部设计 / 215
外部环境 / 218
艺术文脉 / 220
展馆设置 / 224
藏品展示 / 226

十四、艺术中心活动 / 230
开幕首展 / 230
阿尼戈尼画展 / 233
巴比松画派展 / 235
提香和鲁本斯画展 / 239
特列恰科夫国家画廊藏品展 / 241
爱德华多·纳兰霍作品展 / 244
柯尔内留·巴巴作品展 / 247
杨鸣山百幅油画风景写生展 / 254
油画高级创研班 / 256

十五、油画收藏与鉴赏 / 263
提香的《达娜厄》 / 263
意外收获 / 264
辨析良莠 / 266
历史机遇 / 267

油画的保养　　　　　　　　　　　　　　／ 269

十六、油画可以青出于蓝而胜于蓝　　　／ 271

论俄罗斯油画　　　　　　　　　　　／ 271
谈中国油画　　　　　　　　　　　　／ 284
油画本体语言　　　　　　　　　　　／ 287
甘做铺路石　　　　　　　　　　　　／ 289
从青少年抓起　　　　　　　　　　　／ 292
业余习画　　　　　　　　　　　　　／ 296

十七、油画与生活　　　　　　　　　　　／ 300

音乐与美术　　　　　　　　　　　　／ 300
身心修养　　　　　　　　　　　　　／ 306

附　录　　　　　　　　　　　　　　　　／ 308

全山石先生重要著作目录　　　　　　／ 308
全山石先生油画作品目录　　　　　　／ 312
编后记　　　　　　　　　　　　　　／ 323

一、从鹊巢坊到"小上海"

鹊巢全氏

我叫全山石(原名全永银),出生于1930年10月。我这个姓比较少,我查了一下,在全祖望[①]的著作里面有记述。据《鲒埼亭集》记载,全姓出自泉姓,西周时有泉府之官。按周礼属于地官,掌管货币交流和集市贸易。古称钱币为泉,全府官的后人以职官为姓,遂为泉姓。因泉与全同音,故有的改泉为全,称全氏。

两汉时期,全姓的族人就到了长安地区,就是现在陕西西安的东面。到东汉末年的时候,已经有全氏族人搬到钱塘,就是现在的杭州地区。我们沙港口的全氏始祖叫全权,他是宋太宗太平兴国年间(976—984)的进士,在朝廷做过侍御史。他最早从钱塘迁到鄞县[②]桓溪,并在这片土地上繁衍子孙,这个村落也由此而建,至今已有一千多年了。这位始祖后来葬在沙港口村的南面,他的坟墓我们小的时候还见过。我的祖先就是随着这支全姓族人从钱塘搬到了鄞县,就是全祖望的家乡。

[①] 全祖望(1705—1755),字绍衣,号谢山,浙江鄞县(今宁波鄞州区)人,清代浙江东学派代表人物之一,著名史学家、文学家。
[②] 鄞县,今宁波市鄞州区。

我所属的沙港口地方的全姓人,以前是皇亲国戚。宋理宗赵昀之母慈宪太后、度宗赵禥之妻仁安皇后以及福王之妃等,都出自沙港口全氏。宋理宗幼年时在桓溪念书,他是全氏外甥,当了皇帝以后,要给外婆家的亲戚封官。但是,大家商量以

全祖望先生

后,都不想通过皇亲关系来光耀门第,取得名利。朝廷为了表彰这种高尚情操,因而就给沙港口的全氏住宅起了一个名字,就叫"鹊巢坊"。鹊巢坊是宋朝皇帝所赐,本来应该在那个地方要搞很隆重一个仪式,但因为皇后和妃子都很谦虚,觉得简单一点就可以了。

有关鹊巢坊的内容,在全祖望的十首诗①里面有论述。他的这十首诗,描写的是沙港口那个地方的典故。我的祖先就是全祖望。他的诗文集,定名为《鲒埼亭集》。鄞县从前有个鲒埼亭,附近有鄞江和桓溪,里面多鲒;鲒就是蚌,埼就是曲岸、岸边。梁启超曾对全祖望的这个文集评价很高,他说:"若问我对于古今文集最爱读某家,我必举《鲒埼亭集》为第一部了。"我这个全姓的来历,大概就是这么一个情况。

我小的时候,村里大概有二百多户人家,都是姓全的。以桓溪上的石桥为界,分为桥上、桥下两个区域,各有一个全氏宗祠,桥上向南的叫南祠堂,桥下向北的叫北祠堂,我家是在北祠堂。我印象中,当时村里多数房子都是砖木结构的平房或四合院式的老房子。还有一个小学,在溪的北岸,叫全氏桓溪小学,原来是北祠堂宗族所办的义学私塾,是一座两层楼

---

① 《旬余土音》载有全祖望《吾家故迹》十首,指鹊巢坊、本心院、义田局、魏笏亭、崇让里、归鹤庄、五桂常、桃花堤、百尺西楼、思旧馆。

的洋房，在当地是很少见的。全氏子弟可以免费入学。

在我们家乡，过去大多从事农业生产，以种植水稻为主。另外，还有不少人家种植废草，别的地方可能不太有，人们用来制作草席。这是村里主要的手工制品，称为"宁席"。人们把草席卖了，换一些家庭日常生活用品。但是，因为我们家乡离宁波城也就二十公里路，和宁波人比较像，有一个特点，就是这里人往外面跑的比较多。比如，美国有很多宁波人，香港也有很多宁波人，上海宁波人也很多。实际上，宁波港建设得很早，先有宁波港，才有了上海港。所以，宁波人都有一个事业心，男人有没有出息，看你会不会跑出去。我们家乡也是这样，一些能干的男人尽可能都往宁波城里跑。

我祖父叫全文涛，就在宁波城里工作，受人家的聘用，曾是银楼的一个经理，拿薪水的。当时，这种银楼就是卖金戒指、银器，或者铜质的一些家具什么。我二哥回忆中讲到，我的曾祖父、曾祖母这一代，由于治家有方、理财有法，在清朝咸丰、同治年间曾是沙港口的首富人家。他们有四个儿子，分为贤、良、方、正四房，继承家产。我的祖父是方房，分得楼房三间，土地近百亩。但是，他从小就到宁波城里学做生意。由于他为人诚信、忠厚，深得老板信任，中年以后一直在银楼当经理。

乡下嘛，我们有祖传的田地，自己不去耕种，租给别人种，我们收租。譬如说，上面留下来 50 亩左右的祖田，族内轮流收租，今年轮到你收租，明年轮到我收租，后年轮到他收租。据说，过去乡下还经常有土匪，绑架事件时有发生。我跟我祖父、祖母都没见过面，他们都住在宁波城里，我小时候是住在乡下，所以对他们几乎没一点印象。我祖父是在银楼工作时患脑溢血病逝的，那年 63 岁。我的曾祖母，她是 94 岁去世的，我小时候倒对她有印象，她一直躺在床上，她很喜欢我。

勤劳的父母

我对自己的父母亲是记得比较清楚的。我的父亲叫全世均，字可平，又名青夫，生于1894年，就是中日甲午战争爆发那年。他是家里独生子，倍受祖父母宠爱，就把他留在身边，不准他外出读书，只念过私塾。但是，他很聪明，而且非常勤奋，自学成才，不但会做生意，还会书法、画画、行医、设计房子、造房子。我父亲的字写得很好，而且他还督促我几个哥哥和姐姐写字。

我印象很深，我几个哥哥和我早年去世的姐姐，他们的字都写得很好，和我父亲有关系。我父亲逼着他们写字，每天早上都要临帖。到后来，在我成长的年代，主要是家里经济太困难了，他已经没有力量来管小孩了，所以，我跟我弟弟的书法就不如我几个哥哥。我很小的时候，他在乡下的村子里，很多人来找他，干什么呢？就开方子，我们现在叫行医吧？这个完全是免费的，人家有点毛病，他也会处置。他在乡下还做过公益事业，负责过乡里的南塘河（即桓溪）疏浚工作，南塘河疏浚的碑文就是他写的。

我现在想想，父亲那时候负担确实很重。我记得我父亲最早好像是公务员，做收税、开发票之类的税务工作，后来，因为这些薪水难以维持十来口人的家庭生计，他也就不做这份工作了，就出来自己做，想办法去经商。大概因为这个原因，所以没有固定职业，他很早就到宁波城里从商了。我印象当中，他的职业是什么呢？把那种旧的房子买进来，自己设计、改造以后，再卖出去，用这个办法挣钱。我小时候就这样，老跟在父亲后面，去干什么呢？看很破旧的房子，然后经过他的设计、改造，变成新房子，然后，把它卖掉，有了钱再这样倒。应该说，当时我们的家庭条件还是不错的。1937年抗日战争全面爆发以后，父亲带着我们全家回到家乡沙港口，从事农业生产，一家人靠务农维持生计。

我这一生中，受我母亲的影响是比较大的。我的母亲叫俞财英，她生于1897年（清光绪二十三年）。她家原来在奉化张俞村，出身于书香门第。

《世均先生肖像》，1998年，81×100 cm，布面

她可能在家中排行老二，我有两个舅舅、一个小姨。我对外公、外婆、大舅舅的印象不深，但我记得小舅舅。他好像是日本留学回来教音乐的，当过宁波孤儿院的音乐老师和乐队指挥，后来大概是因为爱情什么原因，神经错乱了。所以，我小时候只知道我的舅舅抽着烟，每天自言自言、唱歌，这些歌都是他自己编的。我母亲年轻的时候，还是一个长得很好、很有修养的才女，崇信观音菩萨。我母亲的娘家经济条件一般，不是非常富裕，家里有土地出租，但跟我父亲家里比还是要差一点。因此，当时她嫁到沙港口，算是有点高攀了。

以前的婚姻，都是媒人窜来窜去，男女双方没见过面。据我妈妈讲，她嫁到我父亲家里前，根本就不知道新郎长得什么模样，轿子抬过来以后，一看我父亲，原来是又矮又小的光头小伙，两个铜铃眼，这么一个新郎！

当时，她就大失所望。我妈妈的个子比较高，我爸爸的个子特别矮。所以，我母亲来到这个家里，实际上一开始是很不满意的。但是，她的修养非常好。我觉得，她的修养里最大一个特点，就是很克己，什么事情都让着别人，不爱自己出头露面地去做什么事情，她愿意默默无闻地做背后的工作，为我们兄弟姐妹的成长付出太多了。我觉得我妈妈非常的了不起，我也很感恩我的母亲，在她身上我学到了很多的奉献精神。我的个性和性格是从母亲那里来的，我父亲的脾气比较急躁，我母亲比较慢一点。所以，我的性格基本上像母亲，不像我父亲。

我们家里兄弟姐妹比较多，有八个人。那么，有十口人吃、住什么的，都依赖父亲和母亲维持，有一段时间，家里经济状况很困难。我记得，我哥哥不得不到同学家里去借米，家里揭不开锅了。我印象最深的是，一家人早上吃一根油条，用剪刀剪成一段一段的，然后桌子当中放一碟酱油，每个人只能拿一小块，蘸一蘸酱油再吃；午饭、晚饭都是咸菜汤、豆子之类的东西。所以，我小时候有点营养不良，身体很不好，可能跟当时家庭境遇有一定关系。母亲自十九岁嫁到全家，先后生育了九个子女，五男四女。除有两个女儿夭折外，其余均养大成人。养大这么多孩子，不知要付出多少心血！小时候，我们早上起来，母亲已做好早饭，白天忙家务，晚上她还要在油灯下缝补衣服。

我现在想起我的父亲、母亲，真的是不简单啊！要服侍一直躺在床上的祖母，还要养这么多的小孩。这样一个拮据的家庭，现在想，真是不堪回首！但是，家里非常和睦，父亲、母亲从来没有过吵架；我们兄弟姐妹也从来没吵过架。而且在教育孩子这方面，我的母亲还是很严格的。我记得有一次，我的弟弟到一个小店里面把一个鸭蛋拿回来了，我母亲就问："你这个是哪儿来的？"他说："我在那里，人家没看到，我拿来了。"我母亲非常生气："你怎么可以拿人家东西呢？"她就叫我弟弟过去道歉，把鸭蛋还给人家。我弟弟死也不肯去。但是，不肯去，也不行，最后还是让他把鸭蛋还回去了。这个给我印象很深。当时，我在想，已经拿来了，你还叫他拿回去，这个面子都没有了。但在这点上，我的母亲是非常有原则，非常正义的一个人。

我们家里有一个习惯：老大穿新衣服；老二穿老大的旧衣服；老三是补旧衣服；轮到老四，就是改装衣服。袜子也是这样，我们以前穿的袜子是长筒丝袜，轮到我们穿的时候，长筒丝袜没有袜筒了。我姥爷把破的袜筒剪掉，我妈妈在袜口上面缝一个类似橡皮筋的东西，能够起到把袜子固定在腿上的作用，我们主要穿这种袜子。但是，因为这些袜子本是大人穿的，很大，加之剪掉太多的袜筒，它又不够长，一走路，袜子就自己滑落下来了，这个我印象最深了。我们穿的鞋子也是妈妈做的，我上高小的时候，上学路上是不穿鞋的，鞋子夹起来，到学校门口，再把鞋子穿上。然而，就是这样的家庭，出身却不是很好，因为家里有地，父亲又从商，结果后来划阶级成分，就划到"工商地主"一类，属于"黑五类"了。

我的父母虽然是旧式婚姻，但他们感情很好。听母亲说，因为父亲很聪明、能干，为人耿直，待人宽厚，生活在一起就产生了感情，他们一直互敬互爱，相濡以沫。1949年以后，他们随我哥哥来到杭州，后来住在二哥家里，享受天伦之乐。我父亲是1967年因病去世的。父亲去世以后，母亲一度在我小妹和弟弟家里住过，我母亲是1980年离世的。

我们家有一个家训，就是从小到大，你必须要自力更生，不要依赖人，这个思想深深印在我们兄弟姐妹的心里。所以，我们五个兄弟都很努力，都是共产党员，都是高级职称，都享受国务院颁发的专家津贴。而取得这些成就，应该说，跟我们自己的奋斗很有关系——按照党的路线，克服自己原来的阶级烙印，向好的方面转化；按照国家的要求，我们努力工作，给社会各方面做出自己的贡献。

自立的兄妹

我有四个兄弟，我是老四。兄弟以外，我们还有三个姐妹（大姐全芷湘系前母所生）。

我大哥叫全平，原名全永钊，生于1919年，长我11岁。他是在上海学无线电专业的，毕业于中国无线电工程学校。回来以后，为了挣钱，他自己创办了一个商业电台，叫宁声广播电台，有很多节目，通过收广告费来维持。大概是1948年，谭启龙①的部队在四明山那里，我们解放军正值过江，一直没有办法传递信息。那个时候，谭启龙知道我哥哥有这方面技术，通过我哥哥的一个朋友、同学，他是共产党员，给我大哥做工作，问能不能到四明山上面去？我大哥原本是个"公子哥儿"，要他到四明山去参加共产党的三五支队，他不干。我父亲也不同意。但是，做了几番工作以后，我大哥被说通了，同意到四明山去。到了四明山以后，他就建立了一个电台，电报通了以后，谭启龙马上就和我们江北解放军大军联系上了。所以，应该说是他立了一功。解放以后，筹建浙江人民广播电台和浙江电视台，他是第一任工程师。他一直在电台工作，前几年去世了。

我的二哥叫全永昕，生于1925年1月（农历是十二月）。记得我小的时候，他一边在原来上海的之江大学读机械系，一边当一所私立小学的校长。后来，我的二哥一直在浙江大学，是机械系的教授、系主任，后任浙江大学教务处长，还担任过浙江大学出版社总编。他对机械学有很深的造诣，担任过浙江省机械工程学会副理事长。从学校行政岗位退下来以后，省委组织部原本要他去担任省科协党组书记，是他自己选择留在学校做教学和科研工作。他出版了不少学术专著，带了多批博士研究生。现在他还健在，今年已经93岁了。

我的三哥叫全一毛，原名全永锵，生于1927年。他是上海中国新闻专科学校毕业的，也是一边读大学，一边在私立小学里教书。《文汇报》在香港的时候，他就是该报社的新闻记者，后来做了《文汇报》的主编。以前

---

① 谭启龙（1913—2003），江西永新人，曾任新四军浙东纵队政委、华东野战军第七兵团政委等，建国后曾任浙江省委书记、中共中央顾问委员会委员等职。

《文汇报》的很多社论都是他写的,他的文笔很好,才思敏捷,在上海他可以说是"一支笔"。有时候,我看他访谈,访问人的话说完了,他的一篇文章就写出来了,他就这么快,文章写得很好。而且我三哥比我大哥接受进步思想的时间要早,大概在1947年左右,三哥就写了很多批评国民党的文章,我还照着三哥的书里边画高尔基,画斯大林。那个时候,我画的是谁,其实我根本不知道,就是觉得画得好看,解放以后,我才慢慢知道这些人是谁,但说明那个年代,我三哥就已经在看进步书籍了。在这方面,三哥给我的影响还是比较大的。后来,他做了上海市委宣传部的秘书,很多宣传部的事情都是他做的。他还发表了很多新闻作品,撰写了《浙东四月间》《愚园放读》等著作。可惜,他在2000年就因病去世了。

我弟弟叫全永金,生于1932年。他是宁波三一中学毕业的,后来主要跟着我大哥搞机电、无线电。建国以后,他参加了宁波人民广播电台创建工作,是总工程师,负责技术工作。他实际上是很能干、很聪明的人,身体也很好。但在我们五个兄弟里,他似乎稍微差一点,因为他的社会关系复杂,他认识了一个女朋友,并且一定要跟她结婚。可是,他的这个女朋友有台湾的关系,家里面有人在台湾,大概还跟国民党有一定关系。那么,他是搞电台工作的,涉及机要工作,这就影响到他的前途。所以,我的弟弟比较难,前两年他得癌症去世了。

我姐姐叫全芝美,生于1923年。她是中学毕业,解放以后在华东化工部当会计。可惜,1953年她因甲状腺切除手术的医疗事故去世了,我因留学苏联而没能见到她。我的妹妹叫全芝妙,生于1937年。她原来是杭州丝绸印染厂的一名技术人员,后来在浙江丝绸工学院(现浙江理工大学)工作,是化学实验室的技师,大概研究染织方面的,具体情况我不是很了解。

实际上,在我们兄弟姐妹中,来往比较多的就是五个兄弟,我们交流得比较多,因为有共同语言。而在我的成长里面,这个家庭给了我一个很好的教育,就是要自力更生。因为我的家庭不可能同时维持这么多小孩,同时接受高等教育更是绝对不可能的,这就迫使我们家里出来的几个孩子都形成了共同的特点，就是个人奋斗，自力更生。这个想法是比较强烈的，我觉得也很好，所以，我以前看《约翰·克里斯多夫》《钢铁是怎样炼成的》的时候，特别有同感，做事情就应该自己奋斗，我很赞成小说人物的那种性格特征。

从私塾到小学

我六岁开始上学，那时我进的是私塾。这个私塾在哪里呢？是我们的祠堂，只有几个学生。我印象很深，第一天上学的时候，我穿一件新衣服，我妈妈陪着我去的，提了一个茶壶，里面是红糖和生姜煮的茶，叫姜茶，还拿着外面有松花的那种金团，因为要拜孔夫子，还带着香和蜡烛。我印象当中，私塾里是没有孔夫子的画像、塑像的，但是，祠堂里有很多牌位，老师朝着牌位的方向跪拜孔夫子，然后我就拜。拜完了以后，先给老师倒茶，给一个金团，我再给每一个同学倒茶，给一个金团，就这样，开始上学了。我的这位老师虽然只有三四十岁，但给我的感觉，年纪已经很大了，留着胡子。我最害怕的是看到老师，家里的话可以不听，但老师的话绝对得听。

在私塾里学了什么，我印象就不是很深了，大概是《百家姓》《千字文》这些，都要背的。我记得背得比较多的是古诗，但背的内容根本就不懂。在私塾读了约有一两年，我就转学到另外一个比较正规的学校。后来，大概我父亲觉得这个学校还不够好吧，我又转到我大姐就读的学校里念书，上学得走三五里路。这个就是我前面讲的，我把鞋子拿在手中，赤脚去上学，快到学校的时候，再把鞋穿上的那段经历。再后来，我就进宁波城住了，和我的哥哥、弟弟一起在鄞山小学上学，离家里很近，走出去一个转弯就到。正因为我读高小时，没有相对固定的学校，所以对我小时候同学的记忆就很淡薄。

那个时候，因为跟我弟弟的年龄比较近，我们关系比较好，一起玩的时间比较多，上面的三个哥哥层次比我们高，已经玩不到一块了。我弟弟很聪明，记忆力好，虽然比我小两岁，但我们是同班，而且他的成绩比我好。我小时候功课不好，特别是数学不好。我印象很深，那个时候考最好的宁波一中，那个学校很难考，但不知道怎么回事，我弟弟没有考上这个学校，而我却考上了。

九宫格画像——美术启蒙

关于我怎么学上画画的，其实这和我的家庭很有关系，因为我父亲喜欢画国画，书法也很好。所以，我父亲对我的影响，主要还是艺术方面，尤其是绘画。我印象最深了，我很喜欢看他画画。我记得他以前画荷花的时候，就说："出淤泥而不染啊！"他还喜欢画麻雀，而且他自己也喜欢收藏画，到旧货摊里买画，我印象当中，是花鸟画，挂在家里。我三哥也喜欢画画。我们家里还都喜欢音乐，我大哥的口琴吹得很好，还会拉二胡。所以，我艺术方面的兴趣，恐怕是从我父亲和哥哥那里来的。

虽然我很喜欢美术，但没有老师教我，大部分时间都是业余画画。到了周末，我就琢磨怎么能够把人画得像。一开始，我喜欢看画祖宗像的炭笔画、擦笔画，就是用九宫格放大一张很小的照片，放大镜看一眼小照片，就在九宫格里把人像放大、描下来。我就很喜欢看这种工作。所以，我最早学画的时候，以为画画是这种九宫格，就去买了九宫格。九宫格画法，就是九宫格构图法，也称"井"字构图法，是构图法中最基本的构图方法之一。它是通过分格的形式，把画面上的上下左右四个边平均分配成三等分，然后用直线把对应的点连接起来，使得画面形成一个"井"字，整体画面分成九个格子，而交叉线产生的那四个交叉点，自然成为要突出部分的最合适的位置。我最早画画是这样子的。那个时候，我也不知道，看到高尔基像，我就把它放大，还挂在家里面。当时，我和我父亲、母亲都不知道高尔基是谁。后来，我又画了斯大林像，这就有问题了，我哥哥说："不能挂这个，不能挂出来。你画可以，不能挂出来。"为什么不能挂出来？

我那个时候也不懂。总之，那个时候就喜欢画人像，把照片放得很大，大家觉得画得很好，我就很开心。

后来，我觉得九宫格的办法不好，而且我看别人也不是这样画的。再后来，我就知道要写生、临摹，所以，我就对一些画片特别感兴趣。比如，上高小时，我们已搬到宁波城里住了，我家附近有一个天主教教堂，每到星期天很多人来做礼拜。神父说《圣经》，信徒唱圣歌，圣歌快唱完的时候，教堂就会发一张宗教题材的画片，很多都是圣母玛丽亚的画像，但不是每次都发。每次礼拜，我都去教堂里边等着，如果发放画片，我就把它藏起来带回家。这个教堂的画片就是我最早接触西方的东西，而且对我画画是很有影响的。所以，我接受西方教育和住在城里有关系，如果住在农村的话，是不可能的。

另外，当时我父亲要买卷烟招待客人，我也会照着烟盒里面的画片画画。以前的香烟都是十支包装，包裹卷烟的锡纸外面都有一张画片，卷烟和画片正好装在一个烟盒里，这个画片上印的大多是《红楼梦》《水浒传》等里面的人物，像连环画一样。到1948年、1949年，这个画片大部分是电影明星的照片，像周璇、周曼华等，烟买多了，就可以收集很多。这些电影明星的照片都拍得很美，我就会照着这些画片画画。我对这些画片特别感兴趣，就很喜欢帮我爸爸买烟，但这些带有画片的香烟会贵一点，我就老骗我爸爸说："买这个香烟好。"香烟买回来后，这张画片就归我了。我对香烟品牌的印象很深的，当时就是大前门、老刀牌、仙女牌。老刀牌的标志就是一个强盗拿着一把刀，仙女牌的标志是天上的仙女。

音乐方面，我大哥对我的影响比较大。他喜欢音乐，会拉二胡，会吹口琴。我爷爷很喜欢我这个大哥，在大哥出生的时候，我们家里的情况还是比较好的。为了大哥，我们家里买了一个留声机，我记得上面还有一个喇叭筒，大哥会在留声机里放唱片。那个时候，也没电视、收音机，全靠留声机吸引我们。所以，在音乐上，这个留声机给我们兄弟姐妹的影响是蛮大的。

电台播音乐——音乐启蒙

我上中学的时候，抗日战争还没有结束，宁波属于敌占区，到了晚上，大概九点钟以后，宁波城要戒严。那个时候，宁波是有城墙、城门的，戒严了，城门一关就出不去了。主要街道上有些商店或是娱乐性的场所，还有一些给日本人提供服务的场所，会有日本宪兵巡逻，两个或三个人走在街上，一直在巡视。这些我们都见到过。当时，我们对抗日战争的情况根本不了解，虽然不害怕日本人，但很讨厌他们，因为日本人耀武扬威，还打人。所以，宁波的老百姓跟日本兵之间发生过很多冲突。

我读的宁波一中，当时叫月湖中学，在月湖①当中。我印象中，当时没有学生证，但每个学生必须别一个校徽，进出校门的时候，我们这些学生都要被日本兵搜身，也不知道为什么要搜身，或是什么东西不可以夹带。学校里面还强制教日文，教我们日文的是一个中国老师。所以，我学过日语，而且我的日文水平比较高，因为日文很好学的，发音特别好学，日文中特别深的东西是中国字比较多；浅一点的东西反倒看不懂。什么あいうえお，这些我都知道，都可以说出来。

念到三年级的时候，我就因伤休学了。那是上劳动课的时候，我们三个同学一起搬一块墓碑，墓碑放下来的时候，本来大家说好，"一、二、三"，再放下去。结果，刚说完"一、二"，"三"还没喊出来，那两个同学就把墓碑放下了，我的手就被压在底下，我再一抽手，指甲都没了，痛得不得了，直流血。后来，手就烂了，肿得很大，就没法上学了。这样，我就休学了。我这个指甲是后来长出来的。

休学期间，我大哥正好搞私营广播电台，要我去帮忙。因为当时家里生活很困难，我父亲老是让刚毕业的大哥去找工作，但他不愿意，就自己

---

① 月湖，又名西湖，位于宁波市城区的西南，开凿于唐太宗贞观年间（627—649）。

研究电台的发射台。到1946年4月，我大哥就注册了一个私人电台，叫宁声广播电台，面向整个宁波市区，主要搞服务型节目。当时宁波很繁华，比杭州要繁华得多，特别是宁波和上海之间的来往比较多，因为有水路，每天有两班轮船在上海、宁波间往返。所以，宁波的市面比较好，商业比较繁荣，是个"小上海"，当年来讲，在宁波办电台是一个非常好的时机。但是，在敌伪时期以及国统区时期，因为我们所播的内容太倾向于共产党，当局就给我们下通牒，要关闭我们的电台。这种事情出了好多次，都是我哥哥去处理的，我这种"小不拉子"[1]，轮不上。

那个时候，宁波有三家私人电台[2]，我们家的电台规模最小，但生意做得比人家都要好，广告也比较多。我记得，我们家里的生活是从未有过的富裕。一开始，电台里就三个人，我大哥和两个广播员，一个是我，一个是我的姐姐。通过麦克风，我姐姐的声音特别好听，很受大家的欢迎。我正处于变声期，声音特别难听，听众就不喜欢我播报。每天广播的时间，根据我们的广告收入来定，收听率高了，时间就长一点；广告少了，收听率差了，那么时间就稍微短一点，私营的嘛，没人来规定。一般来讲，都是早上大概八点钟以后，一直到晚上十二点，中间不停的，我们都是轮换吃饭，很辛苦，但广告收入很好。譬如说，晚八点到十点是黄金时间，我姐姐播报的广告费就要贵一些。

我做的广告就很便宜了，因为我这个广播员是比较疵毛[3]一点。尤其是，播报每日棉纱价格信息的过程中插播的广告，能赚很多钱，因为当时的棉纱价格是一个非常重要的信息，它的涨跌，会影响到其他东西的价格。所以，每天晚上都会报这个内容，涨了或者跌了，就跟现在股票一样，听

---

[1] 小不拉子，方言，指小孩。
[2] 据有关资料，另两家为宁钟广播电台，创办人赵宁钟，创于1946年5月；宁波广播电台，初创于1940年，1946年重办，负责人为王之祥、罗四维。
[3] 疵毛，方言，指不好。

1948年，在宁波宁声电台播音室（左：全山石）

这个节目的人特别多，广告费就会很贵。当时管理电台营业收入的人，不是我们家里的人，他可能经济头脑比较好，就承包了这件事，相当于现在的经纪人。这个人就帮我们去联系广告，然后我们负责具体的编辑、播报。譬如说，那时候做香烟广告，只能说香烟"烟丝黄亮，烟味芬芳"，只能讲这八个字，其他的不能多说，不可以说香烟对人有益什么的。

虽然我的嗓音不如我的姐姐，但我管理、播放唱片的水平很高。以前的唱片是正反两面，一面唱片还没停的时候，我能一下子翻面，唱片的孔正好落在唱片机的碟盘上，衔接非常流畅，可以达到听不出中断的感觉。此外，我管理唱片的能力也比较高，因为唱片比较多，像书架一样，一排一排放着，我把唱片都归弄好了，哪个是西洋音乐，哪个是戏曲，哪个是越剧，哪个是京剧，哪个是广东戏（粤剧），等等，要哪个唱片，我可以不用看、不用找，伸手就拿下来。这两个技术，我姐姐做不到。我的很多音乐知识是从那个时候来的，很多世界名曲，像贝多芬、肖邦等，那个时候我已经知道了。

那个时候，我们还会花钱请民间艺人到电台里的播音室唱宁波滩簧①、说相声等，这个收听率就比较高，但因为我们在播音室里面用电什么的，就会比较耗费。还有一种节目，是去转播剧场的节目，这个比较简单，它只要一个麦克风放舞台上，我坐在那里解说就可以了。比如，晚上有《十八里相送》②等，那么，谁表演完了，下台休息，现在谁出场了，这些都要解说，我就干这个事。然后舞台上面吊一个麦克风，下面唱的时候，就传到电台里了。因为是晚上转播，就有很多人听，收听率很高，收益很好，也很省事，费用和效益方面就比较划得来。我经常去剧场，在剧场里面待久了以后，也懂戏剧了，也会哼越剧，哪个唱腔什么样子，我都会，都是在工作当中学习所得。

除了电台的工作，我还看了很多文艺书籍，还自己画画。所以，这段休学工作的经历很重要，我对文艺界的印象和理解，以及我的审美观等，都得到了深化。当时，我更喜欢音乐。尤其是新中国成立之初，我们家搬到杭州后，我看到文工团的指挥，就很振奋。我并不清楚指挥专业到底怎么样，我只是觉得指挥是很有意思的一件事情，比如合唱的指挥，他手一挥，哇！这个声音就上去了；再一挥，整个声音又收起来。这就让我很兴奋，总想做这个事。所以，我大哥跟我讲："你那么喜欢指挥，你是不是到文工团去？"我很心动，就说："那你给我去打听打听，文工团需要什么样的一个条件？"但是，我后来想，我当乐队指挥，实际是不可能的，因为我数学不好，没有数字概念，而乐团指挥要求很强的逻辑性、很好的记忆力，而且数学概念也要好。我更适合搞美术，因为我的形象记忆力比较强，不会忘记看过的脸。

---

① 宁波滩簧，传统戏曲剧种之一，甬剧初期名称。
②《十八里相送》，黄梅戏《梁山伯与祝英台》故事中的一段。

二、在国立杭州艺专初习绘画

报考国立杭州艺专

1949年夏天,大概是宁波解放后到解放舟山期间,国民党军队飞机轰炸宁波的时候,我大哥从谭启龙部队所在的四明山下来了。他很神气,大概做了一个什么研究所的所长,还有挂着枪的警卫员跟在他后面,然后就到杭州筹建浙江人民广播电台去了。那个时候,他才三十岁左右。这样,我们家里就分两批到杭州,先是我父亲带一些家人到杭州,然后准备再到上海。

我们搬到杭州后,大概我哥哥认识一个铁路局的朋友,他家里腾出了一间小房子,让我们住在原来的昭庆寺①边上的一排宿舍里。这个宿舍属于铁路局,就在西湖边上。昭庆寺门口有一个很大的墙报,上面有国立杭州艺术专科学校②(以下简称杭州艺专)的专栏,几天就换一份新的,有很多文章,也有很多漫画。"这个画得这么有意思!"我当时就很着迷,老去看艺专的墙报。另外,解放初期,艺专的秧歌队经常到昭庆寺这边表演,我

---

① 昭庆寺,始建于五代,时称菩提院,原址位于杭州市宝石山东。
② 国立杭州艺术专科学校,始建于1928年,首任校长为林风眠。1950年改建为中央美院华东分院,是浙江美术学院和中国美术学院的前身。

也看得很出神，这个多有意思！艺专的人又会画画，又会跳舞，又会唱歌，很吸引我。

那个时候，正好看到艺专的招生广告，我就想去报名试试。但是，当时家里很困难，我爸爸不让我报考艺专，也不让我去文工团。他说："在杭州有一个职业最适合你，六公园那个地方，以前有摆摊拍照片的，拍一张照片，成本很低，生意很好，还要排队的。你呀！去摆个摊，拍照片，我给你买个照相机。这样，你有了收入以后，还可以补贴家里。"我想想，摆摊拍照总是没有达到我的愿望，我就说："这个摆摊摆不来，我还是想要考学校。"我就去考试了。

考大学，一般要有高中学力，我是考上高中，但是没有念。不过，招生广告里有一条，就是能以同等学力报考艺专。当时考试，只考素描，不考文化课。我考试的时候，一点把握都没有，总有低人一等的感觉，一个监考老师还老在我身后盯着我，我很心慌。一开始，我认为肯定是我跟别人比，我画得不行，才有老师盯着我，后来我才知道，是因为我画得比别人好，这个老师才一直看着我。当时考试的人很多。我想，我画得怎么样？我也不知道。

考完以后，我父亲说："好，你到六公园去。我给你投资吧，买照相机，那个比较好。你不是喜欢美术吗？"不过，第二天报纸上就发榜了，我简直没想到自己考上了，居然有我的名字，怎么有我名字？我父亲又说了："你考上了，谁给你付学费？"后来，我二哥说："我给付学费。"

自筹学费

考上国立杭州艺专后，学费很困难，我怎么解决？那时候，学费要花多少钱呢？几十块钱。第一年的学费，我记得很清楚，是我二哥付的。但我想，由我哥哥来承担，这总不是个办法。上二年级的时候，我就没让哥哥负担学费，我就自力更生。怎么自力更生呢？解放初，从事文化、教育工作的待遇很好，比如教授能住很好的洋房，年薪也很高，有好几石米，一石就是一百二十斤。另外，报社、杂志社的稿酬也很高，我就给他们投稿。

以前一些报纸，上面是新闻，底下就刊登一栏连环画或漫画，或者副刊里面有一栏连环画、漫画。一开始，我自己投稿。后来学校里也知道我会画插图、连环画，当报社记者来学校了解情况，就找到我画。后来，每天晚上，我给《浙江日报》画四幅连载的连环画，但不是每天都连载，一个月可能只给我画几次。譬如一个故事，一共才能画十六幅，画几天就没有了，这个时候，就得等另外一个故事给我，我才能继续画。另外，那个时候有位《青年》杂志的编辑，他后来也成为我的同学，我就给他投稿。总之，给报社画各种插图、连环画，以及零零碎碎的投稿，这些收入就够我吃饭了。像我和方增先①两个人合画了一本连环画，关于汉语拼音发明人的故事，这个稿费就比较多，够我一年的生活费。

二年级、三年级以后，我的手头功夫开始慢慢地好一些了，不仅画连环画，还会画年画。年画的稿费就比较高，一张年画的收入可以抵我一个学期的学费。比如，我和三个同学合画了一张年画《新中国妇女》。这张画比较大，画面当中是全国劳动模范田桂英②，旁边有六幅小画，这样的年画，稿费就很多了，我们四个人平分稿费，分下来的稿费仍然可以供自己一个学期的学费，而且有版权，版权还可以延续。

那个年代给我的印象，所有事情都靠自己奋斗。因为稿费很高，我们学生是可以自己挣钱上学的。我后来去苏联留学，日常起居也都是自己料理。因此，家庭的影响、时代的影响，使得我脑子里面自力更生的思想比较根深蒂固。

---

① 方增先（1931—2019），浙江兰溪人，画家，曾任上海美术馆馆长、上海市美术家协会主席、中国国家画院中国画院院长。
② 田桂英（1930— ），辽宁旅顺人，中华人民共和国第一位火车女司机、全国劳动模范。

关良师和黄宾虹师

国立杭州艺专校园比较小，我们就在平湖秋月对面，也没几间教室，旁边是宿舍、操场。那个时候，教师有小食堂，整个学校大概有几百人，学校很温馨，很好管理。

还有个好处，就是老师和同学之间非常融洽，老师把我们当成自己家小孩一样，我们把老师当作自己的家长一样，经常会到他们家里去。而且我们学习的主动性比较强，会去找老师提问题，会去看老师的画。现在的学生很少上老师那里主动去请教学术上的问题，除非有什么跟他有利害关系的事情，才会来找老师。比如说，他的弟弟要考美院了，这个分数多少，老师有没有办法帮忙说话。

那时，我们经常接触的老师有关良[①]先生。关良先生是一位非常和善的老师，他的水墨画都是戏剧人物，比较有趣。特别是我们懂戏剧的这些同学，很喜欢他的画，他也经常把画给我们看。其实，老师们给我们画的东西，我们都可以要下来的，但那个时候，我们没有求画、要画、送画的想法，我们没这个脑子的。

譬如说，我们经常去黄宾虹先生家里，黄宾虹先生也请我们去。那个时候，黄宾虹先生年纪已经很大了，很少给我们上课，但我们有私下接触，就是作为学生，去拜访老师嘛！那个时候，一到星期天下午，吃好晚饭，我们好几个喜欢山水画的同学商量一下，我们今天到哪位老师家里去，也没电话，也没先打个招呼，直接就去了。黄宾虹先生那时住在栖霞岭南麓岳坟后面，去了就敲门，先生开门了，我们就进去。他那个房间里面，挂着一条一条的铁丝，铁丝上面夹了很多晾衣服的木头夹子，黄宾虹先生画好画以后，这一张张画就夹在那个铁丝上面，夹了好多张。他让我

[①] 关良（1900—1986），字良公，广东番禺人，画家，早年留学日本，曾任浙江美术学院教授。

们去提意见，哪张好，哪张不好，我们讲完了以后，有时候他就把画从夹子上面拿下来添几笔，然后再夹上去。那个时候，要他几张画都太容易了，但我们没这个想法。

我印象当中，校园活动很活跃。星期六有舞会，老师跟同学一起，合唱团合唱、演戏。所以，我到美院以后，既能发挥自己音乐方面的才能，又能画画，这个是非常开心的。而且我和我的父母、我二哥夫妻俩就住在平湖秋月边上的罗苑①浙大宿舍里，就在我们学校对面，这是得天独厚的。我住宿舍里，因为家里一共只有两个房间，我哥哥夫妻俩一间，我父亲、母亲一间，我根本没有住的地方。我从学校教室回家，比回我宿舍还要近，因此有一种整个学校就是自己家的感觉。那段时间我觉得特别安稳，学习是比较安心的，没有任何的思想杂念，所以在学业方面进步也比较快，经常受到老师的表扬。

除了校园文艺活动比较活跃外，政治活动也比较多。最早的一个政治活动，叫"反大头、小头"，什么叫"大头""小头"？就是银元。当时有贩卖银元的，一种银元是"大头"，就是袁世凯的大头像；还有一种银元是"小头"，就是孙中山的小头像。因为这两种银币的含银量不同，价格就不一样，当时有种投机行为，就是倒卖银元。搞的第一个运动"反大头、小头"，我们就参加了。我们参加的第二个运动是"公私合营"，搞"公私合营"的宣传工作，之后就是"镇压反革命运动""肃反运动"等。像"土改运动"，就是当时比较大的运动，我们学生下乡到皖北、福建、浙江诸暨等地搞土改。

美院里的新画派

我是1949年秋天考入国立杭州艺专的，但进的是1950年的春季班。

---

① 罗苑，又称哈同花园，1918年由犹太商人哈同、罗迦陵夫妇所建，位于杭州市平湖秋月附近。1927年，杭州市政府将罗苑划归国立第三中山大学（浙江大学前身）。

我记得当时挂的校牌是一个调色板，白的底子，红的字，是"国立艺专"四个字。1950年，国立杭州艺专改名为中央美术学院华东分院（以下简称"华东分院"）。我这一届入学的学生与往届不同，因为这批学生实际上是新中国成立、中国共产党接管杭州艺专以后新国立艺专培养的第一批学生，在此之前，都是旧国立艺专培养的学生。这一届学生最多，解放以前积累起来的生源一下子就进到学校里了，一共有六个班，每个班大概有十几个人。应该说，学校师资力量相当强，每个班都配了班主任、辅导员。

当时，学校教师队伍主要由两个方面组成：一是解放前国立艺专留下来的老师。西画有留法的林风眠、吴大羽、庞薰琹、丘堤、庄子曼、胡善余，有留日的关良、倪贻德、曹思明等；雕塑有留法的刘开渠、肖传玖、程曼叔、周轻鼎等；国画有潘天寿、顾坤伯、吴茀之、诸乐三、刘苇、潘韵等；版画有郑野夫、张漾兮、丁正献、宋秉恒等；工艺美术有雷圭元、邓白等，都是我国最优秀的美术家和美术教育家。二是从解放区过来的鲁艺及华大的老师，如江丰、莫朴、彦涵、王流秋、金浪、邓野，以及金冶、朱金楼等，他们是学校里最主要的师资力量。还有一些是以政府名义来接管学校的力量，主要是决澜社①的地下党员刘苇和倪贻德等。

为什么会这样呢？因为国立北平艺术专科学校（以下简称"北平艺专"）有徐悲鸿，基本上是古典主义或新古典主义那一套教学方法，在配合党的文艺政策方面是稳固的。鲁艺留在北平艺专的，一个是罗工柳，一个是胡一川；而杭州艺专则属于资产阶级文艺思想比较强的大本营，是新画派的大本营。那个年代叫新画派，就是现代主义绘画流派，应该说属于资产阶级文艺。当时很多老师，如林风眠、方干民、吴大羽等都是从法国留学回来的，像倪贻德、关良是从日本留学回来的。颜文樑的教学体系是印

---

① 决澜社，中国近代西画社团，1931年成立于上海，其成员主要有庞薰琹、倪贻德、王济远、周多、周真太等。

象派①的，林风眠、吴大羽的教学体系更晚一点，是现代派的一套方法。在当时，应该说像关良、吴大羽学的是最时兴的，他们留学的时候，应该都是在1930年前后比较多一些。实际上，日本就是法国的"二传手"了，林风眠先生是留法的，学得比较直接一点；关良先生是留日的，学得比较间接一点。但是，林风眠先生也好，关良先生也好，他们基本的理念其实是一样的，绘画的源头都是法国。

所以，从法国留学回来的，跟从日本留学回来的，他们的总体风格应该是没有矛盾的。在个人选择方面，可能因为自己当时学的东西流派不太一样，有的喜欢这个学派，有的喜欢那个学派，造成了个人方面的一个特点。大部分留学归来的画家以后印象主义、野兽派②前后的风格居多，像关良也好，倪贻德也好，都是属于野兽派前后的艺术风格，抽象主义因为刚刚产生出来，因此像吴大羽这样的比较少。所以在教学当中，新画派的理念就自然而然地体现在教师身上，学生也就受到了影响。为此，当时从鲁艺抽调最强的力量到杭州艺专来，比去北平艺专的力量要强大多了。这是后来罗工柳先生给我讲的。

新中国成立初期，杭州艺专的教师是几方面会合起来的，师资力量很强，但是斗争也很尖锐。当时以江丰③为首的鲁艺干部，他们的教育思想是贯彻毛主席《在延安文艺座谈会上的讲话》的精神。因为国画不能画人物，所以认为国画是不能为社会主义服务的，这就造成国画室的老教师，包括潘天寿、吴茀之、诸乐三都从教学第一线退下，调到教务处、图书馆，做行政人员去了。当时山水画、人物白描还是有的，花鸟画被认为不能为社

---

① 印象派，西方绘画史上划时代的艺术流派，19世纪60年代产生于法国，代表人物有马奈、莫奈、毕沙罗、雷诺阿、西斯莱、德加等。
② 野兽派，现代主义绘画流派，1905年产生于法国，画家热衷于运用鲜艳、浓重的色彩，以直率、粗放的笔法，创造强烈的画面效果，代表人物有马蒂斯等。
③ 江丰（1910—1982），原名周熙，祖籍上海，版画家、美术教育家，曾任中央美术学院院长、中国美术家协会主席。

会主义服务，基本上就没有了。

　　林风眠、吴大羽、倪贻德等油画家也有问题。我进学校后第一次看展览，陈列馆里有不少林风眠、吴大羽画的油画。我印象很深，有些画框还不是那种金框，而是用稻草绳编起来的一种画框，有野兽派的，还有抽象派的。很快，这样的展览就没有了，因为这个展览完全是资产阶级的形式主义，林风眠、吴大羽都是现代派艺术，被认为是资产阶级的，要批判的。一开始，林风眠先生还跟大家一起下乡，一起上课，没过多久，就认为他的资产阶级思想会腐蚀年轻人，林风眠"靠边了"，就回上海去了；吴大羽先生的课也没有了，也回到上海，不来了。之所以说新画派跟延安的鲁艺学派有矛盾，是因为延安来的干部相对比较"左"，一个矛盾是，他们认为这种新画派都是资产阶级的；另一个矛盾是，认为新画派艺术是不能为工农兵服务的。而且这些从延安来的干部都掌权，当时不是院长，就是书记，那么这种"左"的思想，就把林风眠、倪贻德、吴大羽他们打下去了，这批老师在学校就不行了。

　　真正上教学第一线的是谁呢？主要是鲁艺来的这批老师，主讲是金浪、彦涵、王流秋，包括他们带来的年轻助教。很多年轻助教都是华北大学来的，这批是当时杭州艺专的骨干教师。这些鲁艺来的老师带我们下乡，教我们怎么样从生活当中寻找题材，教我们画速写，画了速写以后，构思创作。比如，教我们画水彩、画速写的朱金楼先生，他是从部队来的，和我们一起下乡，晚上没事情，我们摇个渔船，到湖里去。他唱《渔光曲》的主题曲①给我们听：

　　　　云儿飘在海空，
　　　　鱼儿藏在水中。

---

① 电影《渔光曲》主题曲由安娥作词，任光谱曲，作于 1934 年。

早晨太阳里晒渔网，
迎面吹过来大海风。
潮水升，浪花涌，
渔船儿飘飘各西东。
轻撒网，紧拉绳，
烟雾里辛苦等鱼踪。
鱼儿难捕船租重，
捕鱼人儿世世穷。
爷爷留下的破渔网，
小心再靠它过一冬。
东方现出微明，
星儿藏入天空。
早晨渔船儿返回程，
迎面吹过来送潮风。
天已明，力已尽，
眼望着渔村路万重。
腰已酸，手也肿，
捕得了鱼儿腹内空。
鱼儿捕得不满筐，
又是东方太阳红。
爷爷留下的破渔网，
小心还靠它过一冬。

再比如，教我们创作的金浪先生，他跟我是同乡，画国画的，他是按照《在延安文艺座谈会上的讲话》的精神贯彻他的教学理念，很典型的，这我印象很深的。像画一张画，构思要有主题思想、要有生活，生活从哪里来？怎么从生活当中去搜集素材？怎么去提炼素材？怎么进行构图？怎么样来表现？画面怎么来完成？画面里面的结构对比什么？这些方法，他都会具体给我们指导。应该说，在创作方面，金浪先生对我们影响是比较大的。

当时，我们尤其侧重连环画、年画、宣传画的创作。我们念书的时候，经常画这类画，因为这些是服务工农兵的一种艺术形式，是一种很重要的宣传教育工具。农民过年，家家户户都要贴年画；"抗美援朝""土改""镇压反革命"的时候，都需要大量的宣传画。这些教学任务，是像林风眠、关良、吴大羽等老先生所承担不了的。

后来我出版的两张年画，都是在金浪先生的指导下完成的。第一张是单线平涂的，叫《劳动光荣》，画的是一批老乡去慰问一位劳动模范，大概是这么一个场面，是用一种线比较粗的木刻形式，颜色是平涂上去的；第二张《新中国妇女》，我用明暗的方法，就是这个脸有明暗的，吸取了很多月份牌年画的技法。月份牌年画是什么呢？指那种中国化的西方画法，脸上用明暗的画法，身上稍微平一点，用一点点明暗。这个就是跟油画不一样，也跟国画不一样，比国画的工笔重彩稍微多一点明暗，大概是这样的。这两张年画都是我在金浪先生指导下完成的。

鲁艺的教学思想有很多好处，就是艺术与生活相结合，强调美术创作一定要从生活当中来，要求文艺工作者表现工农兵，将下乡、下厂与创作相结合。鲁艺美术思想这个特点，是法国美术教育中所没有的，法国的美术教育就是自己想画什么都可以画，没有什么规定。所以，有些人就觉得，党的文艺政策抹杀了很多"百花齐放"。我倒觉得，这个是不对的。我认为，艺术与意识形态是和一个国家的文化传统、经济状况和社会发展程度都有直接的关系。从传统来讲，我们很难马上接受西方那种变形的东西。中国美术有变形的东西，如八大山人①的画就很变形的，但是我们能接受，为什么呢？因为中国画经过了一个发展过程，产生了八大山人，我们有这么一个传统，我们就能接受八大山人的变形。但是，我们没有经历西方艺

---

① 八大山人，即朱耷（1626—1705？），江西南昌人，明末清初画家，明宗室后裔。

术的历史沉淀——从古典主义慢慢到写实，到印象主义、野兽派，再到表现主义、立体派；然后再发展到抽象主义，我们不具备类似的传统，突然之间搬一个很前卫的东西到中国，像林风眠、吴大羽先生的东西，大家不太容易接受，社会也不太能接受。我做学生念书时，也不懂啊！

我觉得，新画派被批评为资产阶级，在当时来说，也有一定道理，一下子就听不进去。因为看不懂，而且新画派为什么会形成这样，我们学生不知道，也没人跟我们解释啊！新中国成立以前，新古典主义美术属于已经被西方淘汰的东西，也是所谓旧的、落后的那一种学派，但是，为什么徐悲鸿先生将古典主义、新古典主义介绍到中国以后，反而受大家欢迎？因为古典主义的东西，也有颜色，也有形状，也很美，也很可爱，中国老百姓比较愿意接受这样的艺术形式。因此，从直觉来讲，新画派与大众的审美接受之间是有一个距离的。就是说，林风眠、吴大羽的艺术不被接受、不被认可，不是因为1949年以后党的文艺政策，而是大众的审美理念所决定的，实际上在1949年以前已经是这样了。

我觉得，艺术的发展与历史文化、社会条件有密切关系，不是很简单的一个对错问题，20世纪50年代，这些画家都很努力地改造自己。比如说，林风眠先生也下乡，他也很努力地改变自己，画了很多渔民。很多国画家也是这样，潘天寿先生画了很多"大跃进"题材的画，陆俨少先生画过很多长征题材等，他们也在努力改造。但是，艺术这个东西很复杂，国画那种表现手法，要表现现代人的生活有一定的难度。因为它有一个程式的问题，怎么能够把新的内容加进传统的程式，再变成一个内容与形式相互调和的新程式，这是艺术形式的转换，这个转换不是说一下子就可以转换的。

转向苏联画法

新中国成立之初的国立艺专，师资力量非常雄厚。不过，师资力量虽强大，但办学思想不统一，何况解放初期又急于教学为现实服务、为工农兵服务，将吸收西方现代绘画的新画派视为资产阶级，要加以批判。认为传统的国画不能表现工农兵，因此那些国画老师，特别是从事花鸟画的被派到图书馆或教务处干行政管理工作。留洋的新画派老师不能上课了，有的回上海老家去了。对西方现代诸流派，着重批判印象主义。在基础课教学中，重点是素描，一度反对西方传统的五调子的方法画石膏像，认为那是资产阶级学院派的，应该批判，要改为中国画线描画石膏，基本上是平面的。这些我都经历过。

1950年，国立艺专改为中央美院华东分院。下半年至1952年初，当时华东分院的院长刘开渠①先生访问苏联，带回来一所苏联美术中学学生的一些素描作品。大家一看就傻了，哎呀！人家中学生的素描画得这么好，这么细腻，这么充分，而且他们是铅笔画的，铅笔的笔尖可以削得很尖，所以可以画得很细。当时我们只有法国素描的办法，用木炭画。木炭是自己做的，比较粗，要画细就很困难。因此，这批素描对我们影响非常大，再看我们原来的方法，就不对！看苏联"老大哥"，人家也没单线平涂啊！灯光下画的这些素描，比单线平涂更立体、更容易表现三度空间的实物。因此，大家开始关注苏联的教学体系，介绍苏联的经验。

从二年级开始，我们就受苏联影响，用铅笔画素描，模仿苏联的画法，怎么样才能达到苏联素描的那一种表现很充分的水平。看他们的素描都是在灯光下画的，就觉得肯定有道理，因为灯光嘛，光线比较固定，明暗、黑白关系很清楚。所以，即使当时是夏天，我们也把窗户全部关起来，墙都刷成深灰色，在灯光底下画素描。这把我们热得不得了，我印象非常深刻。

后来，我到苏联留学，很快就明白了一个道理，为什么他们要在灯光

---

① 刘开渠（1903—1993），安徽淮北人，雕塑家，曾任中央美术学院华东分院院长、中央美术学院副院长、中国美术馆第一任馆长等，代表作有《一·二八淞沪抗战阵亡将士纪念碑》《周恩来总理像》等。

底下画素描？因为列宁格勒①处在北极圈，夏天会出现极昼，日长夜短；冬天反过来，早上 11 点钟天才开始亮，我们才可以画油画，到吃完中饭后，一点半到两点，天又开始暗下来了。所以，冬天在灯光底下画素描，是由于自然条件所造成的。这个时候，我就明白了，之所以他们画素描在灯光底下画，是因为自然条件不具备。但是，当时我们不知道所以然，只知道他们在灯光底下画，我们也就这样画，从单线平涂的素描，一下子过渡到明暗素描，而且是在杭州阳光明媚的夏天里，把窗户关起来，墙面涂黑，在强烈灯光下画素描。所以，我觉得在学习人家经验的时候，必须要知道它的所以然。

从教学体系、教学方法来看，我上三年级之前，一方面批判资产阶级教学方法，批判新派画，批判印象派。因为印象派是现代绘画的罪魁祸首。

另一方面，社会主义教学体系也逐渐引进了。1952 年，整个教学开始向苏联学习，比较倾向于学苏联。1953 年以后，苏联美术学院教学大纲、方案、教学法传进中国以后，契斯恰科夫教学法成为一股重要的力量，在学生当中开始流行，大家开始研究，呈现出完全一边倒的态势，在教学当中进行改革。虽然契斯恰科夫教学法有很多副作用，但基本方面应该说是好的。大概是 1955 年到 1960 年左右，中国美术院校的教学改革，就是在苏联美术学院教学大纲的基本框架上，再结合我们国家的实际情况进行了改革。

当时，我们这一届共有六个班，我在二班，按照原本的教学要求，是五年制，两年预科，三年本科，国画、油画、版画、雕塑都学，相当于综合性的绘画系；除绘画系以外，有雕塑系，还有建筑系。学到最后一年才分科，分油画、国画、版画、雕刻。不分专业的教学也能说明，当时学校的师资力量是很强的。

---

① 列宁格勒，即圣彼得堡（Санкт-Петербург），始建于 1703 年，市名源自耶稣的弟子圣徒彼得。1924 年为纪念列宁，更名为列宁格勒，1991 年恢复原名为圣彼得堡。以下根据时代，使用其地名。

1952年，由于国家需要新的美术工作者，就在1952年进行了一个新的教学改革，在我们这届六个班里面抽调业务好的、年龄略大的学生，组成一个提前毕业班，大概有三十个人左右，从五年毕业变成四年毕业。组织上推选我做这个提前毕业班的班长。这个班毕业的时候，是分配到艺术院校工作最多的一个毕业班，留在我们学校里的，大概有十几个，成为研究员。其他分配到华东师大、上海美专、鲁艺等。我们毕业以后，才开始慢慢不设预科，分系教学，这是1956年以后的事了。

颜文樑师的印象主义

新中国成立之初，很多老先生与我们不怎么接触。那个时候，林风眠先生教高年级的油画，我还在搞素描基础功，接触得少。我们跟吴大羽先生接触得就更少了，因为吴大羽先生的画是完全抽象的，我们完全看不懂，和我们的距离就更远了。我们接触比较多的老师是颜文樑[①]先生，他是在全国艺术院校调整时从苏州美专调到杭州任副院长。

颜文樑先生是苏州人，是一位非常老实、非常好的老先生，跟同学们的关系也很好，我们也经常到他家里去。颜先生最喜欢什么呢？旧货摊。他在旧货摊里淘了各种各样稀奇古怪的古董，他喜欢收集这个，放在家里。我们去了以后，先不谈话，他先给我们拿出一样东西看看，让我们猜，这个东西是干什么用的。很多东西我们都猜不出来，他就很高兴，就讲为什么去买这个，多少钱买的，多么便宜，然后才是讲他的画，叫我们给他的画提意见。之后，他就解释，他这张画是怎么画的。

比如说，他画一个停了很多公共汽车的人民广场，他就会说："你们猜猜看，这个公共汽车可以坐几个人？"因为他是研究透视的专家，非常厉

[①] 颜文樑（1893—1988），江苏苏州人，画家、美术教育家，曾任中央美术学院华东分院教授、浙江美术学院顾问等。

害，画得非常准确，他所画的东西都是接近科学的。比如说，他画一栋房子，有几个窗户，怎么建造的，他都考究过。一条马路的透视，这个透视线上面，车如果停在这个地方，应该画多大；停在那个地方，应该画多大，他都做出精确计算，绝对讲究，这是他的特点。我们中国人往往凭感觉、凭感情、凭经验，但颜文樑先生深受精于科学分析的西方传统影响，是一位非常细致、非常准确的画家。

颜文樑先生留法时学的是印象派，画画用点彩的方法，就是科学的光色规律的并置方法。那么，这个理论是从哪里来的呢？就是从西方来的。19世纪上半叶，西方就有人开始研究光，因为有光，才会有颜色，以前只知道红、黄、蓝三种颜色，实际上光是七色。有一位法国科学家叫乔夫勒尔，他发现物体吸收了很多光的颜色之后，反射了它所不能吸收的光的颜色，而我们所看到的颜色，就是物体所不能吸收的那个颜色。比如说，其他颜色都吸收了，只有红的不能吸收，并被反射出来，那么我们看到的就是红颜色。正因为有了这么一个科学方法，西方人在观察大自然、观察客观对象的时候，视觉艺术就可以科学地分析色彩的变化，这就产生了印象主义。颜文樑先生就是用这种科学方法来分析颜色的冷暖，这就是纯粹的西方印象派的色彩原理。

因此，颜文樑先生的创作方法跟其他人就不太一样，而且给我们上课的时候，他讲得最多的就是色彩。像我们刚进学校，开始画画的时候，不知道冷暖颜色，只知道有油画颜料，看到红的，就画红的；看到蓝的，就画蓝的，没有把红的和蓝的色彩关系弄清楚。颜文樑先生就把这个色彩原理给我们讲，颜色有冷暖之分，画冷颜色时，要想到暖颜色；画暖颜色时，要想到冷颜色。任何物体都有冷和暖两种色调的对比调和。他讲的课里面，给我们影响最大的，就是他都用科学办法来教导我们——科学地去分析颜色，用科学的方法去调配颜色，颜色与颜色之间不能混起来，一旦混起来，颜色的视觉度、明度将会降低。这样我们就懂了，原来色彩不应该像酱油汤一样的，油画不应该只有黑白，应该有冷暖颜色。

另外，颜文樑先生的教学还注重自己的油画实践经验，都是点点滴滴、很细微的一些经验，比较实用的、非常具体的油画创作方法。比如说，有一次他讲静物画，画一串葡萄。葡萄放到第二天就不太好了，到第三天就不能再画了。所以，他一次不会买很多葡萄，就买一串葡萄放在那里，葡萄蔫了以后，再买一串放在那里。他教我们画静物的时候，买少一点葡萄，花少一点钱，放在那个地方的葡萄就一直是新鲜的，这样画面上的葡萄也就能画得很细、很新鲜。再比如，要把葡萄画得水灵灵的，这个怎么画？他也有办法。葡萄表面要是干的，就用牙签把水滴在葡萄上面，然后就可以画了，画着画着，这葡萄上面的水干了以后，再用牙签把水滴在上面。这样就可以一直画下去，画出来的东西永远是非常真实的、非常新鲜的，并且是水灵灵的葡萄。后来，颜文樑先生把这些内容写成一本小册子，叫《色彩琐谈》，我们一看，就知道都是他在课堂上讲的内容。

我认为，颜文樑先生是一位非常好的画家，也是很好的教育家。后来因为他年纪大了，就住在上海，很少来上课了。有时候，他专门从上海来一次杭州，讲完课以后，他就回去了。

选择油画

大概上本科一、二年级的时候，曹思明老师教我们素描，也教我们一点油画，他是日本留学回来的年轻教师。后来，因为他在北方找了个对象，1962年就调到北京中央工艺美术学院去了。1952年，庄子曼先生也教我们素描。庄子曼先生是一位典型的法国美术学院培养出来的画家，是四川人。毕业以后我们没什么联系，他身体不好，好像"文革"当中去世的。

当时教我们油画课的老师是费以复先生，他是我毕业创作的指导老师。费以复先生是颜文樑先生很得意的一个学生，他调来华东分院比较晚。1952年苏州美专撤了以后，苏州美专的一部分老师，颜文樑、费以复，还有搞解剖的黄觉寺，分到我们学校，还有一部分像秦宣夫、苏天赐老师分到了南京艺术学院。20世纪60年代，费以复先生是油画系主任，我是油画室的教研组长，我们合作了很长时间，他是一位非常好、很负责任、很本分的老师。

当年毕业班里，需要得到老师批准才能进行油画创作。允许搞油画毕业创作的没几个人，一个是我，一个是宋忠元[①]，一个是方增先。这是我第一次画油画创作。其实，那个时候的油画课，我们就没有多少时间画油画，不知道油画怎么画，只知道用油画颜料把表现对象画下来。

1953年，为了毕业创作，我们到上海钢铁三厂体验生活，当时也不知道画什么。3月5日，听到斯大林逝世的消息，我正好在钢铁厂体验生活。斯大林这个名字，本身就是"钢铁"的意思。所以这个就很巧，我就在钢铁厂，引起我创作这幅画的一个动机——炼钢厂的工人在悼念苏联的伟大领袖斯大林。

那个年代，斯大林逝世是一个惊天动地的大事情，苏联"老大哥"的领袖去世了，确实很震动！钢铁厂里的工人知道这件事情后，那一刻，他们所有人都停止自己的劳动，来悼念斯大林的逝世。我还记得，那个时候收音机反复播放柴可夫斯基的第六交响曲——《悲怆交响曲》，我对其中的一段曲子印象最深，这是我第一次认识柴可夫斯基。撼动心灵的音乐，与体验生活结合起来后，我就画了这幅毕业创作，这也是我的第一次油画创作。

后来，我已经去苏联留学了，这幅毕业作品在第二届全国美展的时候展出了，并且国内有印刷品发行。

[①] 宋忠元（1932—2013），上海奉贤人，曾任中国美术学院教授、副院长，擅人物画。

三、赴列宾美院留学深造

留苏考试

回忆起我留学苏联期间的故事，我觉得还是蛮有意思的。因为我当初毕业的时候，是完全服从国家分配的。那么，我被分配到本校，留校当研究员。可是研究员当中，有很多人分到国画了，分到油画的很少，就分配去了两个人，而我是其中之一。分到国画的，如方增先、周昌谷等，马上可以到敦煌考察。那个时候，到敦煌考察，那简直就是一个神话故事，所以我们很羡慕那些学国画的同学。可没想到，分配完工作后，没过几天，国家来了一个通知，要选拔留苏学生，这是国家非常重要的一个人才方面战略部署，要选拔优秀的青年到"老大哥"那里学习，到苏联去学习。

那个时候，就要层层选拔，先由学校提出候选人，然后又要政审。政审完了以后，要经过国家考试。第一场考试，我们是在上海。我记得很清楚，在上海交通大学体育馆里面考试，很大的体育馆，黑压压的一片人，我是坐在最后面，而坐在最前面那个人，已经处在我的透视消失点上了，可见报考的人之多。当时就考两个科目，一门是政治，一门是文学。考完以后，我想，那么多人考，而且这还仅仅是一个考区——华东区，全国还有东北区，还有其他地方，当时我就很安心了，反正考试完了，就回来好好画画、学习。那个时候，我一方面在学俄文，因为我小学的时候学的是英语，后来敌伪时期，我学过日语，但俄文没有学过，所以俄文是从零开始学的；一方面在准备复试，如果考试通过的话，还要到北京去参加考试。

我们等了好长时间，终于有一天，通知来了，我们学校里面被选上的只有两个人，一个是我，还有一个是肖峰。我们两人接到通知后，就要到北京去参加复试。那个时候，到北京也不容易，因为当时是慢车。我们买的是一个学生半价票，七天之内有效，走到半路以后，可以下车出站休息。我们到了蚌埠以后，实在吃不消了，就下了火车，睡了一个晚上。第二天在同一个时间，我们再去坐火车。到德州以后，我们又下车睡一个晚上，再坐了三天火车才到北京。

到北京以后，我们很兴奋，也没休息，当天晚上就去拜访徐悲鸿先生。徐先生是中央美院院长，是法国留学回来的。这次留苏学生选拔复试，徐先生与董希文先生是主考官。我们两个跑到他家里，很冒昧地去拜访他，但他对我们非常热情，我印象很深。他家一进门，就是一个客厅，两边挂了他的素描，那些素描都是我们从画册里看了很多遍的，对徐先生我们很敬仰。

第二天，我们开始进行复试。复试考什么呢？就是业务考试。上午考的是素描，画个头像。北京中央美院有很多人参加考试，满满一个教室，他们画得又快又好。我觉得，这是一次很好的学习机会，但对考试能不能录取一点信心都没有。下午考的是创作。后来，董希文先生问我们，你们有没有搞过创作？我说："我搞过一张创作，我的毕业创作是斯大林逝世的题材。"董先生说："那好啊！你就不要画了，你回去，把这张画寄过来，来参加评分就可以了。"回杭州以后，我就把这张画寄到北京去，邮寄的时候，好像考试时间已经结束了。

过了大概一个多月，一起参加复试的林岗突然给我们打了一个电话。林岗是非常优秀的一位青年画家，那个时候他是助教，曾经画过《群英会上的赵桂兰》，获得第二届全国年画评奖的一等奖，很优秀的，是我们很钦佩的一个青年画家。他在电话中说："那么多来自北京中央美院的人考试，却只录取我一个,你们中央美院华东分院只来了两个人,结果都考上了。"我们听了之后,简直以为他在骗我们,根本不可能的。又过了一段时间,正式通知出来了,人事处找我们谈话,说我们被录取了。那个时候,我们当然非常兴奋,简直是一件不可思议的事情!

赴京培训

接到通知后,我们就到北京外国语学院报到,在留苏预备部要学一年外语。如果外语通不过,对不起,还得回去。到北京外语学院学了一年,我和林岗在一个班,肖峰在另一个班。我们上的是两门课,一门是外语,一门是政治。虽然在杭州的时候,我曾自己学习了一点俄语,但在外国语学院学习,一开始我就很难跟上。为什么?因为教我们的老师本身是一个苏联的女老师,根本听不懂她说什么;但是,就要你听懂,课程排得很紧,而且进程很快。

最初处在发音环节的时候还好,因为我过去喜欢音乐,我的发音、耳路都比较好,我发音比较准,老师老是把我叫去做个示范。过了大概一个多星期、两个星期以后,这个发音环节结束以后,就开始讲文法,可文法很多东西我就不懂了,所以一下子就拉开距离了。老师也不叫我做示范,我压力就很大。而且还有听写,我也经常会犯错误,所以压力就更大了。

这个时候的学生大部分都睡不着觉,我们班里的同学被淘汰的不少,很多都是因为神经衰弱,睡不着觉,就被淘汰了。另外,留苏审查是很严格的,必须要又红又专,有些同学因为政治审查没通过,被淘汰了。那个时候,还要求我们身体好,有一个劳卫操,还必须要通过几项运动,跳高、跳远、跑步,都要符合标准,也就是德、智、体三门过关了才可以。一年以后,班里很多同学被淘汰了。我们心里都很不舒服,很难过,不过,大部分同学还是通过了。

我正式被录取为赴苏联的留学生后,国家开始给我们做留学的准备。

这个时候，令我感动的是，国家真是祖国母亲，给我们准备得那么周到，考虑得那么周全，我们都没想到。出国之前，组织上告诉我们，你们太破烂的东西不要带到苏联去，有损形象，你们带不去的东西给组织，组织上给你们寄回家去。我看了半天，我的财产就是一件棉袄，裤子已经破了。这件棉袄我就交给组织，然后由组织帮我寄回家里，没有其他任何东西。留学用的东西，全部是国家给我准备好的，准备了两大箱。这两大箱东西有什么呢？从大衣到毛衣，再到内衣，大衣有厚的绒大衣，也有夹大衣，西装有几套，中山装也有，一直考虑到手绢、皮鞋、皮鞋油、皮鞋刷子等，全部都考虑到位。当时，我们拿到这些东西以后，大家都热泪盈眶，觉得我们自己的父母也不可能给你想得那么周到！两大箱的东西给我们准备好，也就是说，要我们出去，就是专心去学习，不要考虑什么生活上的事情。

现在看来，20世纪50年代派去留苏的人员绝大部分都是经过考验的同志。赴苏留学的美术家当中，除了林岗以外，其中最具威望的是罗工柳[①]先生，当时他已经是中央美院党委副书记，他早年创作的《地道战》《整风报告》，已经奠定了他在美术界的地位。他是作为研究生赴苏联学习的。

我是大学毕业以后才去留学的，按说应该到苏联读研究生。可是，研究生只学二年就要回来，学习的时间相对较短。我当时很年轻，才23岁，所以就向文化部打报告，说我们虽然是大学毕业的，但是我们年纪比较小，能不能不读研究生，从本科学起。后来文化部有关领导一听，这有道理，就同意我们学本科，共六年。我们出去留学的助学金是：大学生每月500卢布，研究生每月700卢布，我所就读的学校，助学金大概是250卢布。在整个留学生群体中，看起来我们学画画的人比较富，但实际上，我们学美术的是比较穷的留学生。为什么？因为颜料等画材很贵，而且要自己买，其他学理工科的，一个笔记本，一支钢笔，就可以用一个学期。可是，我

[①] 罗工柳（1916—2004），广东开平人，画家、美术教育家，曾任中央美术学院教授、副院长，中国美术家协会书记处书记等。

们的情况是，颜料买一次，有时用两三天就没了，因为画材支出比较多，我们画画的同学应该是比较穷的。虽然我们每月少200卢布津贴，但因为可以学六年，我们就特别高兴。

友好而美丽的苏联

1954年9月15日，我们在内蒙古满洲里搭乘火车前往莫斯科，要坐五天五夜。这一路上，苏联人对我们太热情了，在火车停站休息的时候，苏联人就唱歌、跳舞欢迎我们，虽然我们听不太懂他们所讲的语言，但他们仍然热情地与我们说话。在火车上的几天时间，我们实际上都在学习，每天背单词，学功课。不过，这五天五夜依然很难熬。头两天兴奋得不得了，之后这种情绪开始消退，我们开始轮流讲故事，甚至将各自小时候"赤屁股"的事情都讲完了，在最后两天的路途上，已经达到没人能讲出东西的程度。

在当年来讲，我感觉在生活、经济方面，中苏两国的差距是比较大的，到了苏联，好像真的到了天堂一样。我们先在莫斯科集中，进行表演。那时，我还是合唱队的成员，指挥有严良堃、韩中杰，他们跟我们是一届的。在莫斯科，我们看到有电梯的高楼大厦，感觉不得了。大使馆的人开车来接我们，完全是另外一种感觉。

苏联人对我们热情得不得了！晚上出去还麻烦，酒鬼一看到中国人就拥抱，满嘴的酒味，抱了还不放，对中国人是确确实实的非常热情。可以这样说，感觉就像是自己小孩来了一样。苏联警察对中国人也是非常友好的。我们有一个留学生横穿马路，当时横穿马路是绝对不允许的，但他穿过去了。警察就走过来，给他敬一个礼，给他一张卡片。这卡片就是一个警告，上面一个招贴画印在后面，就是说你应该注意什么。他也不知道自己犯错了，以为这个警察对自己真热情，还送一个卡片给我。这实际上是警告，违犯交通规则了，人家是很有礼貌地对待你。这类笑话是蛮多的，

1954年赴苏联学习，在圣彼得堡涅瓦河畔

买东西买错了，算账算错了，诸如此类。

我们有一个不好的习惯，就是聚在一起，说话声音特别大。组织上怎么提醒我们，就是没法改变，一定要这么大声音，没办法。特别是我们开会的时候，碰上面，女孩子互相一聊，你是纺织学院，你是美术学院，你是哪个医院的，就激动了，拥抱！欢叫！这个外国人看到最反感，但我们对此往往习以为常。当然，这种状况后来也有所改变。

我所就读的学校是列宾美术学院，位于圣彼得堡（时称列宁格勒），因此在莫斯科住了两天后，又坐一个晚上的火车到圣彼得堡。我们到学校以后，大家都很兴奋。因为这是一个有着悠久历史的学院，当时各国到苏联学习绘画的留学生都集中在这个学校，比如罗马尼亚、匈牙利、捷克等东欧国家，还有蒙古、朝鲜、印度等东方国家的留学生。列宾美术学院的油画系，除了学习油画外，还有舞台美术。所以，虽然这批中国赴列宾美术学院的留学生比较多，但除我、肖峰、林岗学油画外，其余来自戏剧学院的中国学生，是在油画系主学舞台美术的，因此在整个留学生群体中，学油画的中国学生是人数较少的。

圣彼得堡是世界上最美丽的城市之一。这座城市当年由彼得大帝①建造。彼得大帝全盘向西方学习，他的主张是先把西方的东西搬过来，再慢慢消化。在油画方面，彼得大帝很有眼光。我常说俄罗斯的油画是"二传手"，从什么时候开始的？就是从彼得大帝开始的。油画就两个起源地：一个是尼德兰②；还有一个是意大利。所以，彼得大帝派的第一批油画家就到荷兰，因为他知道荷兰是尼德兰油画的起源地，第二批学生就派到意大利去学油画，于是，油画传进俄罗斯了。这座城市的所有建筑都是按照罗马和法国的建筑样式设计，而且是通盘的全面规划。到现在，我走过西方那么多的国家，比较之下，圣彼得堡应该是属于非常好的一个城市，规划得非常美。尤其是在夏天，在极昼的时候，确实是非常美、非常有情调的地方。不像有些城市很嘈杂，很商业化，这座城市没有商业广告，到今天为止都没有，是不允许的，就跟威尼斯一样。

列宾美术学院也是在整个城市规划之内的一个美术学院，是非常重要的城市标志，始建于1757年，起初叫皇家美术学院。这个美术学院在涅瓦河边上，门前有一对斯芬克斯像③，这是埃及新王朝时期的文物，花岗岩的材质。在那个年代，从埃及搬到涅瓦河边，放到一个美术学院的门口，这绝对不是偶然的事情，可以说明，当时彼得大帝对文化是非常重视的。所以，圣彼得堡的建筑设计也好，文化设施也好，应该说都是一流的。

到叶卡捷琳娜二世④时代，叶卡捷琳娜按照彼得大帝的意愿，继续丰富

---

① 彼得大帝，即彼得一世·阿列克谢耶维奇（Пётр I Алексеевич，1672—1725），俄罗斯罗曼诺夫王朝第五位沙皇、俄罗斯帝国第一位皇帝。
② 尼德兰（The Netherlands），荷兰国名。又，"尼德兰"意为低地（低地国家），作为一个欧洲地理区域，旧时尼德兰地区包括荷兰、比利时、卢森堡和法国北部地区。
③ 斯芬克斯像（Sphinx），狮身人面像，位于埃及吉萨的金字塔墓区。
④ 叶卡捷琳娜二世·阿列克谢耶芙娜（Екатерина II Алексеевна，1729—1796），俄罗斯罗曼诺夫王朝第十二位沙皇、俄罗斯帝国第八位皇帝。在其统治下，俄罗斯成为欧洲第一强国。

圣彼得堡的文化内涵。叶卡捷琳娜是一个很聪明、很有文化的女皇帝，她给俄罗斯人带来很多好的东西，特别是在文化上，她很崇尚法国的民主主义思想。虽然她自己不懂艺术，但是她收藏了世界各地最优秀的油画，冬宫博物馆里最好的藏品，如伦勃朗的作品、文艺复兴时候的作品，都是叶卡捷琳娜的收藏。她怎么搞的收藏呢？她不懂油画，但她会用人，像狄德罗和伏尔泰都是她的好朋友。当时，英国和法国有比较多的拍卖会。叶卡捷琳娜通过她的朋友，去鉴别哪些是好的，哪些是不好的。所以，叶卡捷琳娜把那个年代里流出来的世界上最好的一些作品都拿到了俄罗斯，都放在冬宫博物馆。

冬宫博物馆①叫艾尔米塔什，是"隐居""隐居地"的意思。原来在列宾美术学院的斜对面，很小的，是叶卡捷琳娜接待外宾的地方，她挂了很多西方的绘画，后来慢慢扩大为现在的冬宫博物馆。现在冬宫博物馆馆藏名画之多，让西方人都很感叹。后来进入苏联时期，因为国家困难，就把包括提香一幅最好的作品在内的几张画卖给了美国大都会博物馆。但是，现在冬宫博物馆的馆藏依然有世界级的顶尖藏品，比如最大的一幅伦勃朗的代表作《浪子回头》，还有伦勃朗的《达那厄》《椅中老妇人肖像》，提香的《忏悔的抹大拉的玛利亚》，还有文艺复兴时期达·芬奇、拉斐尔的画，米开朗基罗的雕塑，尼德兰的维米尔、鲁本斯，包括西方近代的一些画也有，像马奈、莫奈、德加，包括以后的塞尚、梵·高、毕加索、马蒂斯，尤其是马蒂斯几张大的画，都在冬宫博物馆。所以，冬宫博物馆是世界最好最大的四个博物馆之一。

严格的苏式教学

我留学列宾美术学院的那个年代，正值一批非常优秀的教师在那里任

---

① 冬宫博物馆，又称艾尔米塔什博物馆。1754年在叶卡捷琳娜二世宫廷藏品基础上建立，1852年起对外开放，与巴黎卢浮宫、伦敦大英博物馆、纽约大都会艺术博物馆并称世界四大博物馆，现有藏品约270多万件。

教，包括阿列希尼柯夫、梅尔尼柯夫、约干松、莫伊谢延科等等。苏联时期很多优秀的画家有一个特点，就是都在这个美术学院里。这个学校的师资力量是很强的，而且传统比较深厚，有一整套的教学规范和教学体系，这和我以前学的还是有所差异的，我们没像他们那么严谨。

我举个例子。譬如说解剖课，要求很严格，每一块骨头，学生都要认识。这个骨头在什么位置，上面有哪些肌肉和它相连，每一块肌肉有什么作用，就跟医学院学生一样，都要背出来，都要考试。不仅要做到这一步，还要知道它的功能。比如说，手挽起来以后，是哪几块肌肉在起作用，你要能讲出来。考试的时候才有意思呢，一大堆人体骨头放在桌子上，老师让我现场拼一个头骨。我就得在那么多的骨头里面，找到每一块与头部相关的骨头，再把头盖骨拼起来。或者老师叫我摆个上身的骨架，在那一堆人体骨头里面，脚趾、手指都有，我要把这些都找出来，再拼成一个上身的骨头结构。如果说你不懂得这个解剖，不懂得人体结构，不懂人体功能，你就拼不出来。所以，苏联的教学方法是非常严谨的。而且，解剖课里还要画，不仅要认识骨头，还要画出每一块骨头的形状。比如说头盖骨，要画头盖骨的形状；侧骨，就要画侧骨的形状；膝盖骨，要画膝盖骨的形状，都要默画出来。这样一种基础训练，会给学生打下非常扎实的基础。

再比如素描课，也是这样。画一个人的头部，苏联叫做建造，像造房子一样，怎么样在画面上把头部建造起来，画完以后，还要懂得它的结构关系。那么，这种教学方法，我觉得对培养写实主义绘画能力来讲是非常重要的，是一种很好的教学方法。所以，不管是素描造型也好，或者油画色彩也好，油画材料也好，我觉得，我在列宾美术学院受益不少，可以说是一种基本功吧。

其实，不管在俄罗斯还是在世界上来讲，列宾美术学院都是比较有威望的一所学校。特别是到20世纪以后，这种写实主义的教学方法在很多西方美术学院已经慢慢退化了，转向现当代的美术教学。可是，列宾美术学院一直坚持写实主义的教学方法，所以列宾美术学院被很多西方人认为是写实绘画的一个堡垒。

我们国家的美术教学，虽然引进了苏俄美术教学体系，但是我们也不是完全照抄。我们是根据他们的基本体系，再结合我们国家的教学传统，加以改造之后而来。很多人认为，中国现在的美术学院跟苏联一样，其实不是的。首先，学制就不一样，他们学制是六年；六年以后，还有一个创作室研究的过程。所以，苏联的教学体系是培养专家的方法。我们的学制是四年，根本不可能在四年内完成苏联教学大纲方案的全部内容，我们的教学体系是由苏联、法国、鲁艺几个方面的力量组成的。比如下乡劳动，苏联的下乡劳动，就是为了劳动而劳动，不需要画画；我们下乡劳动，既要劳动，也要创作，这是从鲁艺体系过来的。

感受油画语言

到列宾美术学院后，一年级时，我的素描就没有问题了，已经拿了五分，但实际上，我还是跟西方同学有差距。差距在哪里呢？差距就在观察方法上。我们东方人在观察物体的时候，看的都是边缘线，我们有线描。线描就是将所看到事物的边缘线画出来，因此有很强的边缘线的观念。西方人呢，在观察物体的时候，他们看到的是事物的体与面。比如看一个人，西方人看到的边缘线实际上是什么呢？是面的一个缩影。所以，西方人看物体的时候，是立体地去看事物，能够看到立体感。这就是在观察事物的方法上，东西方存在着根本性的差异，导致西方人观察物体的结果就跟我们不一样，在绘画上也反映出来。

西方人画油画的时候，他能够迅速地把立体感画出来，就是因为他的观察、思维是立体地，不是平面地看物体。那么，为什么西方人会这样子？因为这样便于塑造三维空间，画面是平面的，在平面里面，你要塑造三维空间，你必须要看到事物的体积。看到体积以后，才能够塑造出三维空间，这是一个非常根本性的油画基本语言。可是，当时我们不懂啊！

我遇到的另一个问题，是色彩、调子问题。到二年级结束时，我的油画成绩最好，是五减。很多中国留学生是两分，油画通不过。那么，这里面就给我们提出了一个很重要的问题，就是油画方面，我们和西方同学之间的差距在什么地方？我认为，这是东西方的文化差异，一种根深蒂固的差异。我当时去领悟这个东西的过程，是非常长、非常痛苦的一个过程，就不懂得为什么。因为西方人思维方式一切从科学出发，用科学检验，用科学解释。而我们东方人对待事物，习惯上是从经验出发，从感性出发，凭感觉、凭兴趣、凭想象。所以，东西方艺术的本质是不一样的，国画的路子，整个跟西方的路子是不一样的。西方的油画基本上可以说是写实的路子，是一种科学的路子，他们的训练方法是非常按部就班的，一点一点的提升。中国艺术强调主观的感受，靠领悟。领悟就很玄了，怎么领悟法？领悟到什么程度？这是完全没法以一种科学的办法来测量的，没法用一种有效的办法来检验。这是两种完全不同的文化。当年我们在学习的时候就很痛苦，拿现代的话说，叫碰撞，碰撞得很厉害，但不知道为什么。

在当时，我们不了解油画的本体语言，只知道看到红颜色，就画红颜色；看到绿颜色，就画绿颜色，不懂得画面上的颜色相对性，就是油画的色彩、调子。我们说定个调子，调子就是在一个调性范围里面颜色的相对关系。可是我们东方人就是看到红的，就画红的；看到绿的，就画绿的。怎么说呢？就是模仿原始的固有色彩，就是一种直觉的东西。可以说，东方人有着很强的固有色概念。西方人就不是，油画里面的色彩是相对的，这块颜色之所以很红，实际原因是周围都是绿颜色，把红颜色衬托得更红。造成这一问题的另一个原因，在于对油画语言的理解上，我们没有传统，我们不知道油画语言是什么。我们只知道用油画颜料在画布上画的画，叫油画，这个概念是不对的。真正的油画，它有自己的语言，有自己的程式，有自己的方法和步骤。就跟芭蕾舞一样，芭蕾是一种舞蹈，但是，芭蕾有倒踢紫金冠[①]等自己的一种特殊的程式和语言。

油画也是这样。油画是一种绘画，是以油为媒介的一种绘画，同时，油画有自己的本体语言。我所说的本体语言，就是一种特殊性。譬如说，油画的色彩美，那是其他画种所代替不了的，我们叫色感。还有就是它的触感、笔触，像伦勃朗的一些画，很厚重，有皮毛的感觉，这就是靠笔触来表达的。再譬如，油画的质感，就会产生一种美的感觉，就像我们的古董。很多人喜欢古董，古董当中的包浆，这就是一种美，就是一种质地的美感。油画里面就有很多很难用语言形容的美感，如果说油画中的所有美感都可以用文字描写的话，那也不需要油画了。正因为这些美感是油画所能表达的，是其他绘画无法代替和表达的，所以，这种美感就是油画本体语言的特长，就是油画的语言。

画油画要求创造出一种色彩的相互关系，掌握、营造这种相对的美的调子，加之笔触的美感，才形成油画的本体所应该有的价值。油画本体语言是独立于画面内容之外的一种价值，它就具有一种审美价值。经过两年多训练，我才慢慢地领会到油画本体语言的奥秘所在。那个时候，有些同学的油画成绩得了两分，直接懵掉了，认为自己这么用功，这么努力，这么真实地把表现对象画出来，怎么才两分，为什么？现在看来，就很明白，画得是很像，也很接近，但不是油画语言。

学画与生活

那个年代，我们有一个比较好的思想，就是个人私心比较少，我们做任何事情，哪怕是我们个人的学习，都是为了自己的祖国。当时，我们有专门自习的地方，叫"红角"，俄语叫 красныйугол，一张小桌子，一个小

[①] 倒踢紫金冠，芭蕾舞演出中的一种技巧动作。

台灯，晚上补功课都在这里。像朝鲜的学生，他们学习的时候，还在桌子上铺一面国旗，然后在国旗上面学。我们没有这个，五星红旗是放在我们的心里面。

在列宾美术学院学习期间，可以说是没有休息日可言。从周一到周五，时间都安排得非常满。早上9点钟上课，在此之前，我们还要锻炼，进行晨跑，吃早饭。之后是每天雷打不动的两个小时的造型课，也就是素描课。素描课上完以后，开始上油画课。因为油画需要有白天的光线，不可以用电灯打光。尤其是苏联的冬天，11点钟才开始天亮，所以，油画课安排在11点开始。到一点半，我们开始吃中饭。下午是理论课及俄语课，差不多晚上7点钟才下课。晚上，我们要做功课，因为很多功课都要在第二天的课堂上讨论。课堂讨论的时候，老师随便叫个人提问题。所以，我们不仅要学好课程的内容，下课后还要做好功课，并把它翻译成俄文，背下来。每天晚上的功课，至少要做到一点多。

下课以后，我们还要自己去买菜烧饭。不敢买很多菜，大多数时候是买一种速冻的饺子，水一煮就好了，所以生活是很简单。还出过这样的笑话，我们有一位进修生，他的俄语不好，只会看，但不会讲。到商店里，他买什么东西，就只会点点这个东西。那时候的黄油不是现在这样，不是小包装包好的，而是一整块一整块的，买的时候，就给你切一块。买肥皂也是这样，肥皂也是一整块一整块的。这位进修生本来是要买黄油，但他点错了，点成了一块肥皂，结果要吃晚饭的时候，再拿出来，不是黄油，是肥皂。

在周六、周日，只有周六晚上，我们可以打场篮球。我们除了在学校里上课以外，还给自己加课，学什么呢？学油画技法。因为学习油画，首先就要研究油画的本体语言，要去研究历代油画的制作过程及其历史沿革，而这些内容必须到博物馆里上课。所以，周日早上起来，先洗衣服，料理好个人内务以后，9点钟一定要出发，赶在博物馆11点钟开门就进去，在里面学习一整天。可见，我们每周的作息排得满满的，可以说根本没有玩的时间。

当时，学校里也有很多活动，比如说，每个星期都有舞会，但我们都参加不了。在这些方面，我们中国同学非常苛刻地抓紧时间学习。只有在节日，比如说五一劳动节、元旦，或者十月革命纪念日，学校有舞会，大家有交流，这个时候我们是参加的。另外，我们还参加留学生们之间的学习交流。比如说，有一年我上了光荣榜，所有国家的留学生都知道了，他们的一个留学生支部请我去介绍经验，为什么你作为一个东方的学生，学习西方的艺术能达到这么高的水平。他们还会提出很多问题，我是不会拒绝这种交流的。因此，我们接触到的人比较多，捷克、罗马尼亚、匈牙利、保加利亚、阿尔巴尼亚等东欧国家的；亚美尼亚、格鲁吉亚等加盟共和国的；朝鲜、日本、蒙古、印度等东方国家的。这些国家的学生在学油画的过程中也有很多困惑，在绘画技巧方面比较差，跟苏联学生有很大的差距。东欧的留学生，在语言的理解方面不是很困难，但他们贪玩，找对象，找苏联人结婚，这就造成他们的技术和用功的程度不足。除了学习，生活、娱乐方面的交流，我们就接触得比较少。

一年中唯一可以玩的时间是夏天，有四个月假期。这四个月怎么安排？两个月的实习和两个月的暑假，即6月到9月，头两个月是实习。我去过好几个地方，每年都换一个地方，比如今年是挖土豆，明年是砍树，每年都不一样。苏联同学跟我们一起去，都是去西伯利亚这样比较远、比较艰苦的地方。劳动结束后，还有两个月假期，我们就和苏联同学分开，再自己组织去别的地方，或是留在那里画画，或者到朋友在农村的家里，再画画。比如有一年放假，我们坐轮船顺着伏尔加河到敖德萨①，要坐好几天轮船，每到一个大站，要停靠45分钟到一个小时左右。这个时候，我就在那里画了一些画。

这个实习还是很重要的。我觉得，油画是一个文明的载体，为什么会

---

① 敖德萨（Odessa），乌克兰第二大城市，位于黑海西北岸的敖德萨湾内。

产生油画？这个文化的表现形式，和它的生活有着紧密的关系。所以，想深入了解油画，还是要从了解这个日常生活开始，这样才能够更好地理解西方油画。因此，相对于其他学理工科的，我觉得我们学画画的可能对苏联社会有更深入的认识。

冬宫临画

任何油画的印刷品哪怕是最先进的媒介，都没有办法达到油画原作的效果，因此，看油画原作很重要。特别是临摹传统的西方油画原作，是一个非常重要的学习方法。

在国外学习有一个非常优越的便利条件，就是他们的博物馆有常年的基本陈列，国外的博物馆、美术馆是研究美术史的一个最好场所，中国的美术馆往往就成为一个展览馆。那么，苏联的最大优势，就是他们有非常好的博物馆，在叶卡捷琳娜时代，他们从西方买了很多珍贵的油画。譬如像伦勃朗的作品，冬宫博物馆里的伦勃朗作品是最好的；再譬如，像文艺复兴时期的作品，或者十九世纪印象派的作品，冬宫博物馆的收藏都非常好。苏联博物馆有许多东西可以让我去研究和学习。我们研究西方油画，一定要懂得西方油画的来龙去脉。在我六年的留学生活中，博物馆是很重要的第二课堂，几乎每个星期天，我会在博物馆中度过的，主要是想了解和学习西方的传统油画。

我记得，每个星期有一次课程，我们要在博物馆里面上课，由博物馆的专家给我们讲解古典油画的创作过程和创作技法。然后，要求我们除了课堂学习以外，还得有一个临摹的实践。当时，我看中并临摹了提香的作品。为什么我要去研究提香？因为从美术史来看，西方人都认为提香是"油画之父"。以前，我在国内所知道的，文艺复兴是从最出名的"三杰"开始。但是，我在苏联学习以后，就感觉到，以达·芬奇、拉斐尔、米开朗基罗的佛罗伦萨画派，基本上是从蛋彩画演变过来的，以造型为主；而乔尔乔内和提香为代表的威尼斯画派一开始就注重色彩语言，所以这两个画派有完全不同的概念。就是说，通过老师讲解以后，从发展和研究油画的本体语言出发，我更加明确地想通过临摹提香的画，来了解威尼斯画派对油画语言的认知以及创作油画的整个方法。

威尼斯画派的提香是乔凡尼·贝利尼的学生，乔尔乔内的师弟。提香的艺术生涯很长，活到90岁左右，因为提香的去世时间是确定的，但是他的出生年月是不知道的，所以有很多传说。一开始他是跟乔尔乔内一起画的，所以有些画里面，写了乔尔乔内和提香两个人的名字。后来，因为乔尔乔内去世较早，提香就成为威尼斯画派的领军人物，培养了很多学生，也有自己的工作室。提香是一位非常勤奋、非常有才能的画家。他最主要的作品，也是大家印象最深的，就是《天上的爱与人间的爱》。这个作品完全是提香的个人创作，乔尔乔内没有参与，于是，一下子就引起了很大的轰动。目前这张画在罗马波尔葛塞美术馆展出，我去看了好几次，可以说，它充分体现了提香的绘画特色。提香的油画语言，最主要的是他的色彩语言，和其他同时代画家比较，应该说是最出色的。提香成名以后，不但教皇向他订画，而且外国很多君主也向他订画。所以，他的作品非常多。

冬宫博物馆有一张非常好的提香的代表性作品，就是《玛利亚·玛格达丽娜的忏悔》。这张画有很多版本，收藏在世界很多博物馆中，但最好的版本是在冬宫博物馆。这张画基本上包含了提香的所有油画技法，所以我就看中并临摹这张画。可是，临摹这张画的过程很艰难。我第一次临摹这张画是失败的，为什么？因为没有完全按照传统技法去临摹，我是用直接画法，看到原作中的重颜色，我就用深的油画颜料画上去，但即使用最重的凡·戴克棕[①]去临画，还是不行。这里就有一个技法的问题，因为提香是

[①] 凡·戴克棕，一种深沉而温暖的棕色，因为佛兰德斯画家凡·戴克（Antoine van Dyck，1599—1641）的创作大胆运用该颜色，创作出具有时代影响意义的画作，故以其名字来命名这种颜色。

透明的画法，是用无数次的透明颜色罩上去的，好像是多张玻璃纸叠在一起所呈现的色彩，与不透明的完全不同，一笔画上去以后，它就是不透明的，结果临摹到一半，我就临摹不下去了。

后来，我完全按照老师指导的方法，重新临摹，用透明的画法就成功了。首先要把画布的底色做好。提香那个年代的画布底色是有颜色的，差不多是一种浅棕的颜色，不像现在都是白画布。做好了画布底色，画好它的形，基本上是黑白的素描造型。再把颜色画上去，要一层一层地染上去，无数遍地染上去。在怎么染的问题上，我也有很多教训。起初，我不知道古代的透明画法中，油是关键，我一开始用一般的亚麻油去画，刚画上去的时候很好看，但第二天再看，画上去的油已经慢慢流下来了，颜色变了，不成功！后来，我们去问老师，老师告诉我们，这种油要特制，并且这种油不是用画笔画上去，而是用手指头慢慢地、一层一层地染上去。这里面就有很多技法，而且临摹这种古典油画都很费功夫，这张画我大概临了好几个月。

后来我也感觉到，为什么我第一张达不到这个效果，而第二张达到了这个效果？其实，这是个非常简单的道理，同样的造型，同样的颜色，一个颜色是透明的，一个颜色是不透明的。离开原作，单看直接画法的临摹作品还可以，但是，直接画法的那种颜色的力度、张力的感觉，跟原画一比较，那就相差得不是一点点了。它的感觉就是不一样，颜色本身的质感就不一样，这就是透明画法的优越性，是有渗透性的，就这么一个简单的道理。因为我开始没有完全遵循提香的创作方法，所以失败了。这给我一个很大的教训，就是对待西方艺术，包括它的制作过程，必须要有科学态度，不能随心所欲。像现在我们一般看到什么样就临什么样的直接画法，一次性成功，这种临摹方法是不对的。它有一个很重要的方法、步骤。如果这个方法、步骤不对，就跟我第一次临摹提香的画一样，这个效果就出不来。只有按照它的程序，它绘画的方式、制作的过程，才能够达到它最好的效果。

这次临画当中,我还在思考一些问题,为什么要这样画,这样画的优点是什么?我们从这个画法当中,可以学到一点什么?然后在这个基础上,我们怎么再去发展?结论就是,研究西方油画必须要从它的根底开始。所以,我在博物馆里面看油画的时候,一开始,我们觉得张张油画都好,但看多了以后,慢慢觉得好的画越来越少,越来越少。后来去博物馆的时候,就着重看几张传统油画的经典之作。比如说,在冬宫博物馆里看了伦勃朗的《浪子回头》以后,其他的画可以不注意,因为油画当中最精华的东西就在这张画里面。

那个时候,我是很想临摹伦勃朗的画,但没有那么多时间去临摹。因为临摹一张古典油画,要一层一层地染,染完了以后,等它干,干了以后上面再染一层,把颜色一层一层罩上去,要费很多时间。而且在某种程度上,伦勃朗的画更难临摹。为什么?因为油画发展到伦勃朗时期,就有很多表现的成分。这是很难的,因为伦勃朗的笔触,就像笔墨语言中的笔意一样,工笔比较好临摹,但笔意就比较难临摹。伦勃朗的绘画不仅是一个绘画技法,更有他表现的成分。比如说,他画了那么多张自画像,每张都不一样,表情都不一样,情绪都不一样,这里面就有很多的表现成分,特别是他的笔触,伦勃朗的笔触是非常明显的。当然,提香的画里面也有笔触,但是到伦勃朗的时候,油画又更进一步了,人文的东西更多了。

分工作室的苦恼

列宾美院的科系并不多,我们国内美术院校的科系比列宾美院多好几倍。列宾美院就绘画系、雕塑系、建筑系、理论系;绘画系就是油画系,然后分好几个工作室。列宾美术学院有很多工作室,各个工作室风格都不同。我读到三年级时,就面临分工作室的问题。将学生分配给工作室,就存在一个搭配问题,成绩好的学生不能都去同一个工作室,要统筹、均匀地分配给各个工作室。我的学习成绩很优秀,所有功课都是五分,并登上了光荣榜。一旦登上光荣榜，就有一个坏处——失去了选择工作室的自主权，因此我不得不被统一分配。所以，在分工作室的问题上，我的志愿并没能够实现。

我原来想报的是约干松①工作室，其特点是讲究色彩。我为什么要选择这个工作室？因为1956年以前，就是斯大林时期，苏联是很"左"的，对西方艺术的态度是封闭的，特别是印象派的艺术，包括我在国内念书的时候也是这样，印象派是不可以看的，因为这是形式主义，是资产阶级思想，是腐朽的。我刚到苏联的时候，也没看到印象派的画作。到1956年苏共二十大以后，这一领域开始解禁，所有博物馆都展出了印象派的画作。我整个眼睛感到亮了一下，油画原来还可以这样画，油画色彩原来可以这样丰富。在这样的大背景下，印象派绘画作品在苏联博物馆出现以后，我们年轻人都很想学习油画的色彩。我想要去的工作室，就是特别讲究色彩的约干松工作室。约干松是非常权威的一位画家，他的代表作是《审问共产党员》。

可是，著名的肖像画家阿列希尼柯夫，时任列宾美术学院院长，他看中了我，一定要把我分配到他的工作室。我当时的想法也很幼稚，虽然很敬佩阿列希尼柯夫，但我不想学他的那种风格。所以工作室分配完以后，我就很大胆地跑到他的办公室，直截了当地讲，我想到约干松的画室，不想到您的画室。阿列希尼柯夫院长觉得很吃惊，怎么这个学生会这样子？他问我："你为什么？"我说："我没有为什么。我想到那个画室去的唯一的原因，是我的学习主要靠同学直接的、互相的帮助和研究。当然老师也很重要，但是，从一年级开始，我和阿尔沙库宁、阿拉波夫两位同学就非常要好，他们对我帮助很大，我离不开我的两位同学，如果离开他们的话，我可能学习会不行。就这么一个理由。"阿列希尼柯夫说："你的学习方法

---

① 约干松（Борис · Владимирович · Иогансон，1893—1973），苏联著名画家，曾获"人民艺术家"称号。

不对，你应该向老师学，当然同学之间可以互相帮助，但这个理由明显不存在。"所以，我还是去了他的工作室，而且还和两位好伙伴分开了。因为我们各自的教室相隔很远，基本上见不到面，这就使我的情绪一时很低落。

怎么办？后来，还是罗工柳先生做通了我的工作。他说："你到那个工作室去，对你还是有好处的。你喜欢色彩，你还是可以去研究色彩。但是，这个工作室里有两个人很值得你学习。"罗工柳先生所说的两个人，一个人就是阿列希尼柯夫，他应该说是当时苏联数一数二的肖像画家，他的用笔非常好，造型非常严谨，而且很抒情；另一个人就是梅尔尼柯夫，当时是院长的主要助手，是一位非常有创造性、在创作上很有才能的画家。罗工柳先生指出，我应该如何学习。一方面，美术为工农兵服务，我们要表现工农兵形象，要画肖像，而阿列希尼柯夫是当时苏联最优秀的肖像画家，我可以向他学习肖像画的表现力。另一方面，学成归国后，我们最主要的工作还是要创作，向梅尔尼科夫学习，对提高主题创作的能力一定会有很大帮助。罗工柳先生这么一讲，倒说服我了，我觉得：是啊，这对我也有利！至于色彩，可以自己慢慢地学，而且色彩主要靠自己的感悟，不可能老师手把手教你怎么调颜色。罗先生对我讲的这番话，对我很有启发，我就同意去阿列希尼柯夫的工作室了。

正是从这件事情以后，我就很信任罗工柳先生，我和他的交流就开始多起来。很多同志问，你和罗先生的年龄相差很大，回国以后，亲如兄弟，还一起合作画画，关系为什么那样好？就是因为留苏期间，我们两人能够互相帮助，取长补短。比如，我当年是这些留苏学生中唯一的共青团员，（1959年在苏联入党，但入的是布尔什维克党，这是很少有的。）罗工柳先生在思想上经常帮助我，教导我不仅业务要好，政治思想也要上去，这样才能够更好地为党、为人民服务。再比如，随着中苏关系逐渐紧张，我们经常交流对局势的看法。就是有了这样的基础，我们两人的感情也好，共同语言也好，就越来越密切。我对罗工柳先生的帮助无非因为我比他多学习了两年[1]，我在业务上、语言上可以帮助他。特别是在语言上，因为他年纪大，而且是广东人，发音较困难，我可以帮助他。

从师名家

我分到阿列希尼柯夫院长的工作室以后，他对我很好。另外还有一个老师叫乌加洛夫，他后来是苏联美协主席，也很能干，不过是个"酒鬼"，我跟他的关系不是非常融洽。其他老师，还有科拉廖夫、梅尔尼科夫等。其中，阿列希尼柯夫和梅尔尼科夫给了我最好的教育，就是他们启发了我。这种启发，不是说长短高低比例，也不是说冷暖关系，而是那种艺术的味道、风格的味道，使我能够感悟到西方油画的奥妙之处，真正地感受到油画的魅力所在。

阿列希尼柯夫是非常老实、忠厚的一个人，有一点点结巴，但他的修养很好。他一个星期来工作室两次，一次是周三，一次是周五，看看我们的画，进行指导。他不是教你常识，因为解剖对不对、色彩对不对、关系对不对，这是低年级老师的主要任务，到高年级后，这些问题就不是主要问题了，而是需要更多的艺术层面上的辅导。所以，他主要教艺术上应该怎么处理，一张画应该怎么处理，哪个部分应该怎么画。

我每次看到他的画，就受到感动。他的造型比较严谨，颜色比较单纯，不像印象派，是比较灰的颜色，但是灰里面有一种微妙的变化。他的绘画比较细腻，而且很美，这种美，不是很粗犷、很有力的那种美，而是一种充满诗意的，一种很有文人气的、很有修养的美，相当于我们的文人画。尤其是他的用笔，就跟国画里面的用笔一样，每一笔都是经过慎重思考的。这在油画界是比较少的，因为油画很好修改，可以随便画上去，但他不是

---

[1] 按：1954年，全山石留学苏联，攻读本科；1956年，罗工柳留学苏联，攻读研究生。

1956年，与列宾美术学院院长阿列希尼柯夫交谈（左起：全山石、邵大箴、钱绍武、阿列希尼柯夫、奚静之）

这样，他会非常认真地对待每个线条。虽然他的画很写实，但是很有"写"的意味，每个地方都是经过深思熟虑的。他主要画肖像画，画得非常好，偶尔也画历史画，画得也非常好，构图能力很强。他有一幅作品叫《列宁在彼得堡大学应考》，画的是很多老教授评审列宁的答辩，很少见到这样的题材，他用写意的方式描绘了教授们对列宁很满意的情感，远看很完整，近看笔触很流畅、很美。而我从他那里学到最多的东西，就是油画里"写"的意味。

工作室的素描老师叫科拉廖夫，他的素描非常好，讲究构图，讲究结构。这方面是我们以前在国内学的时候没有很好注意到的，我们以前学的是法国素描，找明暗交界线，对结构方面的理解不是很透彻。在苏联，像科拉廖夫这样的素描教学，给我们帮助还是很大的。所以，在他指导下的素描，就比较结实，画站立的人，就能画出站得很稳的形体，所有的结构没什么大毛病，有毛病的话，他马上会指出来。

另一位给我重要帮助的老师是梅尔尼科夫。他对中国学生非常友好，戴一副眼镜，脸方方的，很神气，个子不算高，但很魁梧。我留苏的时候，他经常叫我们去他家里包饺子，他很喜欢吃饺子，但自己不会包。我们同学组织起来，到他家里包饺子，他最开心了。他很喜欢中国。1957年，他到过北京、武汉、杭州，在武汉画了很多长江的画，他觉得中国文化太优秀了，觉得中国画非常有意思，特别是齐白石的画。所以他经常跟我讲，我虽然在苏联学习，但应该好好学习中国自己的东西。20世纪90年代，他还来浙江美术学院搞过短训班，我给他当翻译。他很严格地要求我们，这个不对，那个不对，都直截了当地指出。但是，他对浙江美院学生很满意，觉得这是一个非常好的学校。他在俄罗斯讲课时，也经常提到中国，特别是提到我。他认为中国学生都很用功、很聪明，还经常把我作为一个榜样，讲给他的学生听。他的很多学生也到我们这儿，说明他对中国印象非常好，感情也比较深。

  20世纪50年代，梅尔尼科夫还是阿列希尼柯夫的助手，因为梅尔尼科夫擅长画大型壁画，壁画需要很强的建造能力，后来梅尔尼科夫有了自己的工作室，就是一个壁画工作室。我觉得梅尔尼科夫的构图能力非常强。此外，在油画色彩方面，他比阿列希尼柯夫运用得更好，很多地方都值得我去学习、挖掘。梅尔尼科夫是苏维埃政权成立以后第二代、第三代画家，当时正是他的创作高峰时期。他创作了《在和平的田野上》《觉醒》等震撼人心的作品。《在和平的田野上》创作于1950年，表现很多年轻男性上战场后，后方留下来的妇女在田野上愉快地劳动的景象，通过这样的场景，从一个侧面表现了那个时代人们的精神面貌。1956年创作的《觉醒》，描写的是阿拉伯人、黑人族群的觉醒，他们起来革命，争取解放，争取自由。这张画在世界青年联欢节中得奖，引起轰动，还到中国展出过。因为这两张画，梅尔尼科夫"飞黄腾达"，当时在列宾美院是一个很受瞩目、很有作为的艺术家。我当时向梅尔尼科夫学习，在学习过程中，很多创作理念，我觉得受他的影响比较大。

  与同龄人相比，梅尔尼科夫是非常能干、出众的一个人。在旁人看来，他有几分傲气，不是很谦虚，走路的时候，很挺，一般不看人。但正是因为他的能力出众，所以，当列宾美院老一辈艺术家大多去世以后，他就成为学院中威望最高的老师了。不论老师，还是学生，只要他一说话，那别人就没话说了，因为他的才能盖过其他人。可以说，现在的列宾美术学院，百分之八十以上的老师都是梅尔尼科夫的学生，都是从他的工作室出来的。

梅尔尼科夫有一件比较好的作品，就是提倡和平的《西班牙三连画》。这是根据他在西班牙看到的景象，通过画面展示西班牙历史上的战争，以及斗牛的血腥。他这张画得了奖。后来他获得"人民艺术家"称号，就跟这张画有很大关系。他还有一张画《告别》也比较著名，反映第二次世界大战期间一个老太太送别即将上战场的儿子，老太太的那种情感，既对儿子依依不舍，又对儿子抱着希望，希望儿子为祖国、为捍卫和平而去战斗，这种矛盾的心情在老太太和她的儿子身上表达得非常深刻，很感人的一张画。所以，他是很能干的，既能画叙事性的绘画，又能画装饰性的绘画。而且，他还非常勤奋，每天吃完晚饭后，他一定要在案头上画画，画那种A4纸大小的画，每天画一张，相当于自己练习，把他每天思考的东西画下来。这些画虽不是非常完整的作品，但有审美价值，画完就竖放在他的书架上，架子上都放满了，有很多本。他会把这些画作为礼物送给朋友、学生，我这里就有好多张，他送给我的，上面写了我的名字。

梅尔尼科夫的作品比较多，目前主要收藏在特列恰科夫国家画廊①和俄罗斯博物馆，还有就是地方上的一些小博物馆。后来我们国家的艺术市场繁荣了，大概在20世纪末，作品比较多、比较便宜的时候，我还推荐一些国内企业家买梅尔尼科夫的画，收藏了很多他的作品。

同窗"三剑客"

很多中国留学生到苏联以后，都希望两个中国人在一起，这样可以互相有个照应，听不懂的地方，笔记互相抄一抄，互相提醒一下。可是，我

---

① 特列恰科夫国家画廊，又称特列恰科夫美术博物馆，于1856年创立，位于莫斯科市中心，是世界上久负盛名的艺术宝库。

当时的想法是，希望我一个人在一个班上，后来组织上也同意了。我们所在的班级里，有很多其他国家的留学生，但中国人只有我一个，东方人也只有我一个。后来的实践证明，我这个想法是正确的，因为只有我一个人在这个班级，我的俄文才能得到锻炼，才能实现较大较快的进步。

有一件有趣的事。一开始，我跟苏联同学是无法交流的，因为我讲俄语的时候，文法不太对。比如，中文里说"我看见你"，和"我想你""我在意你"的时候，用词、发音还是有相近的地方，但在俄语中，它们的单词变格就不一样。所以，跟俄国人讲话，一旦文法不对，人家是听不懂的，不明白你为什么要这样讲。我刚到苏联时，就将几个单词结合在一起，我讲了半天，没法让苏联同学明白我的意思。可是，一个阿尔巴尼亚同学叫克利斯塔奇，他就能理解我的意思，我的想法随便一讲，他都能领悟，因为我和他的语言水平差不多，他也不懂文法。所以，只要把单词结合在一起，形成一个概念，我们就能够交流。在当时，一些人就觉得很奇怪，你跟这个阿尔巴尼亚人这么要好，但怎么就跟苏联人沟通不了？其实，现在想起来很简单，就是因为尚未掌握俄语文法。

因为我一个人在一个班级里，学习方面还是很需要苏联同学的帮助。所以有些事情都是"逼上梁山"的，语言听不懂，就得想法去听懂，没有办法，这就加强了我自力更生的思想。后来，我跟一个苏联同学的关系处得比较好，他是莫斯科附近梁赞（Рязань）农村出来的，很朴素的一个人，叫阿拉波夫，假期里，我就跟他一起，到他们家里去住。一个假期下来，我的俄语进步特别快，差不多到二年级、三年级以后，我的俄语基本上没问题，而且我的业务也受到他较多的帮助。譬如说解剖课，这骨头叫什么名字、在什么部位、是什么功能。不要说我不懂这些俄语词汇，翻译成中文，我也不懂，阿拉波夫就耐心地帮助我来分析。从一年级开始，我就与两位同学处得很好，三人互相帮助，而且成绩都是领先的。后来，我们就建立了紧密的关系，在整个年级里面，成为一个非常优秀的组合，像模板一样。所以，他们叫我和阿拉波夫、阿尔沙库宁为"三剑客"。

在生活方面，我与阿尔沙库宁联系比较多。他是一个由工人家庭收养的亚美尼亚族孤儿，他的养母是一个俄罗斯族女工，不仅把阿尔沙库宁看作自己的儿子，而且把我也当成她的儿子。我就经常到阿尔沙库宁的家里去，尤其是放假的时候，被邀请到他家的别墅去。这种别墅与我们想象中的不一样，俄罗斯每一个家庭在农村里总有或大或小的别墅。阿尔沙库宁家里的别墅，是在西伯利亚大平原上的一个木屋，里面烧火，就会暖和起来，周围是大森林、湖泊，所在的村子里没几户人家。我印象当中，吃的东西不多，牛奶、土豆、洋葱、西红柿、黄瓜，那里的牛奶真的太好喝了！我们是暑假去的，但那里很冷，早上我都要穿毛衣，而且整个暑假我就没脱过棉毛裤。

但是，有些习惯是咱们中国人可能接受不了的。譬如说，一开始，阿尔沙库宁的养母带着阿尔沙库宁、我以及她的亲生儿子，共四个人下乡。在我的理念里，他请我到他家里去，我想当然，吃住都应该他来管，其实不是。我们的习惯没有什么AA制，西方人完全是AA制。路费、伙食费都按AA制，全由我自己支付。当时我不知道人家西方人的传统，就接受不了。临走的时候，阿尔沙库宁的养母突然跟我讲，去的时候，用的这辆吉普车，四个人，每个人应该承担多少费用，伙食费标准是多少。她要我准备这些钱，我脑子当时嗡的一下，人都懵掉了。我想，怎么还有这样的事？我都要承担四分之一的钱。当然，我是同意的，也能承担得起，但我很不理解，既然请我去，还要收我的钱，觉得他们是不是有点苛刻了。

阿尔沙库宁的养母和她的亲生儿子的生活是极其简单朴素的，他们是非常敬业的一个家庭。虽然经济收入很有限，但都很有文化修养，很懂音乐。譬如说，对拉赫马尼诺夫的作品，对柴可夫斯基、格林卡的作品，他们的理解很有一套。当时我听的很多音乐，还是通过他们获得的。

访亚美尼亚画家萨里扬

我有两位亚美尼亚籍同学，一位是"三剑客"之一的阿尔沙库宁，另一位是米那斯·阿维吉相，阿维吉相是一个非常有才华的画家，人也非常老实。亚美尼亚人有一个特点，因为生活在南方，他们的色彩感觉比较好。所以，跟其他苏联同学比较的话，我这两位亚美尼亚同学的颜色感觉都是特别好，很突出的。

经他们两人介绍，我认识了苏联时期非常著名的亚美尼亚籍油画家萨里扬[①]。萨里扬当时这么跟我说，他说："你来自中国，你是第一个访问我的中国画家，你们中国非常伟大。西方的海都是蓝颜色的，我们亚美尼亚虽然没有海，但有个塞凡湖[②]，也叫塞凡海，都是蓝颜色的。我很难想象，你们东方的海是黄颜色的，叫黄海。"他问我："你在哪里学习？"我说："我在列宁格勒学习。列宁格勒的天气和我们中国不太一样，中国的天气和亚美尼亚比较接近，经常是阳光灿烂。我是中国南方人。"他当时给我讲了一句话："你以后应该表现具有中国特色的油画，画中国色彩的油画，不要画西方的样子。"萨里扬所讲的西方油画，就是列宁格勒的灰调子，我们以前很崇拜俄罗斯的灰调子。他就跟我讲："你应该画中国自己的一种阳光灿烂的、色彩强烈的中国油画。"他这句话一直给我很深的印象。

1957年假期，我和阿维吉相、阿尔沙库宁一起到亚美尼亚乡下画画。我们住在阿维吉相和他两个朋友的家里，也是他亲戚的家。因为我在列宁格勒待了那么长时间，基本上见不到阳光，所以，我到亚美尼亚以后，强烈地感觉到，这里的阳光很灿烂，和中国很接近，我就感到特别亲切，很

---

① 萨里扬（Мартирос Сарьян，1880—1972），亚美尼亚人，苏联象征主义画派代表性画家。
② 塞凡湖（Sevan Lake），亚美尼亚境内湖泊，也是高加索最大的高山湖泊，距首都埃里温（Yerevan）60公里，湖名由亚美尼亚语"黑色寺院"转化而来。

受感动。给我印象最深的是，亚美尼亚是瓜果之乡，房子样式、生活习惯，跟新疆很相像，属于穆斯林。他们吃牛肉、羊肉多一些，不吃大肉（猪肉），主食和新疆一样，烤的东西比较多，有烤馕、烤馒头之类。我印象最深的，是他们吃西瓜的方式跟我们不一样。他们在餐桌上吃西瓜，大家都要铺餐布，很正规。把西瓜切开以后，每个人两个盆子，一个小碟子，一个盆给你吃西瓜用，还有一个盆放瓜子、瓜皮，小碟子里是糖。吃西瓜时，先用刀切开，把籽都拿掉，瓜皮去掉，西瓜瓤一块一块切好，蘸着糖吃。西瓜已经很甜了，为什么还要这样子？我就不明白，这是我第一次这样吃西瓜。

我去看了他们的农场，在农场里拍了照片，还帮他们摘葡萄。我第一次吃到无核葡萄，拿来就可以吃。亚美尼亚人种植葡萄跟我们不一样。我们种葡萄是搭葡萄棚，他们的葡萄是直着长的，跟意大利一样，像屏风一样。为什么这样？因为他们摘葡萄已经机械化了，机器过去，就把葡萄摘下来了，我们的葡萄棚是需要人蹲下去摘的，新疆就是这样。

亚美尼亚的首都埃里温有萨里扬的画室，也是国家给他的画室。第一天，我们就去拜访萨里扬，他非常欢迎我们，就在他的画室里接见我们，叫他的助手把阁楼上的画一张一张拿下来给我们看。然后，他就介绍这张画是怎么画的、用什么颜料画的。"哎呀！我这些颜料，很多还是从法国带回来的，才画的这个颜色。"他就讲这个事情，每一张画都自己解释。他的油画受西方现代主义的影响，色彩比较浓郁、强烈，造型很概括，很有趣味，而且他的油画和我所看到的亚美尼亚的自然景色、人文精神是非常吻合的。一看画面，就和列宁格勒、莫斯科的那些画家完全不一样，很有地方特色。萨里扬的油画给我的印象非常深，对我以后的艺术道路有很重要的影响。

之后，我们就下乡去了，在那里待了几天。拜访萨里扬的第二天，我们到塞凡湖画画，好像坐车要三四个小时才能到。这个湖确实很美，很大，望不到边，就跟海一样，也没人。我们画得很激动，比赛画画，一天工夫，我画了十三张风景画，比他们画得多，因此我要请客。可是，晚上请客，

1956年，与好友合影（左起：阿尔沙库宁、全山石、伊凡、阿拉波夫）

没有地方吃饭。第二天早上，我就买了一串葡萄和一个类似新疆的烤馕，我们就在塞凡湖边吃早饭，当时我们还拍了照片。阿维吉相、阿尔沙库宁都是非常有才能的，我们三人天天在一起，除了有时候比赛画画外，我们经常会谈论艺术的倾向、爱好，应该怎么努力，应该克服一些什么问题。在这个讨论过程中，他们对艺术的理解、色彩的理解、文化的理解，以及在技术方面都对我有很大的帮助。

阿维吉相毕业以后，回到亚美尼亚，很快在苏联的杂志上发表了他的画，并马上得到社会公认。但是，很不幸，他毕业后三四年就因为车祸去世了。我与阿尔沙库宁后来有联系，不过在"文革"当中，我们也完全失去联系了。

我挺喜欢亚美尼亚，因为那里的色彩很强烈，阳光很灿烂，很适合画油画，而且我感觉特别的新鲜。我在亚美尼亚画了好几张《走向土耳其》，其实画面中的山，就是土耳其境内的山。亚美尼亚的生活习惯、文化传统和土耳其的穆斯林相近，可能语言、血统也有关系。我当年就感觉到一种异国情调，跟俄罗斯完全不一样，好像感觉到一点土耳其、阿富汗的味道。其实后来我画新疆，与这次亚美尼亚之行也有一定关系。现在回想起来，这个地方太像新疆了！土耳其、我国新疆地区、亚美尼亚、格鲁吉亚这一带的生活习惯、自然条件都比较相像。

体验生活与毕业创作

列宾美院的毕业生一般拿蓝色文凭，只有六年学业中百分之八十五以上的课程成绩达到五分以及毕业创作获得五分的学生才能拿红色文凭。我的毕业创作画的是毛主席和群众一起在十三陵水库劳动，题目叫《领袖与群众同劳动》，就得了五分，并被列宾美院收藏，加上平时课程的分数也达到要求，所以我当时拿的是红色文凭。我们那届学生中，拿到红色文凭的只有两人，一个是我，一个是我们"三剑客"中的苏联同学阿拉波夫。

搞毕业创作，首先要确定画什么题材，这要经过指导老师批准。当时，正是毛主席参加十三陵水库的劳动，这件事当时很轰动，最初的创作灵感是从新闻中得到的。建设水库时人山人海，我觉得题材挺好。其实，当时我毕业创作的选题有好几个。有一个是西藏题材，汉族医生在帐篷里给藏族百姓看病，我觉得这个题材很有意思，我也很想画。但是，指导老师说，苏联有很多医生在帐篷里给老百姓看病的题材，而毛主席与群众一起修建水库的题材没听说过，他认为这个领袖题材还是不错的。所以，我就选了这个题材。

那个时候，苏联对领袖题材创作有两种不同的看法：一种认识是，这个题材很好，又是现实题材，将来也会成为一个历史题材；另一种认识是，这是个人崇拜，因为那个时候，特别反对个人崇拜，反对斯大林。我认为，这是当时一部分苏联学者受赫鲁晓夫思想影响，认为领袖题材涉及个人崇拜，不能再画了。但是，在我们国家，毛主席在人民群众中有着崇高的威望，而且毛主席与人民群众一起参加劳动的行动，不仅是他个人的劳动，而且是号召各界群众向劳动人民学习，号召大众都应该参与到社会主义的伟大建设中。所以，我选的这个毕业创作题目应该是积极的、向上的，是一个好题材，我就决心画这个题材。

1959年，为了毕业创作，我专门回国进行了四个月的实习，期间我还帮罗工柳先生画画。回国后，我先到宣传部报到，说明我回来的原因——在苏联留学，我的毕业创作要画毛主席参加水库建设，问在建的水库在哪里。宣传部的人就说，三门峡有，密云水库也有。宣传部就开了两封介绍信，一封开给三门峡水库，一封给开封密云水库。因为十三陵水库的建设已于1958年基本完成，当时我没听说过密云水库。三门峡水库的影响大一点，所以，我就到当时在建的三门峡水库工地画了半个月的写生并体验生活。在写生过程中还发生过很危险的事情，当时我趴在一个土坡上面画画，就画整个三门峡水库建设场景。但是，我根本不知道我所在的土坡底下正要爆破，土坡底下的工人一边叫喊一边晃动红旗，示意让我离开，我没有这方面的知识，听不见工人说的话，也不明白工人的旗语。后来几个小伙子冲上来，把我的画夹拿走，说："赶快走！赶快走！"我就赶紧冲下土坡，趴在地上，还没有完全冲到下面，回头一看，那个土坡已经没了。如果那个时候没有人家来帮我，可能我就连着那个土坡一起轰掉了，真的很危险。后来想，下去以前，应该了解一下三门峡水库的建设情况，哪个地方有危险，哪个地方没有危险，如果没有深入生活，就不知道这些知识。当时，三门峡水电站工程已经差不多了，工人很少，机械化的施工比较多一些。所以，我画三门峡的写生，大部分是水库环境，没有接触到很多人，我觉得有点遗憾。

后来，我就跑到密云水库，密云水库跟十三陵水库很近。那个时候，密云水库还在建设，我就与民工同吃同住同劳动，持续了快一个月。民工上班了，我上班；民工下班了，我下班；民工吃什么，我吃什么。早上，小米稀饭和北方的窝窝头；中午，两个窝窝头，然后就着咸菜吃。我以前还没这样吃过窝窝头，冷的窝窝头也可以吃，比较硬，因为是冷的，使劲喝开水，他们送来的茶水挺香的。每天从早上到晚上，我主要推独轮车，还有传递装土方的篮子，手都起泡了。一开始，我还不会操作北方的独轮车，姿势不对，独轮车就要倒。越是怕翻车，越是姿势不对，越是翻车，后来就会了，腰要挺直，所以必须要学会劳动。在劳动过程中，我认识了很多民工。这些民工大部分都是北方人，河北人居多。我跟他们建立了非常好的关系，我毕业回国后很长时间，都还跟他们有联系。我毕业创作里的这些人物，就是这次劳动当中所得，同我一起劳动的那些民工形象，有年轻的小伙子，有年纪比较大一点的，也有妇女。我觉得这一个多月的劳动给我的帮助非常大。

体验生活结束，我回到列宾美院已经画了好几张彩色稿子，从彩色稿子里面确定一个，再放大为三米多长的毕业创作，一共画了有一年吧。当时专门给我一个工作室，每个毕业生都有自己的工作室，大概有我现在艺术中心画室一半那么大吧。这幅毕业创作中的劳动气氛，人与人之间的关系，领袖和群众的关系，我都表达出来了，我觉得基本上没有什么大的毛病。现在看这张画还是这样，大的毛病是没有的。就油画语言来讲，还是一种纯粹的西方油画语言。

毕业答辩的时候，苏联评委对我这张画都持比较好的评价。虽然也有人认为，这张画存在个人崇拜嫌疑，但很快被另外一些教授批驳掉了。因为1959年，中苏关系已经不好了，双边关系不好以后，他们更会挑剔个人崇拜问题。最终，因为我的毕业创作整体结构和人物形象打动了评委，他们认为画中毛主席的形象特别生动，这张画的最后评分是本届毕业生中的最高分。我也感到很欣慰，应该说这张画最后能够拿五分是很不容易的。我想，如果当时没有反对个人崇拜问题，可能对这张画的评价还会更高一些。这次创作经验，给我以后的创作打下了很好的基础。

因此，当时阿列希尼柯夫院长和梅尔尼科夫向我们的党组织提出来，要我留下来继续深造。因为在大学毕业以后，还有一个阶段，就是创作室。譬如说，梅尔尼科夫就有专门培养尖端画家的创作室，时间可长可短，一般是两年。我留学的六年时间包含硕士阶段，所以，这个创作室相当于苏联的博士层次。但是，因1960年中苏关系已经恶化，党支部讨论的结果，认为我还是应该回国。对于这一问题，我当时的心情是什么呢？因为我对当时苏联的情况已经有较深刻的认识了，我离开祖国的时间也很长了，我想应该回去报效祖国，所以党支部征求我的意见，我说同意回去，谢绝了他们要我继续深造的美意。对我个人来讲，梅尔尼科夫也好，阿列希尼柯夫院长也好，他们很器重我，我也很感谢他们。

我跟他们一直保持比较好的关系，后来我专门为阿列希尼柯夫院长编了画册，也为梅尔尼科夫出了几本画册。这些画册在中国出版后，我都寄给他们。20世纪90年代以后，我经常到俄罗斯，每次都去拜访他们，我们的关系是比较好的，他们对我的印象非常好。

四、回浙江美院教书育人

被母校留下任教

1960年秋,我和肖峰同学一起毕业归国,正好是国家困难时期。当时我们不知道国家困难,没有什么思想准备。一下火车,先把我们拉到北京西郊的外国语学院。第一顿饭,我们吃的是米糠、野菜一起炖的"忆苦饭"。吃完饭,大家进行讨论,才知道国内原来是这样,我们一点思想准备都没有,很吃惊。大概在北京经过一个月的学习以后,慢慢知道一点国内情况。

回到国内,国家教育部的组织部门准备把我留在中央美院。因为距离报到日期还有一段时间,又刚回国,有一段假期,我就没有马上去组织部报到。这个时候,肖峰已经先回杭州了,我另一个同学想去杭州,我就带着这个同学一起到杭州,我也就顺便探亲。结果在火车上,碰到了和我一起在华东分院的同班同学,他马上把我回杭州的事情报告给学校。回到杭州,当天晚上,学校党委书记高培明就来找我,让我到他办公室去一下。因为以前就跟他比较熟,他也对我很好,我根本没有思想准备。他就说:"你回来啦,最近有什么事情吗?"我说:"没有啊,放假了。"他说:"那你明天就到学校来吧。"然后,他马上一个电话打到组织部,说这个人已经回来了,是从我们学校出去的,我们要把他留下来了。就这样,在我根本不知道的情况下,就把我扣在浙江美术学院(以下简称"浙江美院")了。

这个时候,中央美术学院华东分院已经更名为浙江美术学院了。我在国内念书时,还叫中央美院华东分院。后来很多老师觉得,华东的中心在上海,不是在杭州,而且从学校发展方向来看,上海似乎更有希望。因此,以莫朴院长为首的很多老师提出来,希望把学校搬到上海。而且他们也在上海找了地方,准备把华东分院从杭州搬到上海。就在这个时候,反右运动开始了。有人认为这个迁校行动的目的,是为了摆脱浙江省委领导,是反党行为,因此,把这批主张迁校的骨干如江丰、莫朴、王流秋,统统划成右派。从此以后,中央美术学院华东分院不复存在,变成了浙江美术学院,属于浙江省委领导下的一所学校。

向组织部报到的日期到了,我回北京,去了教育部的组织部办公室,管分配的女同志就对我发火说:"你无组织无纪律!你为什么要回杭州?"我当时想,"我怎么无组织无纪律?"我说:"因为家在杭州,陪我的同学回杭州去。"她说:"你给我们找了很多麻烦!好了好了!你就回去吧,你就回浙江美院吧!"那个时候,我还不是很清楚我们书记把我留在学校的事情,于是我就回杭州了。

罗工柳先生后来跟我说:"你这个人啊,也是,我们中央美院花了九牛二虎之力把你留在北京,你自己却偷偷跑到杭州去。"我说:"我没偷偷回杭州,我根本就不知道这个事。"那个时候,我确实很幼稚,根本不知道这样一个组织关系,就是我们学校党委书记跟北京方面说,中央美院也有留学生,浙江美院好不容易派了两个留学生,应该回到我们学校。浙江美院也有理,所以北京方面也没有办法硬调我到中央美院。我什么都不知道,就留在浙江美院了。

说起来,还有一些小故事。我在回国的路上,从火车上买回来一包奶糖,是用塑料袋装好的。那时候,家里人还没看到过这种透明的塑料袋。我拿回家后,家里都觉得很奇怪,问我:"你这个糖从哪里来的?"我说:"我在火车上买的。"家里觉得很新奇,就问"哪个火车买的?怎么会有这样高级的东西！"我说："这不是很普遍的糖嘛，一种奶糖嘛！"那时候，这个奶糖要算着吃的，不能随便吃，家里就把我这包糖没收了，放在家里。我刚回国时，没有一点思想准备。回到浙江美院工作后，正好是困难时期，我们学校也非常困难，每天吃不饱。我们也不敢讲。

我跟谭永泰两个人住一个房间。他也是留苏回来的，学的是美术理论。这是个什么样的房间呢？其实就是旧房子楼梯底下的一个楼梯间，以前是放拖把、扫帚等杂物的三角形的小房间，不是住人的，大概只有七八个平方，当中还有个小柱子。我们两个人就住在这个小房间里，只能放下两张床，一张桌子，因为中间有一根柱子，我俩根本不可能各占一边，两张床只能拼在一起，靠着墙放，柱子边放一个桌子，是我们两个写字、备课共用的。

我们回来的时候，行李很多。留苏之前，国家给我们准备了两箱子衣物用品，我们省吃俭用，基本上没有因为破旧而丢弃的，能带回来的都带回来了，包括我在苏联买的一些油画颜料等，都放在箱子里面。我们的房间根本没地方放箱子，只能放在走廊。第二天我去上课了，等下课回来，箱子已经被人割开来，里面的东西全部被人偷走了。那时候，我们还不敢讲，东西被偷了，只能怪自己没管好，也没有人帮我们说话。所以，弄得我们两个衣服都没有了。

我回国后，油画系安排我带一个班，任班主任。这是1959年入学的一批学生，都是工农子弟，基础比较差，而且班上学生比较多，将近20人，所以教学任务很重。我带他们下乡。当时，我也没感觉到很多教学上的矛盾，只觉得生活上有点吃不消，跟在苏联留学时反差太大。但是，看看大家都是这样，也没有什么抱怨的。前几年，中国美院90周年校庆的时候，这个班同学还集中起来，大概有三分之二的同学，有的已经去世了。他们来看过我。

从1961年到1964年，我还应邀到北京中国革命博物馆，参加了一些历史画创作，如《英勇不屈》《上井冈山》《中华儿女——八女投江》，前两张是中国革命博物馆的创作任务；后一张是黑龙江省博物馆委托我画的一张关于东北抗联的历史画。这些画创作的具体情况，我以后再讲。总的来说，学校教学还比较正常。特别是 1961 年中央"八字方针"①正式出来后，各方面开始进行调整、提高，一直到 1965 年，教学都比较正常，教学大纲基本上是参照苏联的，并结合中国实际情况有所改变，因此整个教学来讲还是比较健康的。

为潘天寿师画肖像

我在中央美院华东分院上学时，我们跟学校的很多老师，包括一些著名的画家都有过交往，我们经常到老师家里去拜访。回国以后，我跟学校一些老专家也有工作中的接触，潘天寿②先生就是其中之一。

解放初期，我在华东分院上学时，潘天寿先生被调到图书馆工作，因此潘老给我们上课很少。20 世纪 60 年代，我回到浙江美院后，与潘老有很多接触，而且跟潘老的关系是比较好的。大概是 1961 年，有一天，我跟潘老说："潘老，怎么样，我给您画个像？"他说："好啊！你什么时候来？"我就到他家去，给他画像，他的夫人也很热情。潘老坐在那里，一连好几天。我给潘老画的这幅肖像还是画得蛮好的，也蛮大，大概一米多吧，横向构图。后来，潘老送了我这张画的照片。我印象当中，他身后是他的一幅荷花作品。但很可惜，"文革"当中，因为潘老被揪出来批斗，我这幅画像就被当作"黑画"毁掉了。

我经常跟潘老谈起绘画方面的事情，他就跟我讲国画。关于北派和南

---

① 八字方针，即"调整、巩固、充实、提高"，1961 年 1 月召开的中共八届九中全会上，正式决定对国民经济进行调整，贯彻八字方针，开始了中国第一次经济调整。
② 潘天寿（1897—1971），字大颐，浙江宁海人，画家、美术教育家，浙江美术学院（今中国美术学院）教授。

派，他有很多看法，甚至评论一些北方画派的情况。他对齐白石有自己的看法，对北方画派里面有些比较表象的东西，他不是很赞成的。

潘老还跟我讨论很多问题，比如素描问题。那个时候，批判契斯恰科夫教学法，潘老也参加了。他认为，西方的基础跟东方的基础是不一样的，西方应该按照西方规律去做，东方按照东方规律去做。素描之于国画的关系很复杂。素描有两种：一种观点认为，外国素描对国画的发展有很大好处，促进了国画的发展。比如蒋兆和先生，他就吸收了很多西方元素到国画里面；徐悲鸿先生也把西方的素描造型放到国画里面。20世纪50年代，我们有很多年轻的国画家都是从学素描开始的。比如方增先、刘伯舒等，我们这一辈人画国画，都是吸收了西方素描再搞创作，然后才有后来的成就。但是，有一种观点认为，我们国画之所以今天毁了，就是因为学了西方的素描。到今天为止，仍然有很多人是这么认为的，认为学了素描以后，国画毁了，不应该学西方素描。

像潘老教我们画山水，怎么画？潘老教我们是手把手地教，包括怎么样握笔，笔要怎么弄，怎么拿工具笔，我们以前不知道，笔画好以后，必须要洗干净，而且要把它吊起来，这样笔第二次用的时候才会好。这都是老师教我们的。我们以前不知道，画完以后，笔一丢，不管了。我们画水彩就是这样，画完以后，洗了一丢，就完了。但是，画国画不行，潘老说，不能那样，不能像西方人那样，笔用完以后，一定要把它洗干净以后吊起来，这样再画的时候，笔就有弹性，笔锋就好，才能够画出线条的美感。

我们勾线的时候，笔是很重要的。各种笔的功能不同，比如叶茎笔，叶茎笔是专门勾叶子茎的笔，它一下去，它一上来，很自然而然的成为线了。林风眠先生都用这种笔法，去看他画的仙鹤也好，仕女也好，他用叶茎笔，这样勾下来，这个线条就比较美。像这种很细腻的东西，都是老师手把手教给我们的。那个年代的老师，我觉得是非常负责任的，根据每个学生自己的特点进行教学。我们平时创作时，一张一张桌子，学生在那里画，老师一个一个地辅导过来，现在恐怕就很难做到了。

经历风霜

在美术界，我是比较早受政治运动影响，遭到批判的人之一。1964年，我给黑龙江省博物馆画的《中华儿女——八女投江》完成以后，后来在浙江美院陈列馆展出。展出的时候，大家觉得这张画很突然，怎么会有这么一张画？当时，有人就提出，这是在宣传战争恐怖，因此就对我进行批判。等到"文革"前夕，又把我这张画拿出来，作为重点批判对象。批判完了以后，他们也不让我改，就把这张画给锁起来了，一直锁到"文革"结束。所以，我受到不公正批判，不是从"文革"开始，而是"文革"以前就开始了。后来在教学上，我也带学生，但是从那个时候开始，我就已经感觉到有压力了。

1964年到1965年，国家组织由王式廓[①]先生领导的创作组，要为我们国家画一批新的历史画，我就被调入中国革命博物馆。同时，周扬同志提出，要成立中国油画院。那么，当时从全国各地调来，参加创作组的这批人，除了一些著名画家以外，绝大多数都是中青年画家，就是未来中国油画院的骨干。"文革"开始以后，这个事情就取消了。

那么，我就回到浙江美院。那个时候，我也就三十来岁，再次因为所谓的"黑画"引火烧身。当时我有两个罪状，都是"黑画"，一张是《中华儿女——八女投江》；还有一张是罗工柳先生和我合作的《前赴后继》。罗先生在北京挨批后，北京的红卫兵还到杭州来批我："你这张黑画怎么画的？你画的哪个地方？你为什么画这张画？"所以，我是我们学校里第一个受批斗的人，这两张画都成为我背上"资产阶级反动学术权威"牌子非常重要的罪证，我也就变成了"死老虎"，就是"资产阶级的红人""修正主义的苗子""赫鲁晓夫的孙子"，等等，这几顶帽子戴上，就不能翻身了。

[①] 王式廓（1911—1973），字子容，山东莱州人，画家、美术教育家，曾任中央美术学院教授、中国美协常务理事。

当时，美术界很多先生都被批，罗工柳、石鲁①等都受批斗了！罗工柳先生被批得比我还厉害。我跟罗工柳先生的关系不一般，经过在苏联一起学习，特别是经过"反右"和我入党的过程，他给我很多的帮助。我们在思想上、在文艺上的认识和对苏联艺术的认识，有许多相似之处。所以，我们能够谈到一起，我有什么想法，他都很清楚；他有什么想法，我也很清楚。我跟罗先生的合作是一种很默契的合作，不是说好像他动嘴，我动手，不是这样子。在北京中国革命博物馆创作历史画时，我是住在他们家里的。我跟罗工柳先生，包括他的夫人杨筠同志在内，就跟自己家里人一样，罗先生夫妇把我看作自己的子弟一样，他的儿子罗安也像我弟弟一样。

"文革"以前，发动了"四清"运动。说起来，这个运动我在好几个地方参加过，譬如在萧山、诸暨，还到温州平阳参加过。20世纪70年代，我还领导过平阳县灵溪地区（现属苍南）的"四清"工作，搞了有半年多。我还被指定为一个区的队长，管着几个乡。上面为什么让我当这个领导呢？我也不知道。参加这次"四清"运动的人大多都是浙江省里派下去的，我们学校好多人都参加了，比如吴山明、卢坤峰，教务处的处长李嵩，还有工艺系的几个领导，其他地方的人也有，都是从各个单位抽调下去的。而且当时很多被审查后刚刚解放出来的人，都是我的"部下"，比如时任浙江省轻工业厅杨厅长就是我的"部下"。

这次"四清"运动，我的担子很重，主要任务是以一种比较"左"的思想改变当地政府组织，把原来的领导班子都要换掉，并在我们的指导下，建立那里新的领导班子，等到新的领导班子健全了以后，我们再撤走。所以，当公社原领导班子换掉后，上上下下各个方面，我们要做很多工作。实际上，我的领导工作也很好做。怎么好做呢？我就是把中央的文件、省里的文件、区里的文件正确地贯彻、传达下去，然后我把底下的具体情况

---

① 石鲁（1919—1982），原名冯亚珩，四川仁寿人，画家，曾任中国美协常务理事、陕西省美协主席。

往上汇报，再按照上面的指示去贯彻就完了。比如，有一天夜里，一批人就冲进我们办公所在的乡公所，把我们的东西全部拿走。我一个人就连夜往区长那里跑，走到天亮才到达。区长说："你先睡觉。"一件皮大衣盖到我的身上。等我休息好之后，他才让我慢慢讲，我就把情况汇报完了，区里支持我。第二天，我们就回去开大会，区长做了指示，这样才把这次"风暴"给平息下去。

鸿雁传书

我从华东美院毕业以后，就去苏联学习了。留学归来，一直忙于教学工作，婚姻问题一直没有解决。当然，也有一些热心人提出来，要给我介绍对象。我在中国革命博物馆创作历史画时，就有很多人要给我介绍对象，有演员，有画家。但是，我一直没有感觉，也没认真思考这方面的问题，就想画画。一直拖到"文革"开始，就有一张大字报贴在我房间门口，竟然说："七亿人民，难道还没你的对象吗？你就是想找一个外国老婆，所以你迟迟没结婚！"真是莫名其妙！

大概是1964年、1965年前后，我正在萧山长河参加培训办学与"四清"运动，早上我骑自行车，先从浙江美院到南星桥摆渡，再骑车到长河，晚上再骑车回学校，如果晚上开会，我们就住在长河。这个时候，我有一个中央美院华东分院的同学，叫韩和平，他以前画过很有名的连环画《飞虎队》，当时他在上海人民美术出版社工作。他就告诉我，他有一个很爱好油画的女学生，问我有没有兴趣跟她联系一下。后来，我就跟这个女学生联系了。这位女学生就是后来我的内人金湄。

金湄是上海工艺美术学校毕业的，后来到中央工艺美术学院进修，她的专业是工艺美术设计。在中央工艺美术学院，张仃先生、雷奎元先生都是她的指导老师，张仃后来当了中央工艺美院院长，雷奎元是副院长。金湄是我同学的学生，我们两人相差11岁，现在来说，年龄相差也不是很大。

全家合影（左起：金湄、全山石、全金）

但是，在那个年代，大家觉得年龄相差是比较大的，所以，她到现在从来没叫过我的名字，还是叫我老师。

因为金湄在上海，我们主要是写信联系。最初我对她也没有太多印象，而且工作比较忙，通信比较少。直到"文革"开始，我受到很大的冲击，情绪很低沉，在学校里面走进走出，没一个人理我，连眼睛都不会看我。在这么一种孤立的状况下，我们通信就比较多一些，因为我也不上课了，没有事情了。她给我写信，没有写到两个人爱情方面的内容，只是对"文革"的一种认识。我印象比较深刻的，就是她在单位里面是一位旗帜很鲜明、坚持真理的人，她对很多现象是不满意的，对很多做法是有自己看法的。我认为，在这种斗争的情况之下，她能够不随波逐流，坚持自己的一种理念、立场，以及自己的一种想法、主张，我就很欣赏她。而且在"文革"问题的观点上，我们比较一致，我感觉到她在精神上给我一种安慰和同情，就觉得她比较可信。在我的回忆里面，主要是这样一种理性的东西，不是感情方面的一时冲动。一个人在困难的时候、在受到挫折的时候，有人来安慰你，有人和你的观点一致，这个时候是容易产生同情，建立感情的。我们就是这样，慢慢从写信开始，到后来结婚。

金湄的家庭支持我们的婚姻。她的家庭是很好的一个家庭，家庭条件也比较优越。她家里有五个兄弟姐妹，她是最大的，有两个弟弟，两个妹妹，还请了几个保姆。所以，我内人是"大小姐"，到今天为止，她做起家务来还是觉得很头疼，现在我们家里也请了保姆。但是，她的事业心很强，搞设计的时候，那是可以废寝忘食的。

她的父辈都是很优秀的，都是高级知识分子。她的父亲金天如，原来是上海交通大学教授，从美国麻省理工学院留学回来，是学电机的。"文革"以前，他主编一本电信杂志，"文革"开始后，他被作为"反动学术权威"受到批判。不过，他比我的处境好点，可能因为年纪大了，没有参加劳动。我们同病相怜，她父亲很能理解我。他的伯伯是学造纸的，从瑞士留学回来的，在宜宾造纸厂里任高级工程师。我印象当中，她母亲是家庭主妇，一直在家里主持家务。

1969年国庆期间，我和金湄结婚了。我记得，我骑着三轮车到杭州火车站去接她，把她拉到我二哥浙江大学宿舍里，在我哥哥宿舍里朝北的一个小房间结婚。我们没有请其他亲戚，就只有我二哥一家，也没有任何聘礼、任何嫁妆，她送给我一个缎子，上面绣了一首毛主席诗词。婚后第二天还是第三天，她就回上海了。所以，"文革"期间，我们结婚后，面对面接触次数也不是很多，主要是写信联系，因为这不太可能啊！

那个时候，也不是绝对自由的，要到上海去，我需要请假，不可以自己跑出去的。不像现在这样，我想去，买张票就去了。我们难得有个机会见面。我记得我们第一次见面，是在冬天，我到上海中苏友好大厦参加一个展览会，具体什么展览，我现在已经记不得了，反正有这么一个展览，我才有可能到上海去。约定时间以后，大概是在上海中山公园会面吧。我印象最深的是，金湄是骑自行车过来的，路上还摔了一跤，然后送给我两张她的照片。后来我们见面比较多的时候，是1970年，我调到上海《文汇报》，负责把样板戏《红色娘子军》移植为油画，这个时候我们联系得就比较多了，晚上有时间，我就去看她。

我们俩结婚以后，包括有了小孩以后，分居了很长时间。我在杭州，这里有我的事情；她在上海，也有她的事业。我们两人的事业心都很强，但后来因为有了小孩，总得有一位做出牺牲吧！她本来想继续深造，也是因为家庭关系，她主动放弃了。后来我到新疆去，就很自由，主要是因为我们还是两地分居，要是其他人，就不容易做到。

动荡岁月

"文革"当中，我经常受到批判，受到的冲击比较大。抄家的时候，他们把我所有的私人物品都抄光了，箱子全部被红卫兵贴了封条。一直到冬天，很冷了，我还是穿着一件衬衣，没有厚衣服穿。后来，我就跟红卫兵去讲："能不能帮我拿两件衣服？"我就在红卫兵的监督之下，把箱子打开，拿了几件衣服，然后箱子依然用封条封起来，一直到"文革"结束。此外，我损失了很多画，自己的作品、收藏的画、别人送我的画，包括从外国带回来的石膏像等，很多都被烧掉了。还有一些被盗了，比如有一次批判我，会场的墙上、地上都放满了我画的小风景、肖像画等等，批判完了以后，系主任告诉我，把这些画先收回去。但是，我怕收走以后，第二天还要批判我，我就没有收，结果到第二天，那些接受批判的画作都被偷光了。

万幸的是，我还保存下来一部分画。为什么能保存下来？那个时候，我和谭永泰已经从楼梯底下的杂物间搬走了，换了一个住处，还是我们两人同住，条件好一点，大概有二十几个平方米。我们的卧室很小，我把几幅比较大的画叠起来，放在床铺底下，再用油画布盖上，上面再放棕板、被子，表面看好像是一张床，实际上床里面都是画。另外，床边有一个书架，上面放了很多书，画是竖起来放在底下的，再用布盖起来，也没被红卫兵发现，就被当作书架封掉了。因此，这才把我的一部分画保存下来了。

抄家是一方面，另一方面就是我不能教书了，靠边了嘛！靠边了以后，我就被安排到学校的厨房里劳动，成为一位普通工人，里面就我一个是知识分子。当时，把我送进厨房工作，其实算是照顾我了。从1968年"清理阶级队伍"运动开始，我就算是"解放"了，因为我没历史问题。所有被清理的干部都有历史问题，比如参加过"三青团"等反动组织，所以说，我就比较轻松了。而且"文革"刚开始时，先是党支部主持"文革"工作，后来一下子反过来，要批判"走资本主义道路的当权派"，结果那些党支部的人就变成红卫兵的革命对象了。我既不是支部书记，也不是需要清理的阶级队伍里的一员，没有什么历史问题，这样的话，我就开始被边缘化了，不受那些人的关注了。

那个时候，我的情况就比较好了。我没历史问题，仅仅是"资产阶级路线的红人""反动学术权威"等，是人民内部矛盾，属于被批判、接受改造的"权威"，就不够关"牛棚"的资格。像我这类"反动学术权威"，是可以住自己的宿舍，并且完全和群众一起劳动。

"文革"中有相当一段时间，我一个人住，早出晚归。每天早上，我四点钟就起床，给全院的教职工做饭。烧完饭以后，打扫卫生。卫生打扫好了以后，就盛饭、洗碗，都是厨房劳动，一直要劳动到吃晚饭。吃完晚饭，收拾完了以后，大概7点钟左右回到自己住处。但是，房间里我所有的东西都封掉了，所以没书可以看。那个时候也没有电视，只有很小的一个半导体收音机，就每天听"文革"的动态，没有其他活动。我那个时候睡觉比较早，大概9点钟就睡了，因为早上起得早，凌晨4点钟就要起床。

从我个人来讲，在"文革"当中，有很多问题是我想不通的，怎么就想不通呢？就是觉得，我是完全按照党的指示和要求在做事情，并且我也是做了比较好的答卷，但是最后都错了，都不对，变成了一个完全反面的教员！所以，我的精神压力是比较大的，当时就想不通。我认为，我们这一代人都是努力按照党的指示、按照毛主席《在延安文艺座谈会上的讲话》的精神在做事情的，至于做得好还是不好，那是一个程度问题，应该说我的方向是对的。可是在"文革"当中所感受到的,像我要受到批判,去劳动改造,在比较长的时间里,我都有这种压抑情绪。对我个人来讲,就是浪费了一段我很重要的青春时光,我本来可以为党和人民做更多的事,可是这段时间都荒废掉了。

源于样板戏的油画

大概到1969年,我的情况稍微好一些了,劳动之余,自由一点了。虽然我还不能随便画画,但当时很多画都要集体创作,有时候他们也需要人手,就让我们去参加一下,像我最好的情况,也就画个皮鞋,不然的话,就画草、画地等背景。比如说,参与毛主席像的绘制,由不同派别的人去画。毛主席的脸,一定是造反派画;衣服、背景,只能是保守派的学生画;像我这种"反动学术权威"是没有资格画毛主席像的主体形象的。不过,毛主席全身像,不是有鞋子嘛,只允许我画毛主席的皮鞋,我可以画得锃亮,但身上不可以画。

1970年,上海《文汇报》的社长大概因为跟江青关系比较好,她在《文汇报》组织了一个移植样板戏的工作组,就是用油画形式来表现样板戏,并且要在报纸上面刊登。《文汇报》通过上海市委宣传部、浙江省委宣传部,命令浙江美院党委通知我去画《红色娘子军》。于是,我就被调到上海,并任工作组组长,《文汇报》的张楚良是副组长。这次样板戏移植工作,我记得还调动了一批人,如上海油画雕塑院调来了邱瑞敏、魏景山、邵隆海等三位;从浙江美院调了我、吕洪仁、陈守烈、吴国亭;还有工人石瀛潮、王英浩等。这些人都住在《文汇报》圆明园路的宿舍里边。同时,《解放日报》也组织了一个类似的工作组,以陈逸飞为首。

当年,我的哥哥全一毛已经从《文汇报》主编的位置上被打成"反动学术权威",虽然没其他政治问题,但已经关在"牛棚"里了,所以,这次去《文汇报》画画跟我哥哥一点关系都没有,我也没见到他。而且我是

"提着脑袋"去《文汇报》的,由我当组长负责移植样板戏,这是一个非常重要的政治任务。因为我已经是"反动学术权威"了,现在领导信任我,要我去完成这个任务,万一里边出了事情,如果我犯了错误,那就不得了,我肯定被直接打成"现行反革命分子"!所以,这一段在上海的时间是很不愉快的,对我来讲压力非常大,思想负担很重。

在工作中,我一直把握并且亲自画画面中的主要内容和形象。可是,工作组有的成员就质问我:"不应该这样,这东西应该让大家来弄!"但是,如果大家弄,万一出什么事情,责任还是我这个组长的。我宁可让组内成员批评我个人主义、想出风头,也要把握最重要的东西一定不能出问题,一定不能歪曲样板戏。有的上海朋友对我很有意见,认为我的"个人主义"很严重。其实不是,说实话,那个地方没钱、没名,什么都没有,根本就不存在什么"个人主义"的问题,我当时只考虑到会不会犯政治错误。所以,他们这样误解的话,我也只好认了。

这次移植样板戏的任务持续时间很长。先是画黑白的《红色娘子军》,因为那个时候报纸都是黑白的,我们第一次画的《红色娘子军》是黑白的,画完后得到"文革小组"认可,《人民日报》《光明日报》也都转载了。然后,《文汇报》的领导就来劲了,觉得我们这个画《红色娘子军》的工作组出了成绩,硬是要求我们画有颜色的样板戏。因此,我们把《红色娘子军》里面的主要情景、故事都一个个画成油画,而且画得很大,有两三米高,最后这些画留在上海展览,并且出版了画册。前前后后画黑白、彩色的《红色娘子军》,大概有两年多时间。

关于这批油画的艺术价值,基本上是移植样板戏,把舞台上的样板戏用油画形式表达出来。因为样板戏本身是一个艺术作品,把它转化为油画,应该重新创作。这些源于样板戏的油画,由于受到样板戏的局限,不能离开样板戏的语言,实际就是样板戏的照片放大,就限制了画家发挥创作的能动性。应该说,这种"文革"中的油画作品没有多少艺术价值。

五、历史画创作

《前赴后继》

1959年，我回国实习期间，罗工柳先生给我打了个电话。他说："你回来实习了？"我说："是啊！"他说："你有空到我这儿来一下。"我就去找他。他告诉我，当时正在筹建中国革命博物馆，需要陈列很多艺术作品。相关艺术作品的创作，就委托罗工柳先生主持。同时，他又是北京十大建筑的艺术指导，所以很忙。他说："我忙得不得了，你有没有时间，帮个忙？"他担心自己完不成革博的任务。我说："好啊！既然你信任我，我没有问题。"

第二天，我就去报到。那个时候，很多画家集中在西华门创作，我们在美院附中教室里作画。我画室的隔壁，王式廓先生在画《血衣》。当年还有詹建俊先生画《狼牙山五壮士》，石鲁先生画《转战陕北》，以及黎冰鸿先生画《南昌起义》。对于博物馆来讲，陈列有三个要素：第一，能够再现真实历史的历史文物；第二，就是历史文献资料和图片、照片，能够再现真实的历史。那么，博物馆陈列除了上述两方面的内容以外，第三个要素很重要，就是艺术创作，艺术创作虽然不能再现真实的历史，但是必须体现历史的真实，通过艺术作品体现整个陈列所要反映的时代精神。

当时，罗工柳先生接受了两个任务。我参与的第一个任务，是表现

"四一二"事件①的《前赴后继》,"中国共产党和中国人民并没有被吓倒,被征服,被杀绝。他们从地下爬起来,揩干净身上的血迹,掩埋好同伴的尸首,他们又继续战斗了。"②是这么一个主题。一开始,看了很多历史资料,那是革命低潮,国民党杀害了那么多共产党人,包括李大钊同志在内,所以,我感觉很沉重。

罗先生接受这个创作任务以后,已经绷了块画布,开始在上面起稿子了,他把小稿交给我,照这个构思把它完成。我很快就上手,好像最多两个星期吧,就把这幅画画完了。在画的过程当中,罗先生给我指导,最主要就是抓住人物的表情,把握好既很沉痛,又不太悲伤、充满继续战斗的信心这一比较复杂的表情。罗先生给我把关,我在前面画,他就坐在后面指导——再痛苦一点;再刚强一点;眼睛、眉毛还不够,再加强一点;整体形象再加强一点等等。所以,这张《前赴后继》是我们两个人一起画的。

这张画很快完成了,我们又画了另一张,就是《毛主席在井冈山上》。

两张画完成以后,我就回苏联去了。大概过了几个月,罗先生给我写了封信,说中央领导同志审查了已经筹备许久的中国革命博物馆,认为整体陈列不行,如果按照现在展览的展线来参观,要看几个小时。中央的指示要求,第一个意见是,要求一个小时之内能看完陈列;第二个意见是,有些画不行。我们画的《前赴后继》,康生说太悲惨,"枪毙"掉了。石鲁同志画的《转战陕北》,画转战陕北时,只毛主席一个人和一匹马站在山头,没有队伍,这不符合历史,这张画也给"枪毙"了。后来,石鲁同志说,"队伍在山沟里呀!"

---

① "四一二"事件,即"四一二"反革命政变。1927 年 4 月 12 日,以蒋介石为首的国民党新右派在上海发动反对国民党左派和共产党的武装政变,大肆屠杀共产党员、国民党左派及革命群众。

② 参见《论联合政府》,《毛泽东选集》(第三卷),人民出版社 1991 年版,第 1036 页。

1961年，我已毕业回国。中国革命博物馆又要重新组织画历史画，仍由罗工柳先生组织领导，他还是很忙。我和罗先生之前画的两张画都不行，罗先生自己重画《毛主席在井冈山上》，他让我重画反映"四一二"事件的《前赴后继》，也就是后来的《英勇不屈》。

顺便说一句，"文革"当中，《前赴后继》被批判为"黑画"，被红卫兵捅了好多刀，已经被破坏了。后来，是罗工柳先生的太太杨筠同志用线把它补好，补好了以后，我再把它全部修补好。这张画后来就放在中国美术馆，但是，所有权应该属于中国革命博物馆，也就是现在的中国国家博物馆。后来，罗工柳先生建议："你能不能再画一张《前赴后继》给中国革命博物馆？这一张破的、修改好的，作为一个美术历史，放在现在的中国美术馆。"后来，我又画了一张黑背景的《前赴后继》，这张画现在陈列于中国国家博物馆。

《英勇不屈》（一）

我接到重画《前赴后继》的任务以后，重读《论联合政府》，继续领会毛主席在第一次国民革命战争时期的总结。其次，我要重新读历史资料，访问老革命。在中国革命博物馆进行创作最大的优越性，就是有这个条件，能给我很多文史资料，还给我介绍访问很多老同志。这些学习对我帮助很大，给了我一个很好的学习机会，了解真实历史。如何改正《前赴后继》的不足？没有新的点子。后来，时任中共中央宣传部副部长的周扬同志告诉我："你原来这张画，主要问题是画得太悲惨，而'四一二'这张画，应该是画悲壮。""悲惨"和"悲壮"，虽然只差一个字，但他提醒了我。

我再去读《论联合政府》，就有了新的体会。"中国共产党和中国人民并没有被吓倒，被征服，被杀绝。他们从地下爬起来，揩干净身上的血迹，掩埋好同伴的尸首"，这几句话在我的画面上都有了。关键是最后一句话，"他们又继续战斗了"，这个很重要——不是结束战斗，而是又参加了战斗。

1961年，创作油画《英勇不屈》之二

所以，艺术作品有时就差点拨，周扬同志把"悲惨"改成"悲壮"，这句话给我的印象非常深，我觉得太重要了。在这个主题里，国民党人非常残酷地屠杀共产党人，当时的革命确实失败了，但我们共产党人并没有被吓倒，我们又站起来了，擦干身上的血迹。这些都是我画面上的非常重要的形象，通过这样一种形象，来表达我们共产党人在敌人面前，他们是这样的坚强，把革命的意志、革命的事业进行到底。所以，不仅仅是前赴后继，而且是英勇不屈。

这幅画的主题是这样，题目《前赴后继》，后来改成《宁死不屈》，再后来，觉得《宁死不屈》还是不好，就改成现在的《英勇不屈》。所以，对我来讲，通过这张画的创作，以及修改的过程，不仅提高了我的绘画技巧，更重要的是，对革命历史时期的认识以及政治觉悟都提高了一步。就靠周扬同志的点拨，他这么一点拨，我就明白了。我画了一张大概一米长的素描初稿，送去评审，马上就通过了。我松了一口气。这张画画得很顺利，我是最晚去革博的，那时人家已经画了好几个月了，我却最早完成，就是因为周扬同志提醒我。

我们创作历史画时，很重要的一个环节，就是主题思想的选择。对于一般题材的绘画来讲，是没有对错问题的，只有好坏的问题，好看一点，或者不好看一点。但是，对于历史画主题性创作来讲，是有对错的问题。如果主题思想没有抓对，那就会错了；主题思想抓对了，那就对了。西方人也最看重历史画，历史画是第一位的，然后才是肖像画、风景画、静物画。最重要的画家也应该是历史画家，然后才是风景画家、静物画家、肖像画家。为什么？因为历史画家不仅要具备绘画能力，更重要的是他要具备思想的高度。

《前赴后继》《英勇不屈》的创作过程给我一个教训，就是在创作历史画时，要弄清楚你所要表达的思想，你所要歌颂的精神是什么，再靠艺术作品来创造。所以，博物馆陈列的三大要素里面，就不能缺少艺术作品，要用艺术作品把这一段历史时期的时代精神提炼出来，更加鲜明地把主题思想呈现给观众,这就是中国革命博物馆需要历史画的一个原因。

《井冈山上》

我画完第二张《英勇不屈》以后,我们这些从全国各地调来的画家,应林默涵①同志的邀请,一起在东方饭店吃饭,原计划第二天各自回单位,但是,我记得很清楚,与林默涵同志吃完饭,我们回到宾馆后,差不多晚上十点,中国革命博物馆党委派人通知,要我把回程车票退掉,留下来接受新的任务。我觉得很突然,留下来干什么?

当时,浙江美术学院不同意,学校让我一定要回杭州,不能继续留在北京。那个时候,党小组就开会,争论得很厉害。我们学校几个同志说,你是浙江美院的党员,你应该听浙江美院党委的决定。我觉得,我是中国共产党党员,怎么变成浙江美院党委的党员了,对不对?我是中国共产党党员,我的组织关系目前在中国革命博物馆,我应该听从革博党委的领导,这个才是对的。但是,浙江美院党委说,你是从浙江美院来的,就得听浙江美院的。晚上就围着这件事,争论来争论去。最后,大概到晚上十二点,浙江美院党委跟革博党委沟通。革博党委态度很明确,因为我承担的革博创作任务还没有完成,我要继续完成任务,且我的组织关系在革博这里,让我执行革博党委的决定。这样,我才留了下来。

第二天早上,我就去革博开会,给了我一个任务,就是让我协助罗工柳同志完成一张能够反映中国革命特点的历史画。因为在中国革命博物馆里面,有一幅苏联政府送来的表现列宁在斯莫尔尼宫②宣布苏维埃政权成立

---

① 林默涵(1913—2008),原名林烈,福建武平人,文艺理论家、艺术教育家,原中国文联党组书记。
② 斯莫尔尼宫(Smolny Institute),位于圣彼得堡市中心,1917年十月革命司令部所在地,现为市政府所在地。

的历史画,这张画是斯大林送给我们国家的,意思是"十月革命一声炮响,给我们送来了马克思列宁主义"。有了这张画不够,我们还需要创作一幅表现我们中国革命伟大节点的画。就给我们提出了这么一个任务。罗先生说:"我们先学习吧。"学习毛主席著作,学习有关资料。

革博内容组提出,可以画推翻"三座大山",画土地革命,但是,这都不能代表我们中国的革命道路。我们苦思冥想,中国革命和苏联革命的区别究竟在哪里?苏联革命的主要方式是攻打冬宫、城市暴动,工人阶级推翻沙皇政权,进而成立苏维埃政权。我们呢?中国革命面临的形势跟它完全不一样。中国革命的转折点在哪里?南昌起义失败后,几个城市的起义相继失败,因为中国工人阶级队伍还不很强大,绝大多数是农民,就不可能像苏联一样,依靠工人阶级,通过城市暴动夺取政权。后来毛主席提出来,中国革命的特点是农村包围城市,最后夺取政权,这是中国革命的一个特点。所以,中国共产党就搞秋收起义,但秋收起义受挫,后来毛主席带领秋收起义的队伍上井冈山,与后来朱德、陈毅率领的南昌起义部分队伍在井冈山会师,建立革命根据地,这是中国革命史上最重要的一个事件。我们抓住这个点,马上汇报,很快得到领导的支持,认为我们抓得对。于是,我们就开始画这张《井冈山上》。

《井冈山上》的主题定下来以后,我们就开始画,从小稿子到大稿子。一个冬天,我就在那儿画,用木炭画素描稿,小拇指的指甲都磨完了。我们的稿子是放大到四米八乘以五米,用几张纸拼凑起来的素描稿。素描稿画好以后,最后让中央领导看一看,审阅后才可以上画布。那时,请时任中宣部副部长的张际春[①]同志。因为张际春是井冈山革命根据地出来的老革命,他最了解当时情况,所以请他来看看这张画。我们画的是毛主席骑着马,与几个士兵一起伫立在山头,底下是我们的队伍,红旗飘飘,正往

[①] 张际春(1900—1968),字晓岚,湖南宜章人,曾任中央宣传部副部长、国务院文教办公室主任等,后被林彪、江青反革命集团迫害致死。

井冈山上走，确实很壮观、很威武。张际春同志看了后说："喔！你们画得很有力量，气势很好！"但是，最后他说："第一，毛主席不会骑马；第二，在井冈山上，马是用来运伤病员、背粮食、背军火的。那个时候，毛主席怎么舍得骑马呢？这是不符合历史事实的，不符合毛主席精神的！"

他这句话一讲，我马上感到，一盆凉水从头浇到底，完了！怎么办？送走张际春同志后，罗先生和我一句话都讲不出来，怎么办？后来，罗先生讲："下马吧！"下马，就是又要重新构思了，把整个构思、构图否定掉，重新再构思。所以，后来的构思是，毛主席没有骑马，而是右手抽着烟，眼睛望着远处，画前面的士兵与之前的构图相比，没有什么很大的改动，画面背景还是井冈山，有绵延不绝的红军队伍。总之，就是在"下马"以后，我们又重新画了这张画。在画的过程当中，我去了井冈山，又去体验了生活，又去写生、搜集了人物形象。

第二年，即临近1962年纪念"五二三"[①]讲话发表之际，华君武同志、蔡若虹同志等美协领导到我们画室，要看看这张《井冈山上》能不能作为"纪念毛泽东《在延安文艺座谈会上的讲话》发表20周年全国美术展览会"（第三届全国美展）的作品，并陈列在中国美术馆圆厅。当时这张画还没有画完，可是，华君武、蔡若虹等领导一看就说，"这张画很好啊！这个题材很好啊！上井冈山革命根据地，这个题材非常好！"华君武同志、蔡若虹同志马上决定，一定要这张画。我们还没画完，我们说，过几天改完后，再把画送到中国美术馆展览。虽然还没画完，可是领导同志说可以去展出，罗工柳同志和我就认为，那就先去展出，展完以后，再进行修改。

---

① "五二三"，1945年5月召开的延安文艺座谈会，共举行了三次全体会议。5月2日，毛泽东作了"引言"讲话；5月8日，毛泽东和大家进行大会讨论；5月23日，毛泽东作了"结论"讲话，习惯上将《在延安文艺座谈会上的讲话》发表时间定在5月23日。

这样,《井冈山上》就先拿去展览了。因为画比较大,大概有五米高,放在美术馆中央大厅正面,顶天立地,正好。第三届全国美展大概持续了一个多月,期间罗工柳同志又接到一个新的任务,要去东欧访问。罗先生就跟我说:"你也很累了,休息休息,等我回来以后再说。等画展完了以后,你再修改。"美协开了一张假条,大概半个多月时间吧,我就到青海去画画,罗先生到罗马尼亚、捷克访问去了。

可是,《井冈山上》展出的第二天,《人民日报》《光明日报》《解放军报》就在头版头条发表了,《解放军画报》是通栏发表,新闻电影制片厂还拍了电影。等罗先生回国以后一看,他说:"既然社会已经承认这张画了,那么再改掉的话,可能又不合适了,画基本上也差不多了,就这样吧。"因为社会已经承认了,大家在报纸上都看到了,而且人民美术出版社编印的单张画片也都印出来了,还有很多画报都发表了这张画。没有画完很遗憾。罗工柳先生从欧洲访问回来以后,我就回浙江了。所以,这张《井冈山上》,其实是一张未完成的作品。

《八女投江》(一)

1962年,当我完成中国革命博物馆的《井冈山上》后,黑龙江省博物馆的李蒂、李霞萍夫妻俩,也是我华东分院的同班同学,要我为正在筹建的黑龙江省博物馆画一张《八女投江》的历史画。

当年,这个题材的历史画已经有人画过,而且画得很成功,是收藏于中国革命博物馆的王盛烈[①]先生的中国画《八女投江》。所以,对我来讲,要用油画表现这个主题有一定难度,任务比较重。我在家里看了很多资料,八女投江的具体情形都是一些史学家谈的,还拍了电影《中华儿女》。我也

[①] 王盛烈(1923—2003),山东青州人,画家,曾任鲁迅美术学院副院长、教授。

看了这个电影，拍得非常好，很有生活气息，很感动人。这个电影里面的人物设置，实际上对我的创作有非常大的帮助。这张画的题目起初不是叫《八女投江》，而是叫《中华儿女——八女投江》，我想表达的是中华儿女的精神。

1963年下半年，我去东北体验生活。到了哈尔滨后，先去黑龙江省博物馆。博物馆给我联系了一位当年抗日联军的老同志，他回忆说八女投江的主要人物叫冷云①，她原来是个教师。博物馆的同志给我介绍她的朋友、亲戚，还有其他人。每个人的年龄、职务、历史等，这些我都要调查、采访。对于八女投江中的八个人的家人、家乡人来讲，八女投江已是一件发生在很久以前的事情，他们也没经历过，谈不出来，而且他们好像都不是很愿意谈这个事，觉得抗联的年代，他们受的苦太多了，牺牲的人太多了。当年抗日联军的牺牲是相当大的，老战士给我讲了抗联的一些故事，包括杨靖宇的故事，以及相关的一些战斗情况，比如杨靖宇的牺牲，那些具体的细节，是非常残忍的。

采访完了以后，我记得到一个有很多女工的工厂里，画了一些习作，也画了一些速写，访问了一些人。我主要是想找冷云的形象，在女工当中挑选形象，这个形象比较难找，我画了几个，都不是很理想。而且从冷云本人照片来看，又好像与我心里想的冷云的脸不能完全对得起来。还是电影《中华儿女》里面冷云的形象给我印象更深一点，好像能和我所想的冷云对得上。

接下去，因为八女投江中，有一位女战士是朝鲜族的，所以我必须到朝鲜族群众里面体验生活，于是，一个同志先陪着我下到了林口县。之后，李蒂、李霞萍夫妻俩陪着我又到牡丹江、延边那边体验生活。我们都是朝鲜族，但具体的生活并不是很熟悉，这是我第一次到朝鲜族群众中间

---

① 冷云（1915—1938），原名郑香芝，曾用名郑志民，黑龙江省佳木斯市桦川县人，东北抗日联军战士、革命烈士。

体验生活,大概逗留了一个星期,我就住在他们的家里。朝鲜族群众家里太干净了,虽然家里生活条件很差,但收拾得很干净,被子叠得跟部队里面一样的,地上擦得很干净,所有的灶台上面都擦得锃亮,这个给我印象最深。他们吃饭的方式跟我们不一样,米饭烧完了以后,在吃的时候,要把勺子里面的热米饭在冷水里面裹一下,然后再吃。进屋子都脱鞋子,住在没盖边的席子上边,这个席子跟我们南方席子不一样,是很粗的麦秆编出来的。

在这个延边朝鲜族农村,白天我们跟他们一起劳动,同时采访、画画,我根据几位朝鲜族姑娘的形象画了习作。过了一段时间,我们就去附近牡丹江支流乌斯浑河边上的林场,又住了一段时间,到八月底,延边已经很冷了,我记得要穿着棉毛裤。就在最后几天,我们遇到了没有想到的事情,连续下大暴雨,下得很厉害。当地老百姓就问我们说:"你们什么时候回去?"我说:"我们这几天就要回去。"他们告诉我:"你们赶快回去!如果再不回去的话,这个地方上来洪水,你们可能几个星期都回不去了。"哎呀!那怎么办?本来这条河水就特别宽、特别急,也不是很清,加之几天的大暴雨,让河水更加浑黄、湍急。我们就临时决定当晚撤离,当时洪水已经涨了起来,不仅漫过地面,而且快到我们大腿根的地方,形成了一望无际的水面。在暴雨中,一个老乡领着我们,蹚着洪水,走了一个晚上,冻得我发抖。快天亮的时候,我们走出山谷,这才脱险,找到一户老百姓家,住了一晚上。第二天出发的时候,老乡还说:"你要注意,这个山边还有熊瞎子,你们要注意安全。"那个时候,我们三个人,我背着画箱、行李,又走了整整一个晚上。

这一段经历对我画《八女投江》帮助很大。虽然我去了好几次乌斯浑河的河边,但因为平时的河水还很平静,我也没有什么感觉。只有那天连夜蹚着洪水撤离时,以那样一种镜头看到的暴雨和洪水,以及亲身体会到河水泼过来的感觉——很冷啊!所以,给了我一种情感上的启发,哎呀!我就马上体会到八女投江时,她们在滔滔江水前面那种惊涛骇浪的感觉,在江水里面那种凉冰冰的感觉。因为八女投江的故事发生在 10 月，那就是比我当时所遇到洪水还要冷。所以，这次经历给我的印象很深，应该说也是一种机遇吧！除了具体情况的调查研究给我一种理性的指导外，种种险境还给予我很强的感性认识，体会到了当时她们是多么的英勇。

我回到浙江美院以后，就马上构思、创作这张画，如何不同于王盛烈先生的《八女投江》？王盛烈先生的画是横向构图，就是八女要投江的过程当中，一边抗击敌人，一边往江里走，有打枪掩护的，有手拉手往江里走的，是这么一个情节。那么，我看了很多历史资料以后，给我的强烈感觉就是这八位女战士是英雄，八女投江是体现了中华民族精神的英雄故事。我想表现的，不仅仅是她们怎么样去投江，怎么样去抵抗敌人，而是想通过一种象征性的表现手法，体现中华民族的那种不屈不挠的伟大精神——她们宁可站着死，也不愿跪着生！所以，《中华儿女——八女投江》的画面，就不是说她们好像想要去投江、正在投江，而是她们已经在江里面，在敌人面前不屈不挠，也可以说就是宁死不屈、英勇不屈。和我 1962 年创作的《英勇不屈》具有共同的特点——使用象征性的手法和语言，背景是红颜色，火光咄咄逼人，一方面暗示"三光政策"[①]；一方面象征着英雄气概的整体气势，一个战士在掩护着、抵抗着；前面这几个战士当中，左边是朝鲜族的小姑娘，这边有搀扶的，有受伤的，有往前走的，还有战士在思考。虽然这八个女战士因为身份不一样，出身不一样，经历不一样，形成了八个不同的形象和表情，但她们具有同样的情绪和精神。我想表达的不是具体的投江情节，对我来讲，这个不是最主要的，最主要的是使用象征性语言，通过表现八个人的不同动态、形象，来表达她们一个内在的精神面貌，以及深化主题思想。

---

① 三光政策：抗日战争时期，侵华日军对中国共产党领导的抗日根据地实施所谓的"烬灭作战"。"烬灭"，即烧尽灭绝，烧光杀绝，也就是通常所说的烧光、杀光、抢光的"三光"政策。

回到浙江美院以后，因为我给学生讲课比较多，我只能在春节假期内创作，在1964年初基本上画完了这张画。我画完这张画后，就拿到浙江美院的美术展览馆展出，没有想到受到了批判，说是宣传战争恐怖。文革前夕，浙江美院党支部把我那张正展览于浙江美院展览馆的《中华儿女——八女投江》作为"黑画"典型，大会小会的批判。批判完了，就要把这张画封存起来。我当即提出来，哪些地方不对，我可以修改。当时领导告诉我："你用不着修改，你没法修改，因为你这个题材本身有问题！"这时候，我就非常想不通啊！要改，也没法改！这张画就一直封存在学校。这些情况美术界全知道，黑龙江省博物馆也不敢拿回去。但是，我也没拿黑龙江省博物馆一分钱，就是他们接待我下乡的时候，付了点接待费，其他任何费用都没有。

"文革"期间，这张画又变成一个批判重点，怎么批判这张画呢？因为这张画画得比较大，用热的糨糊刷在画面上，贴个大字报，像画漫画一样，然后到街上去游行，并且通过这张画，说明我是一个修正主义的典型例子。因为油画碰到热的糨糊以后，整个画面的颜料都剥落下来了，"文革"结束后，他们把这张《中华儿女——八女投江》还给我的时候，画已经完全面目全非了，我觉得已经没用了，已经毁掉了。

1963年下半年假期，我为了创作《中华儿女——八女投江》，到延边收集素材、体验生活。在牡丹江边上的一个林场里，我认识了一个小孩，叫王洪君，大概十来岁吧。我每天出去，这个小孩都跟着我，我就觉得这个小孩很有意思。我说："你跟着我干什么？你家里干什么的？"他说，他的父亲是在一个小城市里面给人家拍肖像照的。他还说："我很想画画。"那个时候总下雨，我画画的时候，这个小孩就蹲在地上给我撑着伞，也跟着我们一起吃饭。这个小孩就是很喜欢画画，我们走了以后，王洪君就一直画速写，按照我的指导画速写，画好后再寄过来给我，我给他批注出什么地方有问题，再寄回去，差不多一个月有好几次，一直持续了好多年，写了很多信件，但在"文革"当中断掉了。后来，王洪君自己也画画，在群众艺术馆工作，也想考美院，大概是没有考上吧。

"文革"结束后，很多年没联系了，我也不知道他是死是活，他也不知道我是死是活。后来，他在一个展览会上看到了我的画，他才知道我还在，他很突然地给我打来电话，问我能不能到北京去见一见，我还特地去了北京。那个时候，他已经是北京的一家大型家具厂的老总，家具做得非常好。我到北京后，他用很高级的车子接待我，然后到他的厂里去参观，厂子规模很大。后来，王洪君去美国造游艇，在美国又搞了很大的企业，买了一个美国的庄园。这个小伙子很能干。不幸的是，大概是20世纪末，他得了肝炎，最后好像肝炎变成肝癌，后来他就去世了。

《贫下中农赞》

1964年第四届全国美展举办前，要选作品参加华东地区美展。当时，因为我的这张《中华儿女——八女投江》拿去展出，被批判为"黑画"，作为重点批判对象，并且在我们学校美术馆展出以后，就被封存起来了。这样，我的参展作品不是就没有了吗。于是，我和我的一个学生临时画了《贫下中农赞》参加华东地区美展，这张画现在还在。后来，在美展上，对《贫下中农赞》的反映还比较好，而且印了小画片。

《贫下中农赞》主要是想表现我们贫下中农当家做主的思想。本来计划是三联画，但后来时间来不及，只画了中间一张表现贫下中农在开会的画，所以，这张画也叫《贫下中农会上》。

这张画的创作，主要根据我参加"四清"时的生活积累。我去过很多地方参加"四清"，先后大概有四到五次，每次去都是冬天。《贫下中农赞》所表现的内容，是来源于我在萧山的长河①、诸暨地区搞"四清"时

---

① 长河，原为长河公社，现为长河街道，属杭州市滨江区。

的生活积累,包括我在井冈山的茨坪地区搞"社教",给当地建立领导班子的经历。根据这些"四清""社教"的生活积累,并对贫下中农有所了解后,我才画了《贫下中农赞》。这幅画的创作灵感,是来自于我在诸暨搞的那次"四清"经历,大概是1962年前后,背景画的都是那种南方窗格子,窗格子后面都是有窗花的。我印象当中,当时开会的地方是一个地主家。

《井冈山斗争》

1964年至1965年,我被调入中国革命博物馆,参加王式廓先生领导的创作组,创作一批新的历史画。

在这期间,我和冯真一起合作《井冈山斗争》。1965年冬天,我跟冯真一起到井冈山的茨坪地区搞"社教",也算是体验生活,因为冬天劳动比较

1964年,背着画箱在井冈山上写生

少，基本上是农闲时期，所以搞了一个冬天的"社教"，春节也在茨坪过的，每天晚上都要开会。我住在一户姓邹的老百姓家。住在老百姓家里，吃在老百姓家里，在老百姓家里劳动，"三同"嘛！那个地方很冷，比较艰苦的，吃番薯丝和米饭一起做的那种饭；睡觉的时候，都可以通过瓦片的缝隙看到天空；开会的时候，竹篮子当中放个瓦罐，瓦罐里面放炭，用来取暖。

到 1966 年春天，我们才回来画稿子，到四月底五月初，《井冈山斗争》的稿子已经出来了，画的是在黄洋界上的战壕里面，毛主席和红军战士在谈话。但是，这个构图没有最后确认，因为"文革"开始了，创作组解散，整个创作也就中断了。

《英勇不屈》（二）

大概是 1974 年，中国革命博物馆一个同志给我打电话，让我到北京去，革博要重新开放，领导看了展品，要我修改《英勇不屈》。哎呀！我这张画要修改，怎么修改？不知道。

到北京以后，那个同志就告诉我，这画的构图很好，构思也可以，但是领导说，原来装饰性、象征性的处理手法，如黄颜色的黎明等，不要这样，要求我描写得再真实一点。另外，躺在地上的那个盖着红旗的烈士，不合适，不能把共产党人放地上，让我把这个形象拿掉。这个烈士的形象拿掉以后，我这个构思就不成立了，正因为画面中有烈士，烈士在埋葬前，大家在哀悼宣誓，认为应该继承烈士遗志，前赴后继，英勇不屈。为什么是前赴后继、英勇不屈？因为前面的同志牺牲了，才有后面的同志这种精神，对不对？如果没有前面的牺牲，就没有这种激动的心情。就会像演戏一样，那些人为什么站在那个地方，就不明白了。

这给我出了一个很大的难题，而且革博让我一定要改这张画。我每天学《毛选》，也没主意。想来想去，把这个烈士拿掉，而且保持原来的构图，我没办法。这个修改的构思，比之前重画的构思要长得很多，大概有两个月时间，我就想不出一个办法来。画了很多稿子，就是硬把这个烈士遮掉了，只露出遗体的一点点。最后领导说："这不行！我们的革命烈士不能躺在地上，盖着红旗！"当时领导的想法就是这样，一定要修改，其他可以不动。所以整个构图、画面和原来是一样的，我按照他们的意见，就是把这个主体拿掉。没有这个烈士的主要形象以后，画面中其他人的表情、情绪等没法产生，如何能够说明这些人在干什么？这是给我出难题呀。

有一天，我又翻阅到毛主席的《论联合政府》的那段话："他们从地下爬起来，揩干净身上的血迹，掩埋好同伴的尸首，他们又继续战斗了。"我马上受到启示。我这幅画表现的这一个瞬间，是烈士还没掩埋之前，大家在哀悼，是这么一种情绪，他们继续战斗，前赴后继。那我能不能改一改呢？原来的构图是还没掩埋之前，众人在遗体前宣誓。现在改为已经掩埋好同伴的尸首，众人在烈士陵墓前宣誓。那么，怎么能够知道这是烈士已经掩埋好了呢？我画一个担架，担架上边还有血迹，再表现地上新翻出来的土，说明这是一位已经牺牲、下葬的同志，再在下葬的土地上种一棵小松树，表示这是一位值得纪念的同志。旁边的人物群中，有一个大概十三四岁的小孩捧着一件血衣。那么，就可以知道这个埋葬下去的同志，是小孩的父亲，或者是小孩的哥哥，或者是小孩的其他亲人，以这样的一种构图，串联起所有人物的形象，使观众能够想象出，这是在烈士陵墓前宣誓。

这个构思、构图最后通过了。我又按领导要求，把所有的人物都画得更加真实。从画面上看，也还可以，过得去，而且画得也比较生动。所以有很多同志认为，我现在画的比原来的好，在技术上也更加完善，画的人物形象也比原来具体，就这样子通过了。前前后后，我画了三张相同主题的作品。

重新画《英勇不屈》的过程中，我的想法很简单，就是历史画和一般的油画创作是不一样的，其他的一些艺术品，没有对错，只有好坏问题，但历史画有对错的问题。《英勇不屈》是一个国家订件，必须按订件者要求去进行修改，而且存在一个政治标准的衡量问题，从什么角度去理解这张画，确实有一个对错问题，如果我把握不好，那这张画就变成一个废品。

"文革"结束，又过了很长一段时间以后，中国革命博物馆认为第二张《英勇不屈》还是不太合适，还是第一张《英勇不屈》更好一些，认为象征性地表现躺在地上的烈士，更加合适一些。所以，现在国家博物馆展出的《英勇不屈》仍然是1961年的版本，另外两张画作为历史资料都在仓库里面。

就我个人而言，比较这三张同主题的作品，仅从构图来讲的话，应该是《前赴后继》的构图最好，我认为罗工柳先生的创意非常突出，人物如同树一样笔直地躺在地上，以黑颜色做背景，描写的是黑夜，是白色恐怖，所以，从构图、色彩、造型，我认为非常好，现在看起来依然很好，作为艺术作品的话，应该说很好。但是，这张画显得太悲惨了，它应该是革命历史陈列当中的一个插图，而不是一件单独的艺术品，观众看了以后，就会觉得革命没希望了。所以，从毛主席的《论联合政府》里关于第一次国内革命战争的总结来看，《前赴后继》的不足之处就是太悲惨，而不够悲壮。第一张《英勇不屈》呢？它比较符合作为革命历史时期的插图要求。第二张《英勇不屈》呢？过于写实了，想把真实的历史画出来。正如我刚才讲的，艺术作品是不可能再现真实的历史，它是再创造，只能是一个历史的真实、一个逻辑的真实，只有历史文物才能还原历史的事实。这就是有一个原则上的差别。所以，一个主题画了三个版本，这个过程对我个人来讲，是一个很好的锻炼机会。

《重上井冈山》

1975年，就在我重新画《英勇不屈》同时，有一个美展。当时，正好是《诗刊》发表毛主席的诗《重上井冈山》。一天晚上，我记得我和罗工柳先生闲谈，他说："我们能不能画一张油画？以前画过《井冈山上》，现在是不是可以画《重上井冈山》？"画这张画是罗先生先提出来的，而我们对这个诗词有共鸣，觉得这个题材很好。

我们商量的结果是，"文革"之前，我和冯真构思过《井冈山斗争》，这幅画的构图是在黄洋界的坑道前面，毛主席和战士们在一起，但创作组因"文革"解散后，这张画就没有画出来。罗先生和我把这个构思放到《重上井冈山》，所以，商量完后的第二天，我就去画了稿子。毛主席重上井冈山，到了黄洋界，和群众一起回顾当年的革命情景，毛主席在给井冈山老百姓讲"可上九天揽月，可下五洋捉鳖"。也就是说，毛主席重上井冈山，具有"反修"的意图，建立革命根据地。

《重上井冈山》等于是我在中国革命博物馆重画《英勇不屈》时的一个副产品。几天就把这张画给画好了，很顺手。《重上井冈山》里面的一些人物，都是我生活当中接触过的，我都把他们搬到画面中，放在毛主席边上。对井冈山我和罗先生都有生活基础。1959年，罗先生去过井冈山，1962年我画《井冈山上》及1965年我构思《井冈山斗争》时，前后考察过两次井冈山。尤其是我在井冈山的茨坪搞了好几个月"社教"运动[①]，对那里的地形也好、人物也好，都很熟悉，而且我当时就已经收集了相关的人物形象、历史资料，现在只需把它们组合起来，把情绪凝聚在一个瞬间里面。

1975年，"文革"尚未结束。《重上井冈山》参加展览，审查者认为我们俩合作这张画不好，没入选，也没说原因。"文革"结束以后第一次搞全国美展，又把这张画拿去参加展览，并引起大家的注意，《人民日报》《光明日报》等很多报刊都登了这张画，而且出了很大的单页、年画，发行量

[①] 社会主义教育运动，即"四清"运动。运动内容，前期在农村中是"清工分、清账目、清仓库和清财物"，后期在城乡中表现为"清思想、清政治、清组织和清经济"。

比较大，评价比较好。这次展览会我没去看，当时我在乡下。王朝闻[①]同志写的文章里面，认为这张画把毛主席的形象画得非常生动，而且很准确，把毛主席重上井冈山时期的精神面貌表达出来了，人物与人物之间的关系很和谐。总的来讲，这张画展出以后，大家反映比较好，因为整个画面比较清晰，蓝天白云，空气很新鲜，人物情绪都很饱满，大家都笑得非常开心，整个画面很轻松，不像《井冈山上》比较沉重、凝重。比如毛主席在讲"可下五洋捉鳖"一句时，他是有下手"捉鳖"的一种动作，引得大家都很高兴，这也是对修正主义的一种讽刺。

《娄山关》

我和中国革命博物馆的同志关系特别好，因为我是外地来京的画家，大部分画家都是北京当地的，而且我在北京的时间比较长，其他画家不住在革博里面，我是住在革博里面，画室也在革博里面。所以，我跟革博陈列部的同志都很熟悉。他们对我也非常好，一有任务，他们就会告诉我："你愿不愿意来参加？有没有时间参加？"1975年，《重上井冈山》画完以后，我就回杭州了。同一年，我又接到革博的通知，就是《娄山关》这张画的创作任务。他们说："你愿不愿意接手？"我说："可以的。"我就又到北京去了。

当时，娄山关的题材已经有好几件作品了，特别是彭彬的《娄山关大捷》是非常成功的，这张画收藏于中国人民革命军事博物馆。但是，革博给我的《娄山关》任务，跟彭彬的《娄山关大捷》不一样，革博让我画的《娄山关》是二进遵义；军博的《娄山关大捷》表现的是一进遵义。为什么要画二进遵义？因为二进遵义是遵义会议之后，确立毛主席在党中央的领

[①] 王朝闻（1909—2004），四川合江人，文艺理论家、美学家，曾任《美术》杂志主编、中国美术家协会副主席、中国艺术研究院副院长、中华全国美学学会会长。

导地位以后的第一个胜仗,而一进遵义是遵义会议之前,那个时候毛主席还没有确立在党中央的领导地位。所以,我创作《娄山关》的难处,就是要在画面上体现出第二次进入遵义,要重点表现遵义会议后,确立了以毛主席为代表的新的中央领导集体之后的第一个胜仗,而且是关键性的胜利。

怎么能够表达二进遵义呢? 1975年冬天,我和革博一位年轻美工一起到娄山关体验生活,这位美工是黄兴①的孙子邵强,他随的是母姓。我们先到遵义县待了几天,遵义会议的会址就在遵义县城里,是一个民国时期的建筑,保存得还不错,我画了写生。遵义会议就在楼上开的,当时房间里面的一些摆件差不多都在,一个很大的会议桌,还有椅子,会议室以外都是空房子。现在这个会议室里面比以前要好,他们把我的《娄山关》的复制品放在馆里。之后,我们到娄山关上的一座很大、很高的山里体验生活。当时我们有宣传部的介绍信,是部队接待的我们,他们派人把我们送上山顶去,到我们下来的时候,再把我们接下去。就一条盘山的山路,往上或者往下,都要好几个小时,离遵义也有一段距离的。上到山顶以后,我就感受到这个贵州啊,确实是像以前说的那样,"天无三日晴,地无三尺平,人无三分银",天天下雨,我想要看到的是什么呢? 就是毛主席诗词里面讲到的,"苍山如海,残阳如血"这么壮观的一个情景、一个战场,为此,我在娄山关上面待了整整18天。

这18天,我们过得很艰苦,山上什么也没有,就一个纪念馆,旁边一个很小的房子,住着一位守门的独眼老大爷,记得是姓邹,我们两个人带铺盖、行李就住在纪念馆的地板上。这里没老百姓的房子,没有蔬菜,也没有粮食,也没有商店。我们自己背着粮食上山,因为没有自来水,每天一早起来,我和邵强俩人先到山谷河沟里面挑水。挑了水以后,老大爷帮

---

① 黄兴(1874—1916),原名轸,字廑午,湖南长沙人,中国民主革命家、中华民国创建者之一。

我们烧饭，他吃我们的粮食，我们三个人有一张很小的桌子，用一个已经扁掉了的钢蒸盆装菜、盛汤，也没什么菜，就是弄点盐，大葱拌拌饭。每顿就一份菜，如果有吃剩下的菜，老大爷就给他养的两头小猪吃。小猪吃完以后，老大爷用一点点水刷一下，下顿还是用这个钢蒸盆做饭。后来实在没有菜了，又一直下着雨，怎么办？这位老大爷住的那个黑黑的屋子上面吊着一些东西，是什么呢？海带。有一天，他从上面拽了两条海带下来，他洗了洗，泡一泡，泡开来以后，放点盐，煮一煮，这就是我们的菜。就是这么一个生活，老百姓很苦。

以前我看的回忆录里面讲老百姓家里只有一条裤子，这是非常真实的，就是这样子，那里真的很苦。所以，对于我自己来讲，现在画现实题材，我们要深入生活，画历史题材，照样应该晓得什么是生活。经过访问和亲身体会以后，有一种感性的认识，对于创作还是很有帮助的，也会有一种创作的激情。我就深深地体会到，当年红军经历的磨难，革命成功实属不易。

因为娄山关一直阴雨，我们出不去，山上什么也没有，实在没东西画了。唯一的模特就是这位老大爷，在他还没做饭的时候，我就给他画像，因为他一只眼睛没了，我就画有眼睛的半边面部，没眼睛的半边面部在暗部，就看不见了。这张画现在还在。

另外，我在娄山关搞写生的时候，看到有一块碑，刻有"娄山关"三个字，这个字写得蛮漂亮的，我自己拓好，到现在我还保存着拓片。由这块碑，我受了启发。就是如果我们进娄山关的话，这块碑是在路左边；如果我们出娄山关的话，这块碑是在路右边。怎么能够知道我们的部队是二进娄山关？一次、两次，这个数字概念是没有办法用形象语言表达的。那么，这块碑是一个非常重要的标志，可以说明我们的部队是从娄山关这里过去的，还是从娄山关那边回来的，只能这么说明，用其他的形象来表达二进娄山关是很困难的。那么，通过这块碑，能不能说明我们的部队打了胜仗归来，毛主席才能二进遵义呢？凡是到过娄山关的人，参加过这个战斗的人，一看就知道，这是二进遵义，而不是一进遵义。解决这么一个问题，这个稿子就搞好了。

在娄山关山顶上住到第十八天，傍晚天气突然转好了，这是一瞬间的事，我看到了一闪一闪的"苍山如海，残阳如血"场景之后，我们就满意地下山了。在山底下，我们前后待了大概一个多月吧。

在这段时间，我们根据回忆录，去了四渡赤水的茅台渡口、二郎滩渡口，了解当时四渡赤水的回旋战是怎么进行的。四渡赤水中的赤水，虽然河道不宽，但河水是在山峡里面的，水流很急，峡谷很险要，风景很好。从我在二郎滩渡口画的写生就可以看出来，山上都是颜色比较深的碎石，而且也不长什么东西，贵州很多山是不长东西的，很少有树，都是枯山，不像浙江的山里面都郁郁葱葱。贵州那里很苦，当地老百姓很穷的，百姓脸色都不好，黄黄的。我估计，大概是这个山里面有一种什么矿物质，可能会对他们的身体有影响。

部队接待我们的时候，我看有些小战士的形象好，就请他们坐下来当模特，我画了很多战士的形象，也画了一些民工。后来，考虑到当年红军的战士里面，不是只有贵州当地的战士，还有大部分是江西、湖南籍的士兵，所以，我到湖南益阳画渔民，到湖南萍乡矿区的矿井底下体验生活，到江西的瑞金、古田，以及赣江一带地区收集人物形象。

大概1976年4月底，我们回到北京，我就住在革博里面画《娄山关》，将我所采访的内容都放进《娄山关》里面，画中所有人物也都是我在生活中积累的。《娄山关》这张画，我认为很重要的，就是要突出毛主席。因为在遵义会议上确立了毛泽东的领导地位以后，中国革命才从第五次反围剿失败和长征初期严重受挫的情况下转危为安，在长征路上取得第一个胜利，这是一个非常伟大的转折点，如果没有这样一个转折点，恐怕还没有我们的今天。所以，这个构图里面的要点，就是一定要突出毛主席。我把毛主席设计在一个山头上，毛主席没有笑容，抽着烟，也没骑马，他身边只有两个人，一个是朱老总，一个是周总理，只表现这三个人，因为确立毛泽东领导地位以后，最重要的人物就是朱老总、周总理。我设计的主要人物是这三个人，其他都是战士，毛主席回过头看着战士们打胜仗回来，检阅他们，主席在思考，大家在欢笑。

在色彩运用上，我就是强调"苍山如海，残阳如血"，所以背景有崇山，我继承了《井冈山上》那张画里面的背景，都是用一种国画形式来表达。但《娄山关》比《井冈山上》要更写实一点，有点晚霞的感觉，没有画得那么强烈。一方面，那天在娄山关上，我并没有看到非常强烈的景象，没有进行艺术夸张；另一方面，当时我的创作思想里面，可能比较追求尽可能地还原历史情景，所以比较写实。因为在那个年代里面，对历史画的认识大概停留在历史插图的概念上，即历史画是博物馆陈列中的历史插图，希望在博物馆里面反映出真实的历史，象征主义、浪漫主义的作品并不很受欢迎。比如，周扬曾提醒我："不要悲惨，要悲壮。"我感觉到这句话很有启示，就创作出带有象征性的、悲壮气氛的第一张《英勇不屈》。但是，这张画在博物馆里面往往不很吃香。博物馆很希望画作能够反映真实的历史，所以，当时我创作《娄山关》的想法，是要还原真实的历史，我还比较局限于这种真实，画里面也就没有多少浪漫主义或者象征主义的东西。

不过，依我的理解，绘画是永远不可能达到真实的历史，只能在画面上体现历史的真实，这是我们画家能够做的。所以，我认为，从艺术作品来讲，应该进一步提升它的精神内涵，我觉得更有意义。在我后来的创作里面，就有所弥补。现在想，如果我再画《娄山关》，肯定用另外一种处理手法，肯定还要再浪漫主义一点，再夸张一点，应该画得更加血红一点，表达出"苍山如海，残阳如血"的气氛，以及战争的残酷和政治形势、军事形势的严峻，这样可能会更好。

《娄山关》大概画到一半，发生了唐山大地震。那个时候，我的情绪还比较激动，就是很想画嘛！地震了以后，整个博物馆，就我一个人在楼上画画，最后被他们保卫处的领导发现了，把我赶下来，不让我在里面画画，也不能再住在里面了。我们就住在天安门广场，每个人找块地方。我就用四根竹竿撑起一块画布，再拿两块平板做桌子，就这么住在天安门广场。那个时候，罗工柳先生不在北京，好像是出访国外，他们家是史家胡同的老房子，全部震坏了，我还帮他们家里搭地震棚。

在天安门广场住了一段时间，一直有余震。因为无法解决安全工作的条件，革博领导觉得让我一个人住在外面，也不是个办法。他就说："你这样也不能画画了，还是先回去吧。"就这样，我回杭州了。后来，我带工农兵学员去山西文水刘胡兰的家乡体验生活，他们的毕业创作都画刘胡兰。在刘胡兰纪念馆，我们听到了粉碎"四人帮"的消息。在回程路过北京的时候，我停留了一段时间，没过多久，就把《娄山关》画完了。

六、探寻敦煌宝藏

常书鸿师

1979年夏天,我带了四个年轻教师、七个研究生到敦煌考察。很久以前,我就向往去敦煌,但一直没有条件。当年从中央美院华东分院毕业的时候,搞国画的同学都去敦煌考察,我们就非常羡慕。时隔几十年,我居然也有机会到敦煌去,所以很兴奋。而且当时在敦煌的常书鸿①先生、李承仙先生、段文杰先生,我都比较熟悉。

常书鸿先生陪着我,一个洞、一个洞挨个看。看完了以后,我提出,想临摹壁画。常先生就给我开"绿灯",帮我拿着灯,照着那个壁画讲解他们的特点,他来的时候是怎么样,后来他们是怎么修补的。所以,我到敦煌以后,受到的是高规格的接待,常书鸿先生打开所有的莫高窟洞穴,让我们到里面去参观,参观完了,还允许我们在里面临摹,我就兴奋不已。我当年看过的,临摹过的几个洞,现在全都封起来了。

我从西北回来以后,常书鸿先生还经常到杭州来。他在法国画了很多画,都很好,但损坏得厉害。他回国以后,也画了很多画,那个材料更差,

---

① 常书鸿(1904—1994),满族,出生于浙江杭州,我国敦煌学奠基人之一,曾任敦煌文物研究所所长、敦煌研究院名誉院长。

1976年，带领学员考察云冈龙门石窟（前排左2全山石）

剥落得更厉害。后来，他把全部的画都搬到我的画室来，我对他的画很熟悉，我都给他修补好，装好画框。他对我修补他的画作非常感动，我们是非常好的朋友。

我从书上知道的常书鸿先生和我亲身接触的好像不完全一样。怎么说呢？常先生是一个非常朴实、非常憨厚的人，他做事情，非常专心。他说话慢慢的，是个很有修养的画家，我们接触以后，可以说是一拍即合。包括他的女儿常沙娜、儿子常嘉煌，我们都很熟悉。常先生总是"嘿嘿"笑笑，凡事无所谓，那种胸怀，是比较豁达的。

当年常书鸿先生在里昂美术专科学校学习，后来去了巴黎。在巴黎街头，他看到了一本敦煌壁画的画册，深有感触，我们自己的国家有这样的艺术宝库！认为自己没有必要在法国学习绘画，所以，常书鸿先生从法国回来,到敦煌看了以后,就把心放在敦煌,不想走了。那个时候,敦煌条件太差了,但常先生一辈子就在那个地方,是敦煌的一个守护者。

临摹所悟

大家都知道敦煌,这是一个非常重要的艺术宝库。现存735个洞窟,分北区、南区,南区是487个,北区是248个,壁画总面积约45000平方米,体量非常大。其中,给我印象特别深的和给我影响最大的,是北魏时期的洞窟壁画。以前,我都是在书本上看到敦煌壁画。在我的印象当中,我所看到的大部分敦煌壁画,是以唐宋时期的壁画居多,都是单线平涂类型的,我没有重视北魏、西魏时期的壁画。可是,这次亲临敦煌,到了南区的北魏洞窟里,我就停住了,感到很吃惊:我们居然有这样的壁画!因为我以前也考察过云冈石窟,特别是一些辽代雕塑,在艺术表现上都不及敦煌北魏洞窟壁画的突出、完整、感人、独特,在我们的传统绘画当中,我好像没有见到过这样的元素。而且北魏、西魏的壁画,包括北齐的洞窟壁画,跟其他时期的敦煌壁画完全不同。

当时,我就跟常书鸿先生说:"你没发现这个问题吗?"他说:"很多年了,我也在想这个问题,为什么这个北魏的画和西方的画如此接近?"我说:"这个洞穴里面,你有没有发现,北魏和西魏的壁画表现手法是立体的,有明暗的,还有很多人体。这个我觉得很奇怪,怎么在那么久远的中国会有这样一种表现方法,而且这种有体块的表达方法和以后我们中国传统的单线平涂、线描的方法是两个不同的概念。"为这个问题,我跟常先生进行了很多探讨。

常先生认为,据他的了解和分析,法国现代主义艺术家卢奥[①]有可能受

[①] 乔治·卢奥(Georges Rouault,1871—1958),法国画家、雕塑家,代表作有《悲剧小丑》等。

到敦煌的影响，因为卢奥的画与很多北魏的画相似。我说："这个不太可能，卢奥从来没到过中国。"他说："不。估计是因为敦煌壁画展览曾经去过法国，在法国很轰动，受到很多现代派艺术家的关注。以前很多现代派的艺术家，特别是印象派的画家关注的是日本的浮世绘①，从浮世绘里面得到启示，作为油画现代主义的新探索。到 20 世纪以后，大概是受到我们敦煌的影响，才会产生像卢奥这么一种艺术。"这是常书鸿先生的分析。

2016 年，一个日本的收藏家吉井笃志到我这儿来，他希望把他们日本收藏的卢奥的作品拿到我们艺术中心展览，我也很欢迎。展览已经谈好了，我都写好了画册的前言，结果这个日本人变卦了，舍不得把卢奥最重要的两张画拿出来。我说："你这个代表作如果不拿来，我搞这个展览，花那么多钱，干什么？"后来，我就把这个展览给停掉了。

不过，我和吉井笃志曾谈到卢奥与敦煌壁画之间关系。他说："是的，在日本卢奥的纪念馆、美术馆里面，有当年敦煌艺术作品在巴黎展出的有关资料。"当然，这些都是猜测而已，现在就是怎么样来证明的问题，需要有一个史料来证实卢奥和法国敦煌展览的关系。我想，我在卢奥笔记里面和其他材料里面还没有发现这方面的直接证据，并且我也去看了陈列于日本卢奥美术馆当年法国敦煌展览的资料，这些资料从哪里来的？我没有把握。如果说这些资料来自卢奥的工作室，那我们就可以肯定，卢奥的艺术与敦煌的艺术之间是有关系的；如果说，这些资料来自另外的地方，附会在卢奥的美术馆里，那就是另外一回事了。

文化交流，有时候是在一种非常偶然的情况之下产生的，有的东西就是一个启发，一点就通，不一定看到大量的东西以后才会有触发，这种可能性是存在的。不管卢奥是不是从敦煌那里获得启发，我觉得这不是最重要的；重要的是他们在艺术上是有非常多的共同之处，都是用粗犷的线条

---

① 浮世绘，即日本风俗画，版画，是日本江户时代（1603—1867）兴起的一种独特的民族艺术。

来概括形体，用立体的表现手法来表达体积感和明暗，而这些艺术表现的手法，在敦煌的其他洞穴壁画里面是没有的，所以，我想这大概是当年来自西方的画工在中国敦煌进行工作时所留下来的。

西魏和北齐的洞窟壁画比较差一点，北魏的最多、最好。那么，北魏的洞窟壁画好在什么地方呢？不仅好在它和西方艺术比较接近，是一个明暗的画法，最主要的是因为这些画的技术非常熟练。这些佛像不是描摹的，艺术表现不是写实的，而是从心里写出来的，是一种有感受的表现手法，就是画工将心里面的一个形象，通过他的感受，通过他的心灵和他的手传达在这个壁画上面。因此，北魏、西魏壁画里面所描写的东西，都是"写"的一种东西，也就是从一般的工匠手艺进入到艺术层次里。

我在敦煌临摹了7天，从早到晚，临了许多壁画，而且我临的壁画都是北魏、西魏时期的。因为我认为以前别人没有注意到这个时期的敦煌壁画，而且这个壁画和油画结合得更加密切，对油画艺术有直接的参考意义。比如说，其中第254号洞窟《萨埵那太子本生图》里的太子舍身饲虎[①]画面，当时我用了半天的时间，把王子的主要形象临下来，整个人物的造型、线条，包括衣服格子的条纹，都是书写出来的，非常的流畅、非常的美，而且里面的黑白关系、团块关系，都处理得非常好，给我一种很神圣、很别样的感觉。这次临摹对我印象极深，帮助非常大。

这个时候，我就想到董希文先生曾经给我的一个启发。董先生告诉我："在中国传统的陶器上面，可以给油画很多启发。"后来，我在西北考察，在马家窑[②]遗址，我找了很多新石器时期的陶器，这个陶器上面有很多手绘图案，就和敦煌北魏、西魏壁画有相似之处，也是熟能生巧后，上面的花纹不是描的，而是写的。当我想起董先生曾给我的启发后，再看这一时期的壁画，那我就更加激动了，陶器里面不过是一个简单的鱼纹、人面纹等

---

① 舍身饲虎，出自佛经《贤愚经》卷一《摩诃萨埵以身施虎品》。
② 马家窑文化，中国黄河上游地区新石器文化，年代为公元前3800年至公元前2000年。

图案，可是在敦煌北魏、西魏的壁画里面，表达出非常复杂的内容，而且处理不同的空间都是非常生动的，构图也很美，不论从造型、色彩、用笔，这些画工的感受和他们的表现，要比陶器生动得多了、复杂得多了。

所以，我觉得北魏、西魏壁画中的很多方面都可以进行研究，当时我收集了很多图片，本来想写文章，但是一直没时间。我认为这是非常好、非常重要的一个课题——在我们传统的绘画里面，仍然有许多油画元素，我们没有很好地去发现和研究，我认为完全可以吸收到我们当今的油画里面来，这样可以使我们的油画更加具有民族特色。这次去敦煌给我的印象非常深刻，我的新疆写生作品也直接受此影响。

后来，我也看过很多其他地方的壁画，比如说新疆克孜尔的壁画、吐鲁番的壁画。吐鲁番的壁画，一方面保存得不是很好，受到过破坏，有很多壁画人物的眼睛都被抠掉了；另一方面，从艺术角度来看，大部分壁画都是比较一般，大同小异，艺术质量不是很高，比较匠气。有一些克孜尔壁画较好，但要爬得很高才能看到，很难爬，我没有爬到顶上。从我爬进去的几个洞来看，艺术质量比吐鲁番的壁画要好，但也不是非常精彩。除了山东青州北齐时期的青州石雕，在我们国家，我还没有发现类似敦煌北魏洞窟壁画的那种元素。

北魏壁画

中国有那么多传统绘画，但以往我的印象中就只有单线平涂，其实这是我的错觉。敦煌的北魏洞窟壁画，是一种非常有激情的、非常粗犷的表达方式，用形体和形象的艺术形态来感动你。比如说，敦煌北魏时期洞窟壁画，画的女人体，塑造的形，非常概括，表现也很流畅，都是有明暗的，虽没描写光，可还是能感觉到光，是光影底下的一个物体，跟我们现在的油画一样！

北魏艺术的观察方式和西方美学思想比较接近，就是看一个物体，是看它的体感，因为物体是由体积组成的，表现体感，画素描练习，就是画物体的立体感。

我没有很好研究北魏洞窟壁画的历史背景和它前前后后的关系，但我认为，莫高窟始凿于公元366年，后经十六国至元十几个朝代的开凿，而莫高窟的艺术是佛教艺术，佛教是从印度传入中国，属于外来文化。到鲜卑族建立北魏政权，这一时期，应该有很多西域人途经中国西北进入到中原。其实，我们中原传统文化里面有很多东西都是从域外过来的。比如音乐当中，二胡就是胡人①的乐器，琵琶是西域的乐器，之后再逐步把这些外来的东西变成我们民族的东西。再比如北齐的雕塑，"文革"后期在青州发现的北齐雕塑，我一看，很吃惊啊！这个雕塑的意蕴，跟希腊雕塑是一样的。同样，可能有一些西域的画工、工匠，这些工匠将独特的艺术手法运用到敦煌北魏洞窟壁画中，而这种表现手法特别集中于我临摹的几个北魏洞窟壁画中，且这些壁画不是一个画工完成的，表现手法不完全一样，具有传承关系，有一种是全部冷调子，衣服的调子没有红颜色，都是由蓝的、白的、灰的、黑的冷调子所组成的，这个在佛教艺术上很少见，也是这个时期所特有的，调子一致，都是冷调子。

在当年，敦煌的北魏洞窟壁画艺术可能是一种思潮，一个画派，并且从艺术的完整性来讲，我认为北魏洞窟壁画有非常高的艺术价值。至于为什么在这个时期里，能够长时间流传和允许这样一种表现手法，我到现在都不很理解。而这种北魏的画风发展到西魏的时候，艺术质量就慢慢地越来越差，在这个时期，究竟发生了什么？我们也不知道。但是，通过北魏壁画可以看出，这些外来的美术传入中国后，开始慢慢融合汉族的文化，再慢慢变成中国老百姓所能够接受的艺术，到唐代以后，在国力比较强大、发达的情况之下，创立起我们自己民族的东西，使唐代的艺术达到这样高

---

① 胡人，中国古代对北方边地及西域各族的称谓，泛指外族人或外国人。

超的一个成就。比如说飞天①，北魏洞窟壁画中已经有飞天了，但跟唐代的飞天不一样。唐代的飞天完全是中国的飞天，一种生活很富庶，甚至很奢华的飞天，但北魏的飞天都是比较朴实的、比较民间的感觉。

从北魏的洞窟壁画，我就联想到中国的油画民族化问题。比如，芭蕾舞本来是西方的一种舞蹈，把芭蕾舞完全改成中国的舞蹈，如果脚不跐起来，就不是芭蕾舞了，而是另外一种舞蹈了。所以，既然觉得芭蕾舞的艺术语言有很大的优越性，我们就应该把这种艺术语言拿来，使之民族化，赋予它一种民族精神。油画也是这样，我们应该把油画的本体语言学来，把我们中国的精神和审美理念注入到油画的本体语言中，这样形成的油画民族化，我觉得是成功的，是正确的。如果把油画的本体语言舍弃不管，那就不是油画了，也用不着所谓的民族化了。我们在油画民族化上，往往方向不对。仅仅在形式上把画面弄成扇形的、圆形的，这并不是我们的民族特色，西方也有扇形的、圆形的绘画样式，只不过我们没注意。其次，把单线平涂作为中国的艺术特色，也不是的，西方也有单线平涂的，特别是文艺复兴早期，跟我们的工笔画基本上是一样的，单线平涂也不能作为民族特色。

那么，我们的民族特色是什么呢？譬如说，我们为什么会从工笔画发展到意笔画？为什么创立了文人画？文人画无非就是失落的知识分子表达自己情感的一个载体，大部分的表现形式不是工笔，而是意笔。这种意笔是由书法发展而来，也就是"写"的继续。书法中的"写"表现简单的形，但在文人画里面，"写"就成为变化很丰富的写意，因为这个"意"要通过具体的"形"表达出来。在文人画中，是通过有意蕴、概括性的"写"，表现荷花、竹子、松柏等复杂的"形"，进而把作者的情绪表达在画面上，这才是我们这个民族文化里面很重要的特色——观察事物比较意象一点，重

---

① 飞天，佛教壁画或石刻中的在空中飞舞的神。梵语称神为提婆，因提婆有"天"的意思，汉语译为"飞天"。

视艺术家、画家的心灵表达。我想这个"写"可能是中国文化中很重要的表达特点之一。在北魏壁画中，我就觉得有很多地方是有这种"写"的艺术语言元素，是很值得我们重视、吸收的。

因此，别人去看敦煌，可能没这么激动；我看到敦煌，那就特别激动。因为我由北魏的洞窟壁画艺术，就想到我们中国的油画，是可以衍生出一个"写"的油画，这一部分表现手法对中国油画家来讲，特别重要、特别可贵。从西方传来的油画技法叫"摆"，颜色是一个一个"摆"上去的，"摆"上去的颜色就形成了块面，因为体由面组成。所以，我们中国人向西方学习油画，首先学的是块面。以前都是这样，我的老师也这么教我们，在观察时可以用块面的观念，但表现时也不一定用"摆"的方式表现块面。在敦煌的北魏洞窟壁画里面，有这么多用"写"来表达的，而且可以表达得这么美，这么舒畅。因此，"写"应该完全可以放在中国的油画里面，通过"写"的方法，把块面表达出来，既有体感，也传达一种心灵的东西，也就有了那种写意的味道。这样，把西方"摆"的油画变化成东方"写"的油画，油画的本体语言不变，这样的话，油画民族化可能比较容易实现。

从艺术创作的角度出发，特别是从现代艺术的角度来看，历史上有很多东西都这样，经过一个历史时期的沉淀，再回过头来看这些东西，就更加有价值。比如在伦勃朗所处的时代里，当时社会对伦勃朗的评价并不是很出众，过了多少年以后，才发现他的艺术是非常珍贵的。再如维米尔生前，他的艺术也不被别人注意，但到了19世纪以后，美术界才发现荷兰有这么一个画家，这么有个性，能在艺术上达到这么高的程度。而现在很有意思的是什么呢？我们东方人开始学西方人科学的观察方法和理念，而西方人现在非常欣赏我们东方人的观察方式和理念。比如说，当代西方艺术就是用东方人的观察方式和理念来做现代艺术。我觉得，这是一个非常有趣的现象，也许是文化交流的结果吧。但是，一个时期的文艺作品是另外一个时期文艺作品所无法代替的，也就是说，虽然我们的文艺发展到今天，但是现在的很难代替以前时期的，或者北魏的，或者唐代的，或者宋代的，每一个历史时期都有它自己的特色。正如康定斯基所说:"任何艺术作品都是其时代的产儿,同时也是孕育我们感情的母亲。每个时代的文明必然产生出它特有的艺术。"[①]

在油画民族化的当代语境下,我认为敦煌的北魏石窟壁画就更有价值,也许是一个非常好的切入点,它不仅影响了我的绘画风格、作画方法,更重要的是我的理念出现了变化——是不是只画中国的内容、中国的题材,就是中国油画了?在表达方式上,有没有跟西方不同的地方,或者是可以强调的地方?我还在继续研究这些问题,如果在这些问题上,我们能够做到的话,那么,西方人看中国油画,或许就会有不一样的感觉。

---

① 裔萼:《康定斯基论艺》,人民美术出版社,2002年版,第48页。

七、情系天山南北

《塔吉克姑娘》

在我们即将离开敦煌时，常书鸿先生跟我说："这里旁边就是新疆，新疆很美，你带学生到新疆去，不是很好吗？"这样，1980年夏天，敦煌考察结束以后，我们就跑到新疆。我还给新疆美协领导、新疆艺术学院副院长哈孜·艾买提打电话。我说："我带研究生到新疆来，好不好？"他说："非常欢迎！"早在1977年，我就认识哈孜·艾买提了，他是新疆人物画的创始人。当时在上海的"罗马尼亚19、20世纪绘画展"上，我在临摹罗马尼亚画家巴巴的作品《田间休息》，正好他也在临摹这张画，我们两人就认识了。我们到新疆以后，就集体住在哈孜领导的新疆艺术学校里（以下简称新疆艺校，新疆艺术学院前身），并在艺术学校画了很多画。

学校里面大部分是少数民族的学员。我初到新疆，还不知道有塔吉克族，只知道有维吾尔族，我也不知道塔吉克族和维吾尔族有什么区别。所以，一开始，我们都找维吾尔族姑娘画像。

有一次，我们在路上看到一个非常漂亮的小姑娘，大概十六七岁，她和维吾尔族不一样。我问她："你叫什么名字？"她说："我叫古力扎。"然后，她就走掉了。后来，我就打听古力扎的家在什么地方。我了解到，这个姑娘的母亲是艺校舞蹈系一个钢琴老师，她的父亲也在艺校工作。于是，我们就找到她的母亲。她们家就在我们住的楼下，楼下一排房子，都是教职工住的。我们说明意图，看看她什么时候有空可以过来。不久，那姑娘就来了，我就在她家门口给她画像，背景加了一块地毯。这张画就画了两天。第一天，我就用了半天时间，一次画完小姑娘的头像，并完成了大概的布局；第二天，我画了手、衣服、背景、道具。一般画写生，我都先画脸和手，其他衣服之类，我们自己编造都可以。

当我画到一半时，哈孜·艾买提来了。他进来一看说："全老师，哎呦，你这个像画得太好了！"我说："好在什么地方？"他说："口里（指新疆地区之外）来的人都分不清维吾尔族和塔吉克族，唯独你是第一个分出来的，你画的就是塔吉克族，不是维吾尔族！哎，你是怎么画的？"我说："我也不知道。我觉得，这个人的形象跟我接触的欧洲人很接近。"他说："是的，他们是欧罗巴人，是白种人。"这个时候，我才知道塔吉克族是白种人。那么，主要是因为我在欧洲生活、学习过一段时间，对我来讲，区别欧洲人的特点和维吾尔族人特点不是很困难。后来，哈孜跟我讲："你们这批口里来的人，所有的画家最大一个问题，就是分不清我们少数民族的民族特征。什么叫塔吉克族，什么叫维吾尔族？在你们看来，一模一样。"我说："这倒像是外国人眼里看我们中国人，不管是北方人、南方人，全是一样。我们看外国人，北欧人、南欧人也都一样。"我又说："这个区别确实是比较难的。但是，作为画家，应该有这个区别的能力。"我当时就这样跟他讲。

我画了塔吉克族的形象以后，哈孜觉得很吃惊，我这个口里来的人居然能把民族都给分清楚。大概因为我与欧洲白种人接触得比较多吧，我才能画出这个塔吉克族姑娘的特征。维吾尔族是中亚的黄种人，虽然他们的眼睛比较大且凹进去比较明显，眉毛比较浓，鼻梁比较高，而且跟我们的语言也不一样，但是，他们的体格、比例、形态与汉蒙人基本上一样，属黄种人。塔吉克族就不一样，虽然他们和维吾尔族看上去很接近，实际上有本质的区别，是另外属于欧洲体系的白种人。我这张画就是把塔吉克人的特征给画出来了，引起哈孜的注意。

《塔吉克姑娘》画完以后，新疆艺校的教职工、学员就很喜欢，很多人来看。古力扎的妈妈因为我画了这张肖像画以后，骄傲得不得了，到处跟人说："你看我的女儿，给那个外地画家做模特了！"就觉得这是非常光荣的事情。后来回到杭州以后，我们搞了一个新疆画作展览，报纸、杂志里面都刊登了《塔吉克姑娘》，这幅画就传开了。20世纪80年代初，《塔吉克姑娘》，去法国春季沙龙展出。

一场火灾

关于《塔吉克姑娘》这张画，还有一个小故事。1980年，新疆美协、新疆艺校提出要求，希望我能够办一个油画训练班，帮助他们培养一些少数民族油画家，我很高兴地答应了。在这期间，有一天半夜里，突然失火了，是因为舞蹈系的人在准备过年活动的时候，灯泡点得太多，引起了电线方面的火灾，把整个房顶都烧了。

当时，我和我的助手黄发祥住在一间屋。我叫他小黄。我们俩睡着，什么都不知道了，突然从房门的缝里面吹进浓烟，把我们熏醒了。"哎呀，他们怎么回事！"小黄说："赶快起来，老师，有味道！"我说："什么味道？"他说："火烧的味道！"我一看窗户外面，已经是火光冲天了，怎么办？我说："我们赶快跳窗吧。"他说："要跳窗？"小黄就一拳头，把那个小窗户砸开了。小窗一打开，完了，空气流通后，所有的烟都朝我们房子喷过来，亮着的电灯，也看不见了，全是烟。我们呛得不得了，只看到烟和火，那怎么办？小黄说："赶快，老师，我把窗户打开了，把被子丢下去，你跳下去！"

这时外面还下着大雪。我们在跳楼之前，就想到，我的作品比人还重要，先把作品丢下去。画和被子都扔下楼后，我一看，在雪地里那个被子只像邮票这么一点点大，要跳到被子里，我哪有这个本事啊！而且新疆的楼跟俄罗斯的楼一样，层高很高的，我们虽然住在二楼，可实际高度与三楼的高度差不多。我说:"这不可能,跳下去肯定废掉了,不能跳!"

这个时候,很多油画训练班的学员知道我还困在楼上,都来救我了。可是,凡是冲进楼梯的就昏倒,冲进去一个,就昏倒一个,都冲不到二楼来。就在这样危急的情况之下,突然出现一个维吾尔族小伙子,我就跟他说:"请你给我递一条绳子上来。"他听懂了"绳子",就马上回家,拿来了一圈绳子。我们把绳子的一头捆在暖气管上面,我把鞋子脱掉,另一头紧紧地捆在身上,抓牢绳子,沿着墙一点一点滑下来。

下来以后,看到底下很多人都来救我。新疆艺术学校校长康巴尔汗·艾买提[①],她是一位舞蹈家,她看到我说:"哎呀,教授,你怎么这样,这个太危险!"她抱牢我,都有些认不得我了,"你脸怎么那样黑,脸都是墨墨黑,衣服也是墨墨黑!"这都是被烟熏的,大概有三天,我吐出来的痰都还是黑的,小黄更是如此。

因为遇到火灾,1981年新年,我们没有回杭州,而是留在新疆过的春节。而《塔吉克姑娘》这张画,正面、背后全部被烟熏黑了。因为油画可以洗,后来我就把被熏黑的正面给洗掉了;可是背面被熏黑的麻布,就洗不掉了,到今天为止,《塔吉克姑娘》的背面还是黑的,还留着这么一个痕迹。所以,看我这张画是原作还是临摹的,很简单,原作背后是被烟熏过的。

办油训班

1980年至1981年间,新疆美协和新疆艺校联合举办了"新疆少数民族油画训练班",由我任指导老师。学员是经过新疆美协选拔后招进油画训练班的,有维吾尔族、塔吉克族、蒙古族、锡伯族、达斡尔族、哈萨克族等

[①] 康巴尔汗·艾买提(1922—2004),女,维吾尔族,出生于新疆喀什,舞蹈家,曾任新疆艺术学院院长。

七个民族组成的学员，每个民族选一两个人，都是新疆地方群众艺术馆的美术骨干。

这些学员之前都多少学过一点美术，有造型基础，普遍基础比较差，但到班上后进步很快，色彩感觉都很好。班长是一个维吾尔族小伙，叫买买提，才二十岁左右，是喀什地区群众艺术馆馆长（后来调到乌鲁木齐，成为新疆美协主席）。他不仅画得好，而且汉语讲得特别棒！

班上汉语讲得最好的，一个是班长买买提，另外就是一个达斡尔族姑娘，叫芙里娜。芙里娜本来是学国画的，她一看，有这么个油画训练班机会，所以强烈要求来参加，哪怕旁听也可以，后来组织上就同意她来旁听。芙里娜很聪明，后来油画画得非常好，还去意大利留学。其他少数民族学员，如阿卜杜拉，他是喀什群众艺术馆的馆员；还有从吐鲁番来的伊明，

1981年，辅导新疆少数民族油画训练班学员

从阿勒泰来的土布思汉等等。土布思汉是哈萨克族,也很聪明,二十岁出头,长得很帅气的一个小伙子,画得也很好,他现在还在阿勒泰工作。另外一个是从南疆来的学员叫卓拉姆,是艺校的女老师,很有事业心,她去了日本留学,后来成为新疆艺术学院院长了。

有一些学员几乎不会讲汉语。比如伊敏江,他是和田群众艺术馆的艺术骨干,有些基础,受过美术学校的训练,画得也很好,也很聪明,但他就是不会讲汉语。我跟他讲话,要讲得很慢,他才能听懂。现在这些学员都还跟我有联系。我每次去新疆,我们都会聚在一起的。

在油画训练班,白天是实践课,晚上是理论课。我带去了很多幻灯片、画册,给他们讲油画是怎么发展的,给他们欣赏油画。在新疆地区大部分信仰伊斯兰教,而在伊斯兰教里,只能画没有眼睛的花纹、花花草草,不允许画有眼睛的东西,甚至鱼也不能画,因为鱼也有眼睛,反正有生命的动物都不可以画的。因此当时画肖像时出现了问题了,幸好哈孜·艾买提是画家,可以想得通,因为他也画人物,所以并没有受到太大的阻力。

但当后来要上人体课时,就受到很大的阻力了。甚至哈孜·艾买提作为画家,又是院长,他也提出反对。他说:"这个不能画!"当时,我就把毛主席的关于美术教学上画人体的批示拿出来给他看。他还是说:"我们新疆不行,新疆人不能画人体。"我又跟哈孜解释画人体作为一个学术研究的必要性。后来,哈孜想通了:"那好吧,毛主席说过了,你也说过了,那我只能服从吧。但是,有一条,不准画维吾尔族的人体。"

为这个事情,上课耽误了很长时间,就是思想不统一。后来,我跟学生解释,跟哈孜解释,又跟新疆文化厅的领导解释,最后还是说通了,我们还是画了人体。所以,油画训练班的教学时间虽然不长,这个程序搞得比较复杂,一直到画人体,这个程序才全部走完。

结业时,学员还搞了一个毕业展览,1986年,这些毕业创作又送去北京中国美术馆展出,展览名字叫"新疆好",得到各界好评和肯定,认为新疆油画好。所以,新疆政府、美协、文化厅都很高兴,说我为新疆少数民族培养了他们自己的油画家，我也很欣慰，那些学员对我非常好，感情很深。

自从我参加了少数民族油画训练班后，后来我又在新疆师范大学参加了好几届研究生培训班，因此新疆所有地区都有我的学生了，而且很多学生都在各级文化馆当领导。所以，到了夏天，我的学生们会邀请我去新疆，他们成为当地的向导、陪同、翻译、保护。我一待就几个月，甚至一个夏天。有时候，我并没打算去新疆，学生们却热情地邀请，我也就高兴地去新疆了。所以，我去新疆的次数比较多。

北疆写生

新疆是以天山作为分界线的，天山以北是北疆；天山以南是南疆。我去过太多地方了，先到北疆，和俄罗斯相邻，特别是到阿勒泰、喀纳斯湖一带，白桦林、小松树，还有一望无际的绿草地，自然风光基本上跟俄罗斯一样。

我们初到新疆时先去了乌拉斯台[①]。那是在山谷里，我们在那里待了一段时间，然后，再从乌拉斯台转向伊犁，必须经过赛里木湖[②]，赛里木湖那边有一座乌拉山，翻过这座山后，才可以到伊犁。我们去的时候正是盛夏，天气热得不得了。很多人不知道新疆的紫外线有多么厉害，眼睛都睁不开，但没有卖墨镜的。我们只能把近视眼镜镜片放在墨水里面浸黑以后戴上，这样感觉就好一点。我们是坐卡车去乌拉斯台的，卡车上堆满了新疆美协和新疆艺术学院给我们准备的皮大衣。因为天气很热，大家都不要皮大衣，堆到卡车后面。可是没想到，我们在去往乌拉斯台的半路上，突然下了雨，

---

① 乌拉斯台，属新疆维吾尔自治区伊犁哈萨克自治州尼勒克县。
② 赛里木湖，古称"天池"，位于新疆维吾尔自治区博尔塔拉蒙古自治州博乐市内北天山山脉中。

1979年，在新疆乌拉斯台体验生活

天气马上转凉，还没到乌拉斯台，大家就已经冷得发抖了。这个时候大家都去抢卡车后面的皮大衣披上。新疆的温差很大，特别是山沟里边。

20世纪80年代，在新疆的农村和牧区，一般老百姓都不会讲汉语，我们与他们之间的沟通还是有点困难的。当我们在伊犁画画期间，有一个二十来岁的小伙子，每天都跟在我后面，看我画画。他会讲维语，帮我们当翻译。我问他："你家是哪里的？"他说："我和我父亲是从南疆调过来的。我叫黄建新，在新疆维吾尔自治区党委宣传部工作。"我说："你父亲是干什么的？"他说："我父亲原来是和田的政委，现在调到伊犁地区当政委。"他每天把自己的工作处理好后，就跑到我这里，帮我翻译，解决了我们很大的问题。

有一天，我们在巴扎①看到一个老汉，红鼻子，戴着一个毡帽，在那儿卖西瓜，"卖西瓜，要不要西瓜啊，要不要西瓜啊？"哎呀！我看这个形象太好了！我就通过黄建新，跟他说："你能不能让我画张画，我买你的西瓜。"我就买了他的西瓜，然后他说："好的，我让你画。"哎呦！这个形象太生动了！他是哈萨克族，戴的是哈萨克帽，这个就跟列宾②的画《查波罗什人写信给苏丹王》里面的哥萨克③人一样，我觉得很有意思。当时，巴扎里的人多得不得了，有卖牛的，卖羊的，卖西红柿的，卖土豆的，很多人，熙熙攘攘，人来人往的，所以不可能让我画很长时间。我就跪在地上画了一个多小时，一口气把这个卖瓜老汉的像画好了。但是，画到一大半的时候，有人来买老汉的瓜了，于是这张画就停掉了。所以，那个时期画画，我完全是被客观对象所感动，感动了以后，才开始画画。包括画巴扎全景，我爬到屋顶上去，也是觉得这太有味道了，太入画面了！我都是在这种激

---

① 巴扎，维吾尔语，意为集市、农贸市场。
② 列宾（Илья Ефимович Репин，1844—1930），19世纪后期俄罗斯批判现实主义绘画大师。
③ 哥萨克（Cossack），这一词源于突厥语，意为"自由人"。俄罗斯历史上的特殊阶层。

动的情绪下画的画。

还有一次有意思的经历。我看到一个老汉的形象很好，很欣赏他的胡子，新疆人的胡子很有特色，他再穿着跟汉族对襟衣一样的维族民族服装袷袢，系一个红的带子，那不就是很漂亮、很好看的嘛！不过，这个老汉当天没空，那我说："怎么办？你今天没空，明天画行不行？"他说："好的，明天来。"第二天，他来了，这些胡子、袷袢都没有了，胡子也刮了，衣服也换了，穿着笔挺的中山装来了，灰颜色的，恭恭敬敬地扣好扣子，坐在那个地方让我画，这不成两个人了，是不是？最后我就没画这个老汉，因为根本没法画了。

我们在伊犁待了差不多有一个月时间，画了很多画，也交了很多朋友。后来我们去了很多地方，去了吐鲁番，去了塔城，又去了阿勒泰，又去了喀纳斯湖，都是北疆。

吐鲁番风情

吐鲁番是个非常特别的地方，能感觉到异国情调了。地面上没有水，水在哪里呢？在地下，叫坎儿井①，就是地下流的水，挖个洞，人爬下去，从地下把水提上来，冰凉冰凉，很清澈。那里的夏天很热，我把温度表放在我们吉普车上，都有五十三四度，但是，人却不出汗，干燥得不得了！吐鲁番的葡萄干，不是在太阳底下晒干的，而是房子里面搭个棚子，葡萄在凉棚里就会风干。不止葡萄会干，吐鲁番的老百姓冬天吃的西红柿，全是风干的西红柿干。正是因为吐鲁番极其干燥，如今我们去看那里的洞穴，也能看到仍然保存很完整的汉代干尸。我还用手去按干尸，肌肉很硬、很

---

① 坎儿井，古称"井渠"，干旱地区的一种水利工程，引出地下水。一个完整的坎儿井系统，一般包括竖井、暗渠（包括集水端和输水端）、明渠、出水口和涝坝（蓄水池）组成。

饱满，跟石头一样，感觉是腹肌，胸大肌都很清楚，这样的干尸很多的。

在吐鲁番绘画很困难，不仅温度特别高，而且没有一棵树，完全坐在太阳底下画画。但是，我还得坚持，一边画画，学生一边不断地递水给我喝，我也画了好多画。在吐鲁番，我除了画火焰山以外，还画了一些古建筑，那里的额敏塔①，那里的清真寺，还画了很多当地老百姓的形象。我画的最大的一张吐鲁番题材的画是《火焰山下的驼铃》，因为火焰山很有特色，它的形状跟火焰一样。当时我发现，它有一个像鸡心形状的纹路。这是以前大家未曾发现的场景，我是第一个发现的，后来去火焰山拍照片的人都去那个地方，已经成为一个很经典的地方。《火焰山下的驼铃》就是画的驼队途经这个景致。

火焰山这个地方，骆驼经常来来往往的，除了骆驼以外，还有毛驴，其他动物很少。有很多毛驴车，路远些，也只要花几毛钱就能坐这种车子，返程的时候，再搭着毛驴车回来。有一次，我们坐这个毛驴车，我非常欣赏给我们赶毛驴车的那个老汉，就跟他商量："能不能给你再加些钱，你让我画个像，行不行？"他说"好的。"这个赶车老汉穿的这个皮衣，饱经风霜，虽然很脏，但很美。这就给我一个启发，我想怎么来表现这个老汉？怎么表现他的皮衣？我就想到了敦煌的北魏洞窟壁画。我就想，"我这张画能不能试一试敦煌里面所感受到的，用'写'的方法来表现他这个皮衣？"

所以，这是我第一张用"写"的方法画的画，这个皮衣上面的毛，都是一笔一笔地直接画上去，不是用西方油画的方法去塑造体面。以前有人表现油画的笔触，但在油画里面，好像还没有过有意识地用一种书写的方式画油画。这种书写的方式，就跟书法紧密相连，包括中国画中的皴法，也是从书法当中发展而来的，基本属于"写"的原则。我看到这个赶车老

---

① 额敏塔，又称苏公塔，位于吐鲁番市东约3千米的木纳格村，是中国清代伊斯兰教建筑。

汉后，我就使用这种"写"的方法试试，结果画完以后，很受欢迎，很多人认为这张画画得比较好，而且我对我的探索，也觉得有点小满意。

前前后后，我去新疆大概有二十多次。反正我每一次去新疆，就固定待在一个地方，然后慢慢深入生活。下到地方如果是走马观花，看到的只是表面的一些东西，只有待下来，跟当地老百姓一起生活以后，才能够看到他们真正的生活、真实的情感。我基本上抱着这么一个心情去深入生活，时间上有时候长，有时候短，基本上是在几个月以上，也有一边上课，一边画画在新疆待半年的。那个时候，我带着下乡的学生，都是背着铺盖、行李，随便到哪个地方都可以睡。

吐尔干一家

当年，我们去新疆体验生活、深入生活，就是和群众"三同"，同吃、同住、同劳动。在伊犁的时候，我和学生都分头住在老百姓家里，都没住在宾馆，也没住在集体宿舍里。我跟小黄和一个姓何的研究生住在吐尔干的家里。

吐尔干是一位园林工人。他家里一共五口人，他的太太是一位纺织女工，还有他的老父亲，一个儿子、一个女儿。吐尔干夫妇大概有三十四五岁。他们家比较俭朴，住的是土房，有一个小花园，大概有三间房子，一间是他们家里人住的；一间是我们住的；还有一间客房，都睡在炕上的。每天吃什么呢？就是馕、西红柿、大蒜，还有土豆，没有其他的。早餐呢？就是奶茶、皮芽子[①]。我们跟吐尔干一家完全是"三同"，早上七点不到，我们就吃饭了；午餐、晚餐，我们提前做好饭，切好菜，等吐尔干回来，再一起吃饭。白天，有时候我们到果园帮他们劳动，有时候一起到巴扎转一

---

① 皮芽子，新疆汉族人对洋葱的称呼。

转。当时，新疆的巴扎很有味道。我就爬到一个小房子的屋顶上面画了一个巴扎的速写，但这个房子很脆弱，木头都很老了，一动屋顶就会塌下去，我差一点就掉下去。北疆的设施都比较老旧，而且生活条件比较差。但是，对我来讲，特别感兴趣。晚上干什么呢？吐尔干一家人睡得比较早，天黑以后基本上就睡觉了。有时候，我们给吐尔干一家人讲故事；有时候，吐尔干的小姑娘给我们跳舞、唱歌；有时候，我们画速写，开小组会，或者我给学生们上课，点评一下他们的画。

维吾尔族的卫生习惯要比我们汉族好，在北疆，家家户户都有小花园，地是泥土的，有些地方是砖，他们干净到什么程度？维吾尔族妇女都趴在地上擦，土可以擦得非常干净，砖头可以擦得锃亮，到这种程度！到汉族人家里，一般都是比较乱，不注意整洁卫生。而且，维吾尔族家的花园里花草都是很旺盛的感觉。

由于宗教的原因，吐尔干一开始不让我们给他画肖像。我就把画画解释为拍照，因为在维语中，"画画"和"拍照"是同一个词，都是میسم（lisongdada，拼音）。میسم 跟俄文一样的，俄文里的素描就是 рисунок，就是"描"的意思，lisongdada 里的 dada 是"拍"的意思。那么，我就从画画等于拍摄的角度，跟吐尔干讲："你们这个宗教里面的规定，我们应该遵守。但是，我们还要生活啊！比如说，你有没有拍过照片？"他说："我拍过照片。"我就跟他讲："首先，身份证要用照片，上户口要用照片，是吧？你上中学，也要用照片。照片是可以拍的。照片里面，你不是也有眼睛吗，对不对？"他觉得"是啊！"我再说："你到清真寺里去，是不可以拿有眼睛的东西进去，但是在家里没有关系的。你家里不是挂了结婚照啊，还有你的亲戚朋友的照片啊，你不是也挂着吗？他们不是都有眼睛吗？如果这些都没眼睛的话，那不是人啦！"吐尔干觉得："是啊，你讲得很对啊！"我这样分析、启发吐尔干以后，他就不反对画肖像了。

我觉得，问题的关键，有些东西还是需要启发教育，一般有点知识的老百姓，跟他们解释都能讲通的。像我们在新疆基层画画，除了一些年纪很大的老人，一般都同意我们画肖像，而且我们画得也比较像，甚至画得更美一点，他们都很高兴！我们画画的时候，都会围绕着一大群人，有评头品足的，有表扬被画的那个人有多么漂亮，"你看北京来的人，把你的画像画到北京去了，你多光荣啊！"所以，我们在新疆画画，实际上没有受到很大的阻力，老百姓还是愿意配合的。

我给吐尔干解释以后，我就先画吐尔干的太太，就是《纺织女工》那张画；画完以后，再画吐尔干。我画了两张吐尔干的肖像，一张是吐尔干在弹琴。当时，吐尔干问我："要不要做什么动作？"我说："你不要管我画画，你自己弹琴，我画我的，你玩你的。"就这么画了一张。另外一张，吐尔干在园林里面劳动，用铁锹铲完土后，站着休息。我说："你休息，在这儿站着，我要画画了，要 میسم（lisongdada，拼音）。好不好？"他说："好的。"然后，我就当场画了这张肖像。这些画都不是很大，画得很快。

少数民族确实非常友好。我们在画画时，吐尔干一家不但给我们做模特，还给我们烧奶茶、送水果吃。我们画油画的人，不是有擦油画笔的纸嘛，丢了一地，他们都帮忙收拾干净。所以，完全可以说，生活当中，我们已经和他们打成了一片，在情感上也能够充分地交流，就跟在家里一样。我特别喜欢新疆，觉得在新疆画画心情很舒畅。

有一次，吐尔干太太发烧了，怎么办？我们就把她送到医院，因为吐尔干要上班，我们不上班嘛！我们就帮着烧水、做饭、买药等等。其实，做饭都很简单的，街上买馕，水里煮一煮土豆，西红柿洗干净，再切成一块一块的，放点盐；然后就是大蒜、洋葱，就好了。我们还买些水果、糖给吐尔干太太，那个时候，没有什么好东西，糖也都是些硬糖。我们照顾吐尔干太太，他们就很感动。

南疆写生

南疆有些地方的老百姓生活比北疆的条件还要差，还要艰苦。比如说，英吉沙①老百姓有个很小的池塘就不错了，直径大概最多 10 米的死水池，叫涝坝水，人喝的、洗衣服的、洗菜的、毛驴喝的等等，都在这个水池。这池塘的水啊，实际上有很多微生物。我们喝了这种水，每个人都拉肚子，不断地拉肚子。后来，想办法，每天早一点起来，我们把池塘水盛放在脸盆、杯子里沉淀，水里的杂质沉淀了以后，上面干净一点的水就是我们喝的和用的。我们把里面的泥土、脏水倒掉后继续盛，让它沉淀后再用。这个地方生活确实是比较艰苦的。

但是，真正说有新疆特色的、异国情调的，那还是南疆保存得比较好，绝大部分南疆人是维吾尔族，特别是到了喀什、和田，都是非常纯粹的维吾尔族聚居地。尤其是从和田再往下走一点，就是楼兰古城②那个方向，更加不一样，那里我也去了。据说考古学家发掘出来的遗体是黄头发。我曾在一座山头上用望远镜看另一座山底下的山洞，洞里面有一具坐着的干尸，是黄头发。当时因为冰封了，人们到不了那个山洞。到了南疆以后，我就想起自己留苏期间在亚美尼亚访问萨里扬时的情景，南疆的风土人情和亚美尼亚非常接近，中亚一带，就是现在所讲的"一带一路"、陆上"丝绸之路"。

南疆比较突出的工艺品，一个是小刀，一个是挂毯。小刀是英吉沙最出名。英吉沙是专门做小刀的地方，英吉沙的小刀都很漂亮，我买了好多。到了英吉沙以后，我才知道他们这个小刀是怎么做出来的。做这个小刀的钢材，实际上是拖拉机里面换下来、不要的一些零件，把这种钢材打成小刀。他们手很巧，小刀上面有很多图案，废铜收上来，裁切好以后，钉在刀上，再刻上花纹，还镶嵌了很多宝石一样的东西。后来，我到当地农民

---

① 英吉沙，维吾尔语，意为"新城"。英吉沙县隶属新疆维吾尔自治区喀什，位于新疆维吾尔自治区西南部。
② 楼兰古城，古城遗址位于新疆维吾尔自治区巴音郭楞蒙古自治州若羌县北境，罗布泊以西，孔雀河道南岸 7 公里处。

家里一看，这些宝石是什么东西呢？都是牙刷柄做成的。牙刷柄有红的，有绿的，有蓝的，他们就把这种牙刷柄打磨成宝石的形状，然后嵌在小刀的刀鞘、刀柄上。还有些宝石是什么东西呢？都是捡回来的糖果纸，有金的，有银的，把它们烫平，裁得一点点，然后把有机玻璃磨成半圆的，盖在糖纸上，再嵌在刀上面。一看，哎呦！很珍贵，像宝石一样。其实不是的，都是一些废料做的，但很漂亮，非常可爱，造型也很好。我觉得，他们很聪明，很有智慧。

南疆的挂毯也很有特色，他们的挂毯怎么做的呢？有些比较正规的挂毯是织的，但大部分家庭用的是印花的毡毯。尤其是牧区的帐篷里面，地上要铺这个毡子，有什么好处呢？就是防潮、隔潮，毡子铺上去后，在毡子上面睡觉是没有问题的。如果没有毡子，在地上睡觉，是要得关节炎的，所以家家户户都需要毡子。牧区的帐篷也全部是毡子做成的，也叫毡房。这个毡子本来是白颜色的，南疆老百姓就刻好了一个个木头图章，再沾一沾颜料，在白色的毡子上面，把图案一个个地印在白毡子上。比如说，想要三角的图案，就用三角的木头图章按一下；如果要圆的图案，再拿个圆的木头图章按一下，非常原始。南疆的老百姓很聪明，很懂得美学，什么地方用方形，什么地方用圆形，什么地方用方的、圆的，搭配起来。颜色也是，地上要用红的调子，有的毡毯用绿的调子，都是有调子的，不是说无章法的五颜六色。所以，我觉得这些是非常有智慧的，很有味道的，地地道道的民间艺术。我有好几张新疆题材的画，就是拿他们的这个土毡毯做背景。

南疆维吾尔族百姓的生活也深深地感染了我。其中，对我们启发最大的是木卡姆[①]。这是一种南疆最主要的艺术形式，是一种群众音乐会，有很多人一起表演；很多乐器一起演奏。但是，跟一般的音乐会不一样，不会

---

① 木卡姆，一种集歌、舞、乐于一体的大型综合性艺术形式。

我看看你、你看看我。木卡姆不是这样，都是自己唱自己的，但同京剧中的西皮一样，比如说二黄等曲式，一个曲式出来后，大家就唱同样的曲式。木卡姆表演方式都不一样，每个人按照自己的理解、心情和自己的嗓音条件来唱同一个曲调，各种管乐器也一起演奏同一个曲调。唱的时候，哎呀，那种心情啊！就是完全不管别人，完全把自己抒发出来，歌声很感动人！有位老汉唱的，"哇！"青筋都唱出来了，汗都唱出来了！弹琴的人也是这样，弹手鼓、晃手铃，还有些表演，在地上滚啊！我看了木卡姆表演之后，很激动，哎呀，非常好！所以，像这种民间音乐会，对我来讲，很需要去感受，对创作都很有好处。

南疆人的形象也好，南疆的风俗习惯也好，都有异国情调，特别吸引我，特别让人激动，特别引起我画画的欲望。我每次去新疆就在一个地方深入生活，下一次到新疆就再在另外一个地方深入生活，住在老百姓家里，然后和大家聊天、谈心，发现好的形象，我就要画。比如1982年画的《百岁老人》，这位百岁老人就是在新疆和田碰到的。他来看巴扎的，我看他形象很好，经过翻译跟他聊天。他说："哎呦，我一百岁了啊！"我说："你真有一百岁了？能不能让我画个像？"他说："我还没有吃饭呢。"我说："到我那儿去吃饭吧！"我就买了两个馕、酸奶、奶茶，请他到我住的地方吃饭。他把馕吃了，奶茶也喝了，起来就往外走。我以为他要去趟厕所，结果他是以为画完了，就走了。所以，在新疆画画，很有意思，他们的性格比较开朗、直爽，想怎么样就怎么样。

为什么我比较喜欢新疆？新疆地区的人民比较愿意跟人交流。虽然语言不是很通，但我简单地讲了几句维语，他们就觉得很好玩；如果他们讲几句汉语，我觉得也很好玩。新疆人，很好客，很爽朗，爱跳舞、爱唱歌，这种开朗的性格非常适合我，一边画画、一边交流，人物形象就比较生动，我画起来就比较顺。因此，我觉得新疆不但山美、水美，人更美。

有人说："你喜欢新疆，莫非是因为新疆像俄罗斯嘛！一定有这样一个情结在里面吧。"其实，完全不是的，我被新疆吸引，是因为那里的阳光、紫外线特别强，所有物象、色彩明确，非常适合油画表现。由于紫外线强，色彩呈现得特别鲜艳、漂亮。我曾经有过这样一个经历，有一次我看到一个戴着头巾的小姑娘，在田野里面，那个头巾太美了，怎么会有那么好看的颜色！我于是以高价买了块新头巾，拿新的跟她换旧的。回到杭州后，我让模特戴上这块头巾，可是完全是另外一回事，再也没有当初看到的那么漂亮了。由此可见，色彩的呈现，与特定的环境互相衬托有关，特别是与紫外线光的照射有关。杭州灰雾度特别大，颜色都成灰的，不那么强烈，而在新疆，所有的颜色都感到很鲜艳，再加上老百姓本身穿着也都很鲜艳，虽然衣服很旧，但在那个环境里，色彩就特别的饱和，特别的美丽。

因此，我到新疆以后，感觉自己如鱼得水。油画的最大特点，就是它的色彩表现力是任何其他画种所达不到的。从我画油画、发挥油画语言的角度而言，我认为新疆是发挥油画特长最好的地方。我到了新疆，一方面我和新疆百姓能够生活在一起，整个心情能够融合在一起；另一方面，我能够充分发挥油画的特性，将油画与表现的对象进行一个最佳的结合。而且我也比较适应新疆的一些生活习惯。

塔什库尔干

新疆去多了以后，我就知道新疆的微妙变化。比如我画了《塔吉克姑娘》以后，就很希望到塔吉克族的聚居地去看看。以前苏联的加盟共和国中，就有塔吉克苏维埃社会主义共和国，现在是塔吉克斯坦共和国。我们国家的塔吉克族属于一个支系，是高山塔吉克族，居住很分散，那时很多都没有交通联系。现在我们政府慢慢地把这个民族迁移下来，迁移到平地上，但他们不习惯，有些人就偷偷回山里，还是习惯住在山沟里。塔吉克族，他们没有自己的语言和文字，讲的都是维语，用的也是维语文字。

好几个塔吉克族聚居地去不了，因为当时没有交通，到那些地方要坐好几天的牦牛，没有其他的交通工具。几个通了公路的村落，我也试图去过,但半路遇到洪水,公路被冲毁了,被挡了回来。

"塔什库尔干"这个名字很响亮,是我很向往的地方。1981年我第一次去那里,有名的塔什库尔干县城出乎我的意料,当地人形容,"一条街上九盏灯,一只喇叭全县听",一条街上就亮着九盏灯;只要喇叭里面放出声音,全县的人都能听到。就这么一个塔什库尔干,只有一个很小的旅馆,大概有四五个炕,我跟小黄睡在一个炕上,但我们来到这里心情还是十分激动。

到塔什库尔干的第一个晚上,当地人在一个帐篷里面很热情地欢迎我们,让我们吃馕,吃烤肉。旁边一个端盆子的女孩给我上奶茶,她叫阿依古丽。我一看,这个女孩形象很特别,非常美。她的眼睛,她的嘴,整个脸的造型,太美了!我就约她做模特,我问:"你明天有没有空?"她说:"我明天有空。"我说:"能不能给你画张像"她说:"好的。"

第二天,她就来了。阿依古丽的眼睛、鼻子、嘴巴,长得非常美,这种美,是一种非常纯朴的美,不是现在电视里看到的影视明星那种美,她的美很秀丽,很文静,很纯洁,很有个性,很有民族特色的美。塔吉克族是白种人,眼睛是蓝的,但他们的头发不是黄的,而是黑的。这个很奇怪,一般的西方人,是蓝眼睛,黄头发,塔吉克族给我一种混血的感觉。她有一种特殊的美感,我主要是被阿依古丽的这种形象所吸引,我就画了她的肖像。

我在塔什库尔干待了几天以后,发现塔吉克族跟维吾尔族不一样。维吾尔族很多人从商,做小生意,商业气比较浓。塔吉克族不会做生意。我们在塔什库尔干买杏,他们不会称重,也不会数钱,反正我们吃杏子,他们最后就数吃剩的果核,有多少个核,就说明吃了多少杏,然后算出多少钱。而且他们不会数钱,也不会找钱,给他多少钱,就是多少钱,非常纯朴的一个民族。

待久了,我就发现塔吉克族老百姓太可爱了!在塔吉克族的介绍里面说,这个民族是没有小偷的,也没有犯罪的,他们的帐篷,他们的房子,是没有锁的,也不关门的。我一开始都不相信,我说:"哪有这样子的!"我就去试试。我带着学生到老百姓家里深入生活,我们熟悉了以后,确实是这样的,老百姓家里不关门,没有锁,家里人走了,三天后回来,门开着,也不要紧。他们是游牧民族,住在高山上面,出行很困难,要走好几天,才能到一个村庄。在村庄里歇下来,他们可以不报名字,人家就提供住宿、饮食。到第二天,人走了,也不用答谢。人与人之间都是互爱、互助、互信,是这么一个非常可爱的民族!只要到当地老百姓家里去,他们就给泡奶茶,给东西吃,哪怕是住在他们家里,也不会问一下:"你从哪里来?你叫什么名字?"更不会向你要钱,就是这么可爱的民族!

我自己也有亲身体会。早上到山上写生,天很冷,中午又很热,所以早上出去必须要穿皮大衣,到中午要穿衬衣,我就把大衣脱下来放一边,然后一直画到晚上,我都忘了这个大衣脱在什么地方。等到晚上回来,我才想起回去找大衣,这个大衣仍然在那个地方,没有人把它捡回家去。

另一方面,塔什库尔干的风光也美啊!因为夏天日照特别好,晚上天黑的比较晚,跟俄罗斯一样,一般八九点钟,天都还有点亮。有一天,早上起来,感觉特别的美,我就早上画了一张,吃完早饭画了一张,中午画了一张,傍晚又画了一张。在塔什库尔干的山上画画,只要有精力、有激情,什么时候都可以画,到处都有画面。因此我在那儿画了好多风景画,比如《塔什库尔干之晨》。

塔吉克族的风俗习惯和其他民族也不一样。比如说,我和小黄一起看他们的婚礼,我觉得挺有意思。塔吉克族非常尊重妇女,新娘嫁给新郎,新郎必须要去请新娘,而且要满足女方家属所提的要求。等女方都准备好以后,男方去迎接女方的时候,新郎要把新娘放在马背上骑回来。到男方家的时候,新郎把新娘从马上抱下来,然后大家开始跳舞、唱歌、吃烤羊,等等,再开始婚礼仪式。那天,看这个塔吉克族的婚礼,我很激动,印象很深。这张《塔吉克的婚礼》画了很长时间了,我都没有时间画完,它的主题表达了塔吉克族人民的幸福生活,一种歌舞升平、愉快、团结、互爱的精神。

　　我曾经去过不少塔吉克族农家，他们家里的布置情况跟维吾尔族也不一样。他们住的土房子，每家每户都一样，用泥巴把山上的鹅卵石砌起来，房子是方形的，很像亚美尼亚、土耳其一带的房子，应该属于一类。每个房子只有几根梁是木材，用来支撑房顶。

　　一般塔吉克族的土房子朝南，都是大开间，不像汉族的房子一间一间隔开，背面就是一个睡觉的炕，其他地方就放一点杂物，塔吉克人就在这个范围里面生活。靠着炕的墙面很漂亮，都有墙苇子，这个墙苇子的图案都是家里姑娘绣的，绣得非常漂亮。炕上面也收拾得非常干净，被子一条一条叠起来，都干干净净，整整齐齐，而且被子花纹都很好看。塔吉克族崇拜太阳，很多图案中都有太阳，还喜欢比较大的图案，很强烈的色彩。土房子当中有一个天窗一样的洞，一方面，屋里的采光靠上面这个洞；另一方面，通过这个洞，把屋里所有的污浊空气全部排出去。比如，窗的这边是炉灶，圆形的，他们是烧柴火的，柴火一烧以后，整个墙就热了，就这样取暖的，然后烟都往上走，就从这个洞口都排出去。炉灶上面有茶壶或者锅子，放上去烧，他们炒的东西很少，一般都是蒸、烤。我去的时候，已经有塔吉克族百姓的房子是一间一间分开的。比如说，一进去，右边是餐厅，左边是客厅，中间是主房，大概三四间房子，而且分隔得很漂亮，每一个房间的窗台上都有花，都有绣花的小窗帘，干干净净，清清爽爽。

　　2017年，我跟刘军发一起去了塔什库尔干，那里发展很快，变化很大，有很多好的传统慢慢在消失，这是比较遗憾的。我认为，世界经济可以一体化，但一个民族应该保存自己的民族特色，这很重要，不能完全一体化。完全一体化，就很单调了，没有什么意思了。我们出去旅游，无非就是想知道一些与我们不同的东西，如果和我们完全一样，何必去旅游呢？文化要有多样性，一定要丰富多彩，要百花齐放，都一样的话，就没有意思了。

新疆油画写生展览

1981年，新疆少数民族油画训练班结束以后，我在新疆的教学、写生、创作也取得了一个阶段性成果。1981年春节，遇到火灾没有回，那么，1982年春节，我应该回去了。那个时候也很矛盾，要不要回来？我也知道哈孜·艾买提等人的意思，哈孜就说："你去年都在这儿过年了，为我们做了牺牲，这次我们给你买票，你还是回去，春节过完以后你再来。"那么，就暂别吧。

暂别的时候，我印象很深，大概是晚上10点多坐上火车，天很冷。他们送我们走的时候，所有的人都穿着很厚的大衣，他们有点依依难舍，都在站台上送我们，还送了我们一箱石榴，两个很大的哈密瓜，瓜皮是咖啡色的，大概是从地窖里面拿出来的。然后附送了一封信，大意是非常感谢我给他们的培养，我们跟石榴籽一样，团结在一起，成为好兄弟姐妹，希望我春节以后无论如何一定要回来。我说："好！我答应你们，我肯定回来。"所以，他们就很高兴。

回到杭州后，1982年9月，在浙江美术学院陈列馆举行了"全山石新疆油画写生展览"，展出作品一百余幅。展览期间，还在陈列馆召开了"全山石新疆油画写生座谈会"。学校里面各系领导、搞油画的同志都在一起，每个老师都发言，浙江美术学院的《新美术》杂志里面有报道[1]。大家觉得，能够这样深入生活，能够用油画去表现新疆，这是很好的。这期杂志还刊登了谭永泰写的展览观后感，罗工柳先生为我的画册写的前言。

《全山石新疆写生》，是新疆人民出版社给我出的一本画册，需要写前言。我把图版的片子弄好后，专门到舟山去看望正在疗养的罗工柳先生，因为要出画册，请他给我写前言。他说："我马上给你写。"罗先生觉得我在

---

[1] 本刊记者："全山石新疆油画写生展览座谈会"，《新美术》，1983年第1期。

新疆创作的这些画好,认为我把新疆的风土人情都表达出来了。

1984年7月,上海市静安区文化馆要求"新疆写生"去展览,即是巡展的第一站。后来这个画展又到了河南、安徽、福建等地巡展,好像是当地美协来联系的。

1985年1月,在河南展览的时候,晚上有人从展览馆的气窗爬进去,偷走了我的一张画。展览结束的时候,当地打电话给我:"非常抱歉,一张画给人家偷走了。"公安局知道了以后,就一定要追查到底,找了很多嫌疑人,把他们关起来审查,好像几个讲解员也在里面。有人告诉我,找到一个嫌疑人,问我怎么样处理。我说:"既然画已经丢了,也就算了,也不要再去惩办人家了,也许他很喜欢这个画。"我还跟他们馆长讲:"就不要追究了,算了,一张画的事情。"

八、探索教研新路径

教学管理

1977年恢复高考以后，浙江美院开始招生。1978年，组织上安排我担任油画系主任。我也不知道为什么叫我当系主任，反正领导叫我做，我就做，可能因为其他老先生已经年纪大了。

那个时候，我在油画系主要抓了三件事：一是教学大纲；二是整顿师资队伍；三是教学体制改革。我抓的第一件事情，就是规划教学大纲。我认为，这是我们教学上的立法，一个标准。比如说，一个工厂里面，你准备生产什么样的电视机，是彩色的还是黑白的，有几个品种，要求是什么？这就是大纲的要求。为了这个大纲，我搞了很长时间，先搞教学方案，方案搞完以后，再搞教学大纲，差不多有一年半到两年。之后，我又担任学校教务长，我就更加深入地抓教学大纲。

我抓的第二件事，就是整顿师资队伍。从外面调优秀的教师进浙江美院，比如说，中央美院毕业的蔡亮和他的夫人张自嶷老师都是搞油画的。蔡亮是一个非常优秀的画家，是徐悲鸿先生非常看重的学生，业务能力很强。1956年批判"裴多菲俱乐部"的时候，因为他是"裴多菲俱乐部"的成员，毕业分配到陕西。在"文革"中，他又跟石鲁有矛盾，所以"文革"以后，想换个地方。我得知这个消息后，就主动跟他联系，把他们夫妻俩调了过来。

另外，那时，恢复油画系的工作室。分了三个工作室：第一工作室，是法国、日本留学归来的老先生，以方干民、胡善余、林达川为主；第二工作室，是从延安鲁艺过来的老同志，以莫朴、汪诚仪为主；第三工作室，由我们的副院长黎冰鸿①为主持人。黎冰鸿先生是华侨，油画家。我们这几个留苏的和马克西莫夫油画训练班出来的组合在一起，做他的助手，有肖峰、我，还有王德威。

第三件事，我们学校从中央美院华东分院改成浙江美术学院后，学校的招生受到限制，只是在浙江附近的华东地区招生，这就影响到我们生源质量。因此，要打破这种局限，在招生体制上进行改革，我们学校必须面向全国招生。从此，我们开始面向四川、东北、广东等地招生，我亲自去过沈阳、广州，虽是浙江美院，依然面向全国。

没有消失的蛋彩画

总体来看，伴随着西方艺术的不断发展，我们杭州的美术院校，从国立杭州艺专到中央美院华东分院、浙江美术学院、中国美术学院，其教学理念也在不断地更新，这也是与北方的美术学院有所不同的地方。北方的美术学院一直延续着以徐悲鸿先生为核心的美术教育传统。我们这里就比中央美术学院要更多元一些。当然，这是我个人的看法。

在基础教学方面，我在浙江美院油画系上课的时候，就觉得学生们缺乏对油画技法、油画本体语言的认知，我上学的时候也没这种课程。所以，我将我的讲课笔记，包括怎么做画布，怎么做油，以及作画的方法、步骤等等，整理成一篇《油画的传统技法》，发表在《新美术》1983年第2期。

---

① 黎冰鸿（1913—1986），广东东莞人，生于越南，画家、美术教育家，曾任浙江美术学院教授、副院长。

在这篇文章里，为了更好地让大家了解西欧油画的传统技法，就先介绍了油画诞生之前的几种西欧绘画，包括它们的材料和方法。

西欧比较早期的绘画形式，除胶彩画、蜡画外，还有蛋彩画（Tempera）。油画的媒介是油，水彩画的媒介是水，蛋彩画的媒介是蛋黄。鸡蛋黄里也有油的成分，它和胶彩混合在一起，画在木板上，可以画得很细致，颜色可以画得很漂亮。但是，蛋彩画有局限性，就是在湿的时候和干的时候，颜色有差距，而且不容易修改。后来发明油画以后，蛋彩画就慢慢退出主流了，因为油画表现三度空间更好，油画比蛋彩画保存更加容易。

不过，油画的产生，并没有彻底地取代蛋彩画，因为蛋彩画有自己特殊的风味，有些是油画做不到的，所以到现在为止，有很多西方画家还是热衷于画蛋彩画。比如 20 世纪意大利画家阿尼戈尼，他画的蛋彩画就非常精彩。其他像加拿大有几位画家，蛋彩画画得很精到；美国有些画家，蛋彩画也画得很好。中国也有许多年轻人画蛋彩画，比如我有一个在北京的学生，后来去日本留学，他就一直画蛋彩画，而且画得很好、很精彩。

伊贡·席勒

除了基础知识，我还将一些艺术成就很高的西方艺术家介绍到中国。比如说，我们以前对伊贡·席勒这样的画家是排斥的，认为是一种形式主义的艺术。改革开放后，我认为这个画家的艺术很有成就，很有才能，很独特，我就想把这个画家介绍给中国读者。1986 年，我跟谭永泰老师一起编了一本《伊贡·席勒作品选》，由江西人民出版社出版。可以说，在我们国内，这是最早介绍伊贡·席勒的一本书，出版后很受欢迎，一下子就卖没了。

伊贡·席勒是奥地利的表现主义画家，属于维也纳分离派。所谓分离派，就是从学院派里面分离出来的一个学派，是反学院派的。有很多绘画派别都有自己学派的一个共同的方向或画风，但分离派不是，只要反对学院派，从学院派分离出来的反叛者，都可以加入分离派。这个学派比较激进，成员比较有才能。

伊贡·席勒非常年轻，英年早逝，且家庭不是很幸福。他虽然是克里姆特①的学生，并且从克里姆特那里学了很多东西，但在艺术上，伊贡·席勒的许多东西是青出于蓝而胜于蓝的。克里姆特的大部分画都是一种比较象征的、装饰的味道，席勒画得比克里姆特更加强烈，更有表现性。伊贡·席勒是表现主义画家，他的造型、色彩都非常好，这么年轻的画家能够达到这样的水平，确实是世界少有，所以我和谭永泰就把他介绍到中国。

同时出版的还有俄罗斯画家赛洛夫和富鲁贝尔的素描。

方兴未艾的丙烯画

此外，我还关注西方艺术的新发展。1985年，我和钟肇恒、郑胜天翻译了《丙烯画技法》的文章。20世纪80年代初，美国刚开始有丙烯画，丙烯完全是化学的颜色，不会褪色，而且携带也很方便，颜色种类也很多，这样是不是油画可以被代替了？大概当时画画的人中间有这种恐惧感，而且大家觉得丙烯画好像很神秘。于是我们三个人就把外国的文章翻译过来，再整理了一下，在上海《美术丛刊》杂志上发表，介绍现在西方很流行的新的绘画工具，反响很大。

丙烯画介于油画和水彩画之间。丙烯颜料和水彩画共同点是透明的、水性的，不是油性的；丙烯颜料和油画颜料的共同点是可以覆盖，也可以堆起来。应该说，丙烯画的表现性还是蛮强的，比水彩局限性要少。水彩很难覆盖，覆盖不上去的。但是，在堆厚方面，丙烯画又有一定的困难，

---

① 克里姆特（Gustav Klimt，1862—1918），奥地利画家，创办维也纳分离派。

因此它的笔触跟油画的笔触不一样，不能相比。而且那种滋润的油画味，丙烯画没有的。从工具的质感、颜料的质感来讲，两者还是不同的，一个水性，一个油性。

现在看来，丙烯画虽然有很多的优越性，但它不能替代油画，因为它没有油画的那种魅力。在当年虽然大家认为这是非常新鲜的事物，怎么有这么好的材料，不变色，洗不掉、很牢固的颜料，因为是水性颜料，干得快，携带很方便。所以，当时我们就想把这一种新的绘画材料介绍给大家。

目前，世界上有很多画丙烯的画家，现在很多画家往往先用丙烯颜料做底子，因为铺颜色的时候，丙烯颜料干得快，油画颜料干得很慢，用丙烯打底，上面再画油画，很方便。

在北美感受西方文化

1986年5月，加拿大约克大学[①]艺术学院与浙江美院进行艺术交流，他们先来我们学校搞了一个画展。同年圣诞节前，我带队到多伦多的约克大学办展览，同行的有版画系主任林康华先生、国画系的朱颖人先生，我们三个人组成代表团，还有一个台湾人给我们做翻译。这是我第一次访问西方国家，当时也没想到，就是我们早上起飞出发，到那里正好是他们的晚上。当天晚上，画展就开幕。我印象很深，我们拿去的油画、国画、书法，很受他们的欢迎，这个展览很成功。

多伦多是一个非常美的城市，感觉到一片繁华。我们是冬天去的，这个城市给我的印象是非常有秩序，非常文明，公民也非常友好。

约克大学是一个很好的学校，这个学校里面有一个美术学院，后来跟

[①] 约克大学（York University），位于多伦多，创建于1959年，是一所综合性大学。

我们经常交流的。以前我们不太了解加拿大的艺术，去了才知道，加拿大的油画起步比较晚，跟美国差不多。他们比较有名的油画家，主要是"七人画派"①，有很多在美国学的，也有去法国学的，但油画水平很一般，不是非常精彩，在世界上都排不上名次，没法跟俄罗斯、法国相比。但是，他们是写实画派、面向生活的，直面生活写生，大概受法国巴比松画派的影响。

因为访问多伦多的时间比较短，不到两个星期，我们跟当地老百姓几乎没接触，主要是跟中国留学生接触得比较多一些，他们给我们做翻译的。其中有一个来自香港的留学生，叫杨秀智，祖籍是广东潮州，家里很富有，他的父亲、母亲在香港有很大的工厂，家里面让他到加拿大留学，他也在加拿大定居了。杨秀智给我做翻译的时候，我就觉得这个小伙子确实不错，挺聪明，成绩也很好，他也认为我为人不错，我们两人相处得很好。后来，杨秀智想回大陆看看，回到国内后，他爱上中国大陆，不愿意待在加拿大，愿意在中国工作和生活。

在加拿大访问结束以后，我们就接着转到美国。因为我们学校和明尼苏达大学②有校际关系，明尼苏达大学校长海勒邀请我到他们学校去访问。明尼苏达大学很有秩序，条件也很好，学生很多，也有亚洲学生，我在那里讲了几堂课。海勒校长非常好，他的太太是一位很好的建筑师，我就住在他家里。后来，海勒校长点名要两张新疆题材的画，一幅是《文工团员》，还有一幅是画新疆老人，我就赠送给他们学校。当时还搞了一个很好的捐赠仪式，他们学校所有老师都参加了，这两张画后来一直挂在校长办公室。

这是我第一次去西方国家，很艰难，公家给我换了50美元，我自己换

---

① "七人画派"（the Group of Seven），加拿大多伦多的一个画派，成立于1920年，代表人物有 J. E. H. 麦克唐纳、L. S. 哈里斯等。
② 明尼苏达大学（University of Minnesota System），位于美国明尼苏达州双子城（即明尼阿波利斯与圣保罗），世界公立研究型大学，创建于1851年。

八、探索教研新路径

1986年，全山石（左3）访问加拿大约克大学美术学院，与领导和教授们合影

了30美元，一共只有80美元，一个月时间，我要跑两个国家。到美国以后，海勒校长夫人给我们介绍情况，又陪着我到商店看，问我需要买什么。看了后，一样东西我也没买。有意思的是，临回国，在飞机场候机的时候，海勒校长的夫人就问我："我有个问题想问你，不知道可以不可以？"我说："有什么事？"她说："你到了美国，对我们美国有什么看法？"我说："挺好啊！"她说："是不是美国的东西你不喜欢？"我说："也没有啊！"她说："我怎么没发现你买一样东西。我陪你到那么多的商店，你却一样东西都没买。"我就跟她讲："我们国家有制度，换外汇有限额。因为我这点钱，做小费都不够。"哎呀！她觉得很不好意思，她说："我怎么不早点问你？我应该给你钱。"我说："谢谢，我不需要钱，何况现在要回去了。"

这次访问给我印象很深。改革开放以后，我第一次出访，究竟西方国家怎么样，我们不是很了解。到美国之后，我参观看了那里的美术馆，都是些装置艺术。我记得在旧金山参观现代博物馆，展览的是装置艺术，我跟一个看门的老人聊天："那些东西，你看得懂吗？"他说："我经常犯错误，把作品扫出去,把垃圾留下来。"也就是说,一般美国老百姓对装置艺术,对当代艺术也不是很了解。而且在这些装置艺术的展厅里面,看展览的人很少。我自己去看了这些博物馆以后,我就知道,虽然西方学术界很重视、能理解这些当代艺术,但在一般老百姓,他们并不理解。

我的第二个印象,就是美国有很多的博物馆。参观传统意义上的博物馆观众很多,排队很长。有很多美国艺术家还是从事传统艺术,并不像我们当年所介绍的,美国统统都是装置艺术、现代艺术。这次去了以后,给我印象很深,在文艺思想上,也不像国内宣传的,美国全部都是抽象的、当代的艺术,不完全是这样。美国社会有一个特点,就是比较包容,各种风格、各种意识形态,都可以在那里共同生存。这给我蛮大的启发。

另一个给我启发很大的是,当年我们中国和美国、加拿大之间缺乏交流,美国民众也是单方面地看到宣传,而中国的真实情况,只有到了中国以后,他们才能了解到。比如说,我讲完课后,让大家提问题,一个女孩子举手问:"我看了你们中国的书法,是不是你们中国人写书法的同时,还跳舞?"我说:"不会吧。"她说:"我看到这个草体书法,你们肯定是这样的。"还有的人问:"你们中国人是不是还梳着辫子?"我去讲课之前,是很认真地准备了稿子的,都写好了。实际上,我都觉得没这个必要,应该说他们是听不懂的,我随便讲讲就可以,他们提的问题实在太幼稚了,就是对中国的基本情况,对中国的文化艺术根本不了解。所以在宣传交流方面,我觉得有很大空间,应该加强文化交流,让美国学生、美国老百姓知道中国的现状。

朝鲜印象

1987年,文化部给我们学校下达的指令,由文化部部长王蒙为团长,加上京剧演员李维康和我三人组成代表团去访问朝鲜;此外,当然还有文化部派的翻译等陪同人员。大概是10月,我们坐火车离开北京去朝鲜。火车很慢,差不多大半天才抵达平壤。朝鲜外务省接待了我们。访问总共一个星期,先在平壤,后去长津郡咸兴市兴南化肥厂[①],就是以前周总理访问过的地方。

当时平壤给我的印象,就是很整洁,但有点过于严肃,生活水平很低,感觉好像什么也没有。街上没有一个残疾人,也没有小偷或者罪犯。所有人出来,全部都是西装革履的,马路上所有交警都是女的,都穿得漂漂亮亮,没有人把衣服搭在肩膀上,或者勾肩搭背的,都没有,都非常整齐。但是,可以从他们脸上看出来,他们年轻人生活很艰苦,很明显有点营养不良。我们住的宾馆,冰箱打开,就一小瓶酒,还有高丽参、鱼肝油,没有其他吃的东西。每次回宾馆,他们都很客气,给我们泡茶。我也不知道,也没经验,就喝茶,实际上泡的都是高丽参,到第三天,我嘴里都起泡了。吃的东西也不习惯,海里的东西比较多。

朝鲜这个国家以前我不了解。我们代表团三个人住在朝鲜外务省招待所,楼很高级,把我们分在三个不同的楼里居住,不能随意交流,发表意见。平时出去也是分开坐车,没有翻译在旁边,语言也不通。

我们去参观一些故居,当时提出要去买几张明信片,没得到同意,明信片不能买的,街上所有橱窗里的东西都不能买的,我们觉得很奇怪。另外,印象很深的是,马路当中有一个黄道,老百姓是不可以走这个道的。我们虽然去参观了他们办公的地方、工厂、少年宫和金日成故居等,但是,觉得访问朝鲜的收获不是很大。比如,我们去参观金日成综合大学,学校的规模还可以,学生不是很多,都是官员陪着我们,转了一圈就出来了。参观金日成故居也是这样,不可以停留。金日成故居在平壤西南的大同江畔万景台,房子不大,都像茅草房一样,周边还有些小房子,整个故居像个花园一样,非常干净,有很多树,一棵棵包得很好,有一些工人在耙耙

[①] 1958年2月,周恩来总理率领中国政府代表团对朝鲜进行首次友好访问,曾到达这里。

草，浇浇花。

本来，说是金日成要接见我们的，因为金日成的行程临时改变，我们就没能见到他，但给我们的礼物都准备好了。我们每人一包礼物拿回来，到了自己房间打开看看，里面是什么东西呢？一个包得很好的盒子，里面就几个普通的玻璃杯。他们总理也送给我们礼物了，也是包得很好，打开来一看，是一件雨披，骑自行车用的雨披。

朝鲜政府还发给我们钱，但没东西可以买，带回国也没用。最后一天，我们就跟大使馆讲："他们发给我们的钱，我们没法用，我们上交给你们。"大使馆的人说："我们也不能收这个钱，你们必须要花掉。"我们就到平壤的免税商店看看。有很多雀巢咖啡，很便宜，为什么朝鲜人不喝咖啡？我就问一个朝鲜人："是不是你们不喜欢喝咖啡？"后来大使馆的同志叫我不要问，因为他们没有糖。当时朝鲜大概一个月只供应每人一两还是二两糖，他们有雀巢咖啡，但是没人买。后来，还是王蒙同志比较有知识，他说："我上中学的时候，念过地理，朝鲜最好的是铜，有没有铜的产品？有的话，我们可以买。"后来按照王蒙同志的意见，我们每人买了一个铜壶带回来，此外没有买任何东西。

朝鲜对知识分子很重视，知识分子待遇也比较高，"工、农、知识分子"。比如说，和我们一起座谈的洪英姬，就是《卖花姑娘》的主演，她住的房子、享受的待遇，大概相当于我们的部长级别。当时，我提出想见一下留苏期间的朝鲜同学，但没让我们见。

出版素描集

1988年，四川美术出版社出版了《名家精品临摹范本——全山石素描》。当时，他们出版社写信给我，要给我出版一本素描选，其实我不太愿意出版，我觉得我的素描也不是很好。这本素描选主要收录了我留苏期间的一些素描、速写。大概从一年级下学期开始，我的所有素描都被列宾美院收藏。我回国的时候,觉得应该向国内汇报学业,就跟保管作品的老奶奶说明情况:"我们是公派的,回去要向国内汇报,有些素描能不能让我拿回去?"她说:"你拿去一部分,可以。全部拿去,不可以。"所以,我就拿回来一部分。

这本素描选,就是从拿回国的作品中选的,不是很全,选得也不是非常好。我也没有看过样书,就出版了,效果很不理想,还是大八开的,过后就没有让他们再版。后来,山东美术出版社给出版了,大八开的单页,做得比较好,里面收录的素描就比四川美术出版社的版本好。

九、迎来创作新高峰

《历史的潮流》

《娄山关》画完以后，我就没有再画主题性美术作品了。1986年创作的《历史的潮流》，是我"文革"结束以后的第一张主题创作。

这张《历史的潮流》是我自己提出来画的。因为我跟中国革命博物馆的同志比较熟悉，我跟他们说："你们现在革命博物馆，快要变成一个党史馆了。"虽然我们革命的胜利是在中国共产党的领导下取得的，但是，民主党派也出了很大的力，他们在地下"白区"里面做了许多工作，我们博物馆里面没有他们的形象。

于是，我自己思考一个题目。我们党中央当时从西柏坡进北京城的时候，从西柏坡到西苑机场，全国各地所有民主党派的领导人，包括从香港来的，都集中到西苑机场，去迎接中国共产党进城。我认为这是一个非常重大的历史事件，说明在中国共产党的领导下，在各民主党派的奋斗下，最终革命成功。中国共产党和民主党派在西苑机场的汇合，实际上就是百川流向大海，这是历史的潮流，是中国共产党指明的一个方向。我提出这个建议后，革博的领导说："哎呀！这个想法很好，你在博物馆没白待，你把你的想法和这个构图让我们看看。"

在"文革"当中，《中华儿女——八女投江》那张画不是坏掉了嘛，可是这幅画的内框、外框还在,那个外框做得很漂亮,我就把它们都找出来,又找来了一块画布绷上去,在上面画了这张《历史的潮流》。这张画表现的是民主党派的人士从全国各地聚集起来以后,就去迎接刚刚来北京、刚下飞机的共产党的领导人,是这样一个场面。像民盟的黄炎培,他的形象比较突出,还有其他民主党派的领导人,像国民党的李济深、无党派人士马寅初,中共领袖毛主席、周总理、朱总司令都在,还有任弼时,都是很重要的。

因为绘画是一种瞬间的艺术,它不像文学或者电影,可以通过时间段来说明情节,我们绘画只能在一个瞬间里面表达所有内容,既要知道它的过去,也要知道它的现在,还要指出它的将来。我觉得西苑机场是一个非常好的、非常典型的场景,来展示中国共产党和民主党派之间的关系,也就是通过这个镜头可以说明中国革命的成功,是由大家共同努力取得的。虽然政治协商会议召开的场景也是把各民主党派聚集在一起,但是,如果光是各民主党派在那儿开会,我觉得也不是非常好。以前列宾画过一张《国务会议》①,就是很多人在那儿开会,但开会的场景,其意义不如在西苑机场接机的场景。我认为,各民主党派人士在西苑机场迎接中国共产党的领导人,这是一个非常好的主题创作角度。

这张画画完以后,我拍了照片,寄给革博看。他们说:"好极了!"他们很高兴,觉得我这张画画得很有意义。我说:"我这张画就送给你们。"我就把这张画运到北京。

《八女投江》(二)

1989年,美国洛杉矶的东方基金会找到我,对我说:"听说你在'文

---

① 《国务会议》,1901至1903年间,为庆祝俄罗斯国务会议成立一百周年,俄罗斯政府委托列宾创作巨幅群像画《国务会议》。

革'当中画过一张《中华儿女——八女投江》，你愿不愿意恢复这张画？"我说："你是什么意思？"原来他们在洛杉矶搞了一个中国馆，中国馆里有很多东方文物和表现东方文明的东西，其中也有油画。他们基金会就表示："我们很希望你能够把这张画画好以后，放在那个地方。"当时，我还不是很想再画这幅画。但是，他们给了我很大的诱惑，就是画布、颜料都是美国运来的，这么好的油画颜料，进口的美国油画布，我答应："那好吧，我就给你们画一张。"这样，就有了第二张《八女投江》。

原作《中华儿女——八女投江》已经没有了，好在，我还存有原来的小稿，我就按照素描稿，重新画了一幅。这张《八女投江》没有《中华儿女》那张大，因为他们基金会给我的画布尺寸只有1.8米宽，没有原来《中华儿女》的画布宽，这张《八女投江》要小一点。我很快画完了，他们基金会的人很高兴，就拿到美国去了。

到1995年，我在香港搞个人展览，有我很多的新疆题材的作品，还有一些其他题材的画。罗工柳先生告诉我："你不是画过一张《八女投江》嘛！"那个时候，正好是抗日战争胜利50周年。他说："你能不能把这张画拿出来？"我说："这张画已经没有了，但是我后来又画过一张，在洛杉矶。"他说："你赶快给洛杉矶那边打电话，把这张画拿来，很有意义！"于是，我就给美国方面打电话。我对他们说："能不能借一下这张画啊？我在香港有个个人作品展览。"结果，洛杉矶方面的基金会把画布从木框上拆下来、卷起来，送到香港。到香港后，我打开来一看，画面有很多地方都坏掉了。因为油画是不能卷的，一旦卷起来后，油画就会坏很多。我只好在香港重新修补。

修补好以后，就在我的个人展览里面展出，各方反映很好。当时，香港总督彭定康来了，他还详细地询问，为什么画这张画？这张画表现的什么内容？我给彭定康进行了讲解。他竖了大拇指，说就是这张画画得很好，非常好。展览完了以后，我就告诉美国东方基金会："这张画你们不能再拆下来，再折腾的话，这张画就完了！我已经花了很大力气把这张画修好。"

他们说:"好的。"那么,这张画就放在香港大学美术馆一进门的地方,我也去看过,很大一个墙面,就放这一张画。我觉得这样放在香港也好。

可是,又过了很多年,突然有人告诉我,说这张画正在拍卖。我就觉得很奇怪,怎么这张画在拍卖呢?这张画明明是在香港大学美术馆门口放着,但画的所有权已经不属于我的了,那我也没法去干预人家。有一天,艾中信①的儿子叫艾民有,艾民有是海军的画家,他给我打了电话。他说:"我带个人来看望你,可以不可以?"我说:"有什么事?"他说:"有个女士,她说非常高兴在拍卖会里面买到了你这张《八女投江》,很想来见见你。因为她很兴奋,当时在竞标的时候,没有几个人跟她竞争,她居然能够买到这张画!"我说:"她是谁?"他说:"她的名字叫王薇。"

王薇是谁呢?王薇是刘益谦的夫人。这对夫妻创办了上海龙美术馆,王薇专门收藏历史画,她有这么一个爱好。她买到这张《八女投江》以后,特别兴奋,想来见见我。她来了以后,就说:"都没想到,我很想有这张画,居然这张画到我这个地方来了,我满意得不得了!所以,来感谢您!"我说:"你用不着来感谢我,这张画所有权已经不是我的了。"她说"我很高兴能够认识您!"这张画现在是在上海龙美术馆,在王薇女士那里。

《八女投江》(三)

2001年,中国共产党建党80周年。当时,宁波美术馆马上就要建成了,由政府组织一批历史画。当时我正在中央美术学院油画高研班任课,于是把宁波历史画的任务与高研班教学相结合,高研班师生每人承担一幅历史画任务。我画了第三张《八女投江》,现在高研班为宁波美术馆画的那批历史画,成了他们的"镇馆之宝"了。

---

① 艾中信(1915—2003),生于上海,油画家,曾任中央美术学院教授、副院长。

画这张《八女投江》，与原来二幅画面相比，我是有改变的，尤其是人的精神面貌刻画及人的动态都有所改变。如果仔细比较这三张画，可以看得出来。第三张的画幅比较方一点，第二张画因为受到画布的局限，比较扁。我是希望画幅比较方一点，上面云朵高一点，能够衬托画面的整体气势。如果画幅扁了，画面的气势就不够。所以，第三张《八女投江》与原作《中华儿女——八女投江》的设想比较接近，第二张《八女投江》的整体气氛没有其他两张的气氛好，《中华儿女——八女投江》的画幅比率还要再大一点。我画八女投江题材，实际上是经过了几次三番的变化以后，最后成为现在这个样子。

这幅画我采用的表现手法带有一种壁画的象征性质。这一特点，在我创作《中华儿女——八女投江》的时候，就受到我的老师梅尔尼科夫的影响。因为梅尔尼科夫是从架上画过渡到壁画，他的绘画里有很多壁画的语言。在俄文里面叫纪念性的绘画。比较常用的壁画语言，就是寓意性和象征性相结合的语言，比较概括，带有一种纪念性。在某种意义上，纪念性的绘画都带有象征和装饰意味。而我就是通过象征手段来表达一个历史上的真实故事，把真实的故事提升为精神层面。比如说，背景中的咄咄逼人的火烧云，象征主义的红颜色，一方面，象征着当时的历史气氛，日本侵略者的"三光政策"。诸如敌人在后面追赶，在向我们的战士开枪的具体情节，我就都省略掉了；另一方面，火烧云的这种感觉，以及根据画面的需要画出来的非自然状态下的江水颜色，整体地突出了画面主题，表现了八位女战士的坚贞不屈、英勇不屈的精神，也表现了她们当时的心情。这张画在展览厅里面比较容易吸引人，而且使题材显得更为庄重。

在色彩运用方面，我所采取的是象征主义手法，主要用这种红颜色来表达主题。但是，红颜色很难画，难就难在人脸的颜色在红颜色前面很难画。因为红的一层油上去后，人脸的颜色很难出来，不是原来的颜色，人脸都要进行一些改变。我画了好多小稿子，又要看得出来人脸的真实颜色，又要看得出来整体空间的颜色，这就需要在技术方面进行一定的变化。

在构图方面，我用三角形的、金字塔形的构图方法，这种构图方式，在西方油画里面是比较经典的。比如浪漫主义绘画中的德拉克洛瓦①的《希奥岛的屠杀》、籍里科②的《梅杜萨之筏》，在他们的纪念性的绘画里面，都采取具有象征意义的金字塔构图，比较有力量，比较稳固。但是，如果构图太稳固了，也不好。所以，在《八女投江》的构图里，两组人物构成两个大金字塔，右边人物是正金字塔；左边人物是倒金字塔，就是最左边的两个女战士往前倾斜。这样，整个构图就有起伏了，并用背景的云彩进行平衡，这里是天和水的交界线，是水平面的横线，云彩就跟这条横线同步。如此一来，画面的整体构图就平衡了。

人物设置方面，主角是队长冷云。她受伤了，已经没有力气了，但一位女战士还是搀扶着她往前走。这一组人物是主要的。主要人物的左边是朝鲜族小姑娘，年龄最小，她也快走不动了，由另一组人物中的这位年长一些的女战士拉着她往前面走，体现出她们心连心的感觉。而且通过牵着手、拉着往前走的人物动作，把两组人物联系起来。不然的话，八个战士都往前面走，在构图上也是很失败的。最右边的这个战士，比较壮实一点，很有力度地拿着枪，在掩护同伴；她旁边的这个战士正在开枪，在后面抵抗；最左边的战士表现出很仇恨的感觉；拉着朝鲜族小姑娘的女战士很坚定地往前走；左边第三个战士在思考，这个人物的形象，是从电影里面拿来的。

总之，每个人的形象实际上都不一样的，不同的脸形，不同的表情。为什么这样安排？为了避免人物雷同化，必须把每个人物都区别开来；都画成一个样，就不好了。在同一个瞬间里面，遇到同样一件事情，每个人的态度不一样，每个人的个性也不一样，每个人的形象也不一样。

---

① 德拉克洛瓦（Eugène Delacroix，1798—1863），法国画家，浪漫主义画派的代表，作品有《自由引导人民》等。
② 籍里科（Theodore Gericault，1791—1824），法国画家，新浪漫主义画派的先驱者。

《血肉长城——义勇军进行曲》

2005年，我们国家重新组织了"国家重大历史题材美术创作工程"[①]，动员了全国的主要画家参加了这次任务，年轻人应该承担起这种责任。我们这批老人，想想年纪大了，体力也差，所以，本来我不想参加。

当时，中宣部的副部长李从军，他原来是浙江省委宣传部部长，由他组织、主持这个创作工程的工作。找我们开会的时候，李部长亲自点我和詹建俊先生两个人的名字，他说："你们两位能不能也参加这一次的创作活动？"我们说："我们年龄大了，我们就不参加了。"李部长说："哎！不行。是不是这样，詹建俊先生画《黄河大合唱》，全山石先生画《义勇军进行曲》。"哎呦！那怎么办？我们也不好反对。后来，我们说："我们回去考虑考虑吧。"就这样，会议结束了，名单里面也把我们列进去了，就是詹先生画《黄河大合唱》，我画《义勇军进行曲》。

但在这次会议上，李部长讲的一个内容很吸引我。他说："以前你们给革命博物馆画的历史画，都是在陈列中为某个历史阶段绘制历史插图。这次画的时候，你们可以放手，不是放在历史博物馆里做插图，是作为独立的艺术品，你们可以放开手脚。"我觉得，这一种思想倒是非常吸引我，领导能够这样理解艺术规律，是非常好的，比较开放的。就是说，历史画创作任务的最大的问题，就是怎么能够充分发挥艺术家的想象力和创造力，怎么能够符合绘画规律。因为绘画不是万能的，有些东西可以表达，

[①] 2005年11月18日，由文化部、财政部联合实施的国家重大历史题材美术创作工程正式启动。国家投入1亿元设立了重大历史题材美术创作工程专项资金，资助并奖励参与工程实施的艺术家。目前，选题实施方案选取了《虎门销烟》《公车上书》《鲁迅和新文化运动》《香港回归》《战胜非典》《载人航天技术》等1840年以来的100个历史事件和人物作为创作主题。为保证工程的顺利实施，文化部、财政部、中宣部相关负责人及部分美术界人士成立了工程领导小组和艺术委员会。（见徐红梅：《国家重大历史题材美术创作工程启动》，《人民日报》2005年11月19日，第2版。）

有些东西很难表达。比如说，只要跑一次，就可以办完手续的"减政便民"题材，那么，跑一次就可以了——这是逻辑思维的一个概念，形象语言就很难表述一次还是两次。怎么能够用形象的语言表现跑第一次，还是跑第二次？这是绘画语言无法表达的。但是，现在很多领导出的题目，就是这一种逻辑思维的主题，对绘画来讲，确实不太符合绘画的艺术规律。2005年的"国家重大历史题材美术创作工程"和以往组织历史画创作都不一样，以往的创作任务都是为了革命博物馆的展览创作历史插图，烘托整个展览的精神和气氛，这一次能够发挥我们艺术家的创作思想。正因为这一点，当时我也蛮激动的，我就转变了想法，愿意承担这次的历史画创作任务。

但是，我想，我已经没有精力画《义勇军进行曲》了。后来，李从军部长的意思是说，我们年纪大了，就找个助手帮帮忙。我找了我的一个学生翁诞宪，他现在是中国美院教授，我们俩合作《义勇军进行曲》。詹先生嘛，就在中央美院也找了一个年轻教师叶南，一起合作《黄河大合唱》。

当时，我们收集了很多抗日资料。最初的画面前面是军队往前走，天空部分是一种象征性的图式，"大刀向鬼子们头上砍去"的英勇厮杀场面，以这个图像语言作为我们最主要的东西。这种描述只是一个抗日战争时期的很具体的历史情节，就是简单化了，太局限了。我觉得不合适，需要表达的是精神，而不是怎么冲冲杀杀的具体战场，那只是一个战争的表象，把它否定掉了。如果表现的是我们拿着武器，准备好战斗，那这种精神可能比具体的冲杀场面更有力。所以，为了充分表现这种义勇军的精神，有几种方案，我们反反复复地打磨。

怎么表现《义勇军进行曲》？它本来是电影《风云儿女》的插曲，我小时候就看过这个电影，也听到过这首歌。如果说，直接去画《义勇军进行曲》本身，可以画田汉在写歌词，也可以画聂耳在谱曲，都是《义勇军进行曲》。但是，现在的《义勇军进行曲》已经不是《风云儿女》中的一个插曲，而是中华人民共和国国歌。所以，今天要画《义勇军进行曲》的历史画,就不是画电影插曲,而是画代表中华民族精神的国歌,只有落在这样一个主题思想上,才能够达到李部长让我画这个题材的意图和目的。那么,国歌该怎么画呢?这是非常庄严的一首歌,抗战期间,这首歌鼓舞着大家反抗日寇;解放以后,我们把它定为国歌,依然鼓励着中国人民继续奋斗在各条战线上;改革开放以后,依然唱这首歌,也要用《义勇军进行曲》的精神激励我们要实现中国梦。那么,这首歌的精神究竟是什么?中心思想是什么?我们就分析,关键点是"把我们的血肉,筑成我们新的长城!"这个长城怎么建成的呢?中华民族的长城是用我们炎黄子孙的血肉建成的!在任何情况下,我们都要用这么一种勇于牺牲的民族精神,鼓舞着我们一直努力奋斗。另外,创作这幅画,不能离开历史,因为《义勇军进行曲》特指义勇军,它不是八路军,也不是新四军,更不是解放军,它是义勇军,是抗日战争这一特定历史阶段的一个名称,这个历史特点不能抹杀,要有这样一种"前进,前进,前进、进!"的义勇军精神,而它就能体现我们中华民族不屈不挠的奋斗精神。

  那么,我们认为这张画的主题思想应该在这个地方。我们画的不是一个真实的历史,或者义勇军建军,或者义勇军在进行一个具体事件,都不是,而是表现一种历史的真实,在义勇军精神、抗日战争精神之下,我们的血肉所筑成的一个新的长城。所以,画的背景用红颜色,渲染战争的气氛;远景是长城;近景是义勇军。义勇军的特色,就是有各种群体的人,有身着各不相同戎装的军人,后面有很多抗日的工人、农民、知识分子等人民群众的支持。就是说,我们的抗日,不仅是军队抗日,而且是一种军民一体、共同抗日的精神。然后,通过我们绘画的语言、可视的形象,把《义勇军进行曲》的主题思想和精神都表现出来。这就符合当时李从军部长对历史画的要求——我们的艺术作品主要是表达人的情感,通过人的情感,再表达一种时代精神,这才是一个艺术作品所应该做的事情,而不是历史陈列的一个插图。这张《血肉长城——义勇军进行曲》所画的人物不是具体的,因为真实的历史里,是没有一群人慷慨激昂地排在一起,而是使用一种概括性的、象征性的艺术语言表现历史上的人物，表现历史的真实，进而体现义勇军精神。

我们确定了这个《血肉长城——义勇军进行曲》的方案后，第一次把色彩稿拿到北京，给李从军部长看。他看了以后说："哇！就是这个！"他马上就肯定了。并且，大家一致认为，不看里面的内容，就从这个色调本身来看，就是很好的，既很壮观，又很严肃，而且一看这个色调，这就是《义勇军进行曲》！之后，就是我和翁诞宪两人分阶段地画这幅画。一开始铺的时候，是他先给我铺好；整理的时候，基本上都是我整理的，前前后后画了蛮长时间，有一年多的时间。这张画画得很大，我是在二楼上面画的天空，就这样爬上爬下。开始的时候，我把画框做得矮了点，我怕画框太高了，就没法从画室里抬出去，因为我的画室门太小了。这样就造成画面的天空部分的空间感不够高。画到后来，都已经快画完的时候，因为天空不够高，我就在上面加了一大截，那个气势的感觉就更好一些。然后，我再想了一个办法，把这个画框对折过来，这样高度就小了一半，就能把画抬出画室了，如果是原画 4.8 米的高度，那就抬不出去的。

画完以后，这张画得到领导和群众的一致认可。本来准备在第一次展出的时候，把这张画做成大海报的，后来大概是中宣部的意思，认为这张画的火药味可能太浓了，还是用和平鸽子的比较好[①]。不过，后来几次展览会中，包括中国美术馆的展览，都把《血肉长城》作为重点，一进去就看到这张画。

除了创作《血肉长城——义勇军进行曲》之外，我还是这次重大历史题材美术创作工程的艺委会顾问，参与了评审工作。其他评委都是绘画界中比较有成就的一些老先生，包括靳尚谊先生、詹建俊先生等，都参加了。我们评审从初稿到正稿的整个过程，每次都是一张画、一张画来审查，看

---

① 指唐勇力 2009 年创作的《新中国诞生》。

画作的主题思想有没有表达出来、艺术形式好不好、艺术语言对不对、能不能吸引人等等。总之，就是评审从内容到形式的各个方面。为此，我去北京好多次，每次开会都至少两三天，因为每次都要一幅幅评审，一张张讨论嘛！

《黎明前》

2008年，我为宁波华茂美术馆画了一张《黎明前》。为什么画这张画呢？那个时候，因为苏联刚解体不久，那边有很多画被推荐过来，我也很想把这些画留在中国，正好有这么一位企业家愿意做贡献，我就把这些画推荐给他，他就搞了一个华茂美术馆。后来，华茂美术馆逐渐发展起来了，我也帮助他们收了徐悲鸿、颜文樑、关良、靳尚谊、詹建俊等人的油画。我在新疆画的一张肖像画，也给了这个美术馆。

我希望他们的藏品能够有一个油画体系。那时候还没开馆，我就去看展陈，当时就有一个感觉，整个美术馆里面，都是这种肖像、静物之类的小幅画，没有比较有份量的主题性绘画。我就这个问题跟他们领导讲："可能缺乏这样一种比较有份量的主题性绘画，我们能不能想办法收集一些？"但是，收集这样的画是很困难的。大概过了一两年，他们说："您能不能帮我们想办法画一幅？"

于是，我就画了这幅《黎明前》。这个题材，实际上我以前画过，给南京雨花台烈士纪念馆画过类似的主题，这个纪念馆是为缅怀先烈修建的。那个画的名字不叫《黎明前》，但大概意思差不多，画幅也很小。在这个基础上，我就重新构图，主题还是反映快要解放的时候，国民党逮捕、杀害了很多共产党人，就是黎明前的黑暗。应该说，完整的一个名称是《黎明前的黑暗》，"黑暗"两个字我没有写，就是《黎明前》。这张画画得很大，有三米多宽，因为我画了很多历史画以后，收集了很多素材，画中的人物形象都是自己很熟悉的，都是我脑子里的形象，所以画得很快。画完了以后，华茂老总觉得很满意，有这么一幅主题性绘画，就能填补展览在这方面的一个空白。

《塔吉克人的婚礼》

1981 年，我第一次到新疆帕米尔高原上的塔什库尔干，听说那里是个很神秘的地方，于是抱着幻想和美好的期待寻找塔什库尔干。汽车开到一个偏僻的村落停了下来，司机说这里就是塔什库尔干。同车一位当地干部向我介绍：我们这里老百姓纯朴、勤劳、真诚、好客，人们互相尊重，相遇时亲脸亲手如同一家。当时，我就觉得似乎来到了另一世界。有一天，突然远处传来悠扬的音乐旋律，鹰笛、手鼓齐鸣，一片欢歌笑语。我们跑去一看，原来是浩浩荡荡的迎亲马队到了村头，人们载歌载舞，一派欢腾的歌舞升平景象。我好像进入了梦境，激动得跟着马队奔跑，令我终生难忘。后来，虽然我又多次去塔什库尔干，却再也没有见到那样欢天喜地的盛大婚礼。

几十年来，那一幕婚礼场景时时浮现眼前，萦回心中，挥之不去，一直想把它用油画表现出来。我曾画过一些构图草稿，但由于缺乏素材搁置了许多年。

我也曾委托新疆画家帮助搜集人物服饰、道具等素材，塔吉克新娘除了戴"库勒塔"帽，帽子前缀一排叫做"斯力斯拉"的银色小缀链，头上还蒙一条长长的红色的头巾，脚穿长腰的"乔鲁克"靴，外穿红色的长大衣，打扮如同仙女一样，十分动人。新郎的帽子，上缠红白相间的布，看起来别有风味。外穿绣花长袷袢，腰间系绣花腰巾，脚蹬紫红色的"乔鲁克"靴，两手的无名指戴上戒指，并要系上红白相间的手帕。新郎和新娘这种大气、富贵、华美的装束，被塔吉克人称为"国王"和"王后"，受到人们的尊敬。

后来，我多次去塔什库尔干，也参加过多次他们的婚礼，但与我第一次所见的婚礼盛况有所不同，但还是进一步增强了我对他们生活的了解，于是2008年正式动手创作这幅风俗题材的画作。为什么一个题材酝酿了二十年多年而不忍舍弃，就是因为塔吉克族人与人之间朴素、善良、和谐、乐观、团结、友爱的精神真正触动了我，给我带来创作灵感，人间本来就该是如此！可是反观当今世界，功利至上、物欲纵横、异化疏离、人情淡漠……，这就更令人怀念那帕米尔高原上纯洁的人间情谊。

塔吉克婚礼是塔吉克民族最盛大的节日，比过年还要隆重，任何人都会自发地为新郎、新娘祝福，参与到歌舞的行列，迎亲队伍，每路过一个村庄，村民们都会献上馕和奶茶。这种人间之爱，难能可贵，也太感动人了。所以，我要用色彩把这个瞬间显现的大爱，在画布上凝固成永恒。

为了突出这个主题，我多次改动构图，加强帕米尔高原雪山的壮伟，用以烘托这场盛大的婚礼。雪山的洁白，既与前景人物绚丽的盛装形成对比，新娘好比是冰山上的雪莲。同时，通过构图的调整，赋予画面以象征和隐喻的"修辞"。白雪皑皑的山峰象征着塔吉克民族同胞的内心的纯粹和大山一样的爽朗性格。

这幅画创作酝酿了二十多年，从2008年开始创作直至2020年首次在我们艺术中心亮相，又耗时十多年，希望把我的感受表达出来，可是一直不满意，因为我不仅仅想表现一个婚礼场景，更希望通过这个情景表现艰难困苦的环境中人们积极向上、乐观美好、淳朴善良的内在精神！生活在帕米尔高原上的塔吉克族人，在每年的八、九月，草丰畜壮、丰收在望的黄金季节里，是他们男女成婚的好时光。他们会择定良辰，新郎在宾客和乐队的伴随下，去女方家献上结婚彩礼迎亲，待女方家表示满意后才能让新郎带回新娘。当迎亲马队将到村口时，村民们鹰笛高奏，手鼓齐鸣，不分宾主，载歌载舞，迎接新郎带着新娘凯旋。此时的塔吉克人兴高采烈，无比喜悦，体现出他们幸福祥和的生活和团结互爱的精神。

按照当地习俗，迎亲的队伍路过每个村落的任意一家的门口，女主人会端热腾腾酥油奶茶给新郎、新娘喝，并把面粉撒在他身上，祝福新郎、新娘生活幸福。我也曾经试图把撒面粉的情节画入图中,但并不适合油画的表现,于是选用了女主人给新娘献奶茶的瞬间。本来,按照习俗,新娘要在入洞房后才能掀起盖头来。我通过新娘喝奶茶的动作,合乎情理地展现新娘的美丽容颜。

这幅画在情节的把握上,我抓住最能凝聚起人物关系的美妙瞬间——迎亲队伍来到村头,来凸显人与人之间的情感,同时兼顾构图的虚实、色彩的冷暖、形象的主次、造型的结构等关系,通过关系的统筹和驾驭,组织画面。虽然这幅画的创作告一段落,但是,我对塔吉克族人民的情感尚未倾诉尽,在画面上留下不少遗憾。由于画幅大,自己年老精力不够,只能告一段落。

十、旅欧考察文化艺术

到西班牙寻访委拉斯凯兹

1991年，我办理了退休手续。当时呢，我是巴不得早点退休，摆脱学校事务性的工作。

浙江美术学院的管理体制，是一个院长，两个副院长，还有教务长，各系有系主任，有教务处处长。教务长和教务处处长的级别不一样，教务长是院一级的干部，教务处处长是系一级的干部，与系主任是平级的。教务处处长不可以领导系主任，但教务长是院级干部，可以召集系主任开会。我心里很明白，我这个教务长实际上是一个虚设的职务，对我来讲也就无所谓。

文化部曾经来调查过，在我们学校，有哪些需要终身制的教授。我们的领导认为要"一刀切"。我听到这个消息以后，就找我们系里领导，办了退休手续，办成后，我马上就跑到西班牙考察。那个时候，我的经济比较困难，一个人背了五件行李去了西班牙，之后再到欧洲其他地方考察。这一去，就不可收拾了，前前后后，在欧洲待了差不多十年时间。

改革开放以后，浙江美院在法国巴黎塞纳河边上有个画室，很方便，是吕霞光①先生联系赞助的。我们学校很多人都以这个画室作为基点，考察

---

① 吕霞光（1906—1994），安徽省临泉县人，旅居法国画家、古董鉴赏家。

法国艺术，然后再跑欧洲各国。但我没有向学校申请，靠自己，直接跑到西班牙去，许多人不理解。

西班牙国家不大，但那里的艺术传统非常强，埃尔·格列柯、委拉斯凯兹①、戈雅都在西班牙，整体实力不是非常强，但出奇才，而且是顶级的。近代画家有毕加索、米罗、达利；世界三大男高音②，两个是西班牙的。所以，这个国家很特别，有一种艺术的基因，特别厉害，给我的印象非常好。

西班牙的油画是向意大利学的。里贝拉长期在意大利学习巴洛克艺术③。巴洛克的本意，是"野蛮"、不规则的意思。为什么把这个画派叫做巴洛克？因为它违背了以文艺复兴为标准的学院派艺术。文艺复兴"三杰"以后，达·芬奇、米开朗基罗、拉斐尔的艺术成为意大利非常经典的学院派艺术，就是追求古典主义的理想美。到16世纪下半叶，所有的意大利画家都不能违背这"三杰"的意志，似乎是神圣不可侵犯的。就是说，意大利虽然有这么好的传统，起到很好的作用，但也有不好的方面，都按照"三杰"的原则去画画，成为样式主义，就掩盖了人的聪明才智，没什么创新精神了。

到16世纪末、17世纪初，意大利出现了卡拉瓦乔④。他是一个不按"三杰"规则画画的写实画家，画的圣母是他的女朋友，画的基督也是下层人物，就是把古典主义的理想美变为现实主义的自然美。所以，卡拉瓦乔的

---

① 委拉斯凯兹（Diego Rodriguez de Silva y Velázquez，1599—1660），17世纪西班牙最伟大的画家，宫廷画师。

② 世界三大男高音，指意大利的帕瓦罗蒂（Luciano Pavarotti），西班牙的多明戈（Placido Domingo）、卡雷拉斯（José Carreras）。

③ 巴洛克艺术，1600年至1750年间欧洲盛行的一种艺术风格，产生于意大利。不仅在绘画方面，巴洛克艺术代表整个艺术领域，其基本特点是打破文艺复兴时期的严肃、含蓄和均衡，崇尚豪华和气派。

④ 卡拉瓦乔（Michelangelo Merisi da Caravaggio，1571—1610），意大利画家，通常被认为属于巴洛克画派。

艺术就被这批学院派的人说成巴洛克，就是不守规范、野蛮的意思。后来巴洛克艺术成了学派风格后，就成为另外的含意了。

那么，里贝拉①学的就是巴洛克艺术，并且他把这种写实的艺术带回到西班牙。受巴洛克艺术的影响以后，下一代的西班牙画家中，就产生了第一位写实主义绘画大师委拉斯凯兹。从西方传统油画来讲，特别是从写实的角度来看，历史上那么多画家，回过头来看，有一些画家可能色彩比较好，造型比较差；有些画家可能造型比较好，色彩比较差；总是有这样那样不足的地方。但是，委拉斯凯兹是一位写实技法最完善的画家，一位非常全面的画家，他的造型，他的颜色，他的笔触，他的艺术修养以及把握人物的精神面貌都是非常全面、非常好，历史上其他画家很难达到像他这样技巧完善的一个程度。那么，我从这里面得出一个很重要的结论，就是说，油画是可以青出于蓝而胜于蓝的，委拉斯凯兹就是一个例证。西班牙是向意大利学的油画，但后来，西班牙画家的成就超过了意大利同时代的画家，这给我的启发非常大。

在苏联留学期间，我就非常想临摹委拉斯凯兹的画。虽然冬宫博物馆有他的几张画，但不是他的代表作，不是代表性的最好的画。因为委拉斯凯兹是一位宫廷画家，他百分之九十的画都在西班牙，最好的画都在西班牙。这跟其他画家不一样，全世界都可以找到伦勃朗的作品，但其他地方很少有委拉斯凯兹的画，只有极个别几张在西班牙以外。为什么我先跑到西班牙，我主要考察什么呢？我就是冲着西班牙艺术去的，就是考察委拉斯凯兹的现实主义绘画，怎么从意大利的绘画，变成西班牙的绘画。因此，我退休以后，不同于很多人第一站去法国。谁都没想到，我一个人背了五件行李直奔西班牙，人家都不知道为什么，实际上，我就是直奔委拉斯凯兹。因为要研究委拉斯凯兹的写实主义艺术，要真正理解写实主义艺术，

---

① 里贝拉（Jusepe de Ribera，1591—1652），西班牙画家，出生于巴伦西亚，长期定居那不勒斯。

就必须到西班牙去。

我在西班牙没有一个亲人,只有我一个学生的哥哥在那里。他叫陈瑞,当时30岁不到,在饭店里打工,条件很差。到西班牙的第一天晚上,我就住在陈瑞打工饭店里的小阁楼上。陈瑞的老丈人是一家杭州菜饭店的老板,他认识很多华侨。有一天,他跟一些华侨说:"哎呀!现在有一个画家在我这里,在我阁楼上住,叫全山石。"其中,一个叫叶基盛的上海企业家听到以后说:"喔!原来他来了,那好啊,我们见见嘛!"

叶基盛有40岁左右,爱好文艺,之前他接待过詹建俊先生和中央美院的几个人。就这样,我们见面吃饭。他很愿意接待我,他就说:"我郊区有个别墅,刚买的,就是路远一点,你如果愿意去,我可以免费提供。"这个别墅一直空着,我就住进去了,帮他看家,就是离马德里很远,进城路费要一个美金。我就拎个包,自己带着午饭,早出晚归,每天去马德里的普拉多博物馆看委拉斯凯兹的画,一直看到闭馆,我再回郊区别墅。就这样,我在那里大概待了四个多月。可惜的是,普拉多博物馆不允许画家临摹,我在西班牙待了半年多时间,却没有临摹一张委拉斯凯兹的画,这是我最大的遗憾。

在西班牙,我和叶先生等华人、华侨来往比较多。后来,我跟中国驻西班牙大使馆的关系比较好,他们叫我给大使馆接待室画了一张画,是一张杭州西湖的风景,现在还挂在那个地方。本来大使馆要给我钱,我说:"我不收钱的,我不卖画。"大使说:"怎么办?你是艺术家,你喜欢不喜欢到发现最早洞穴壁画的拉斯科[①]去看看?"就是请我去看西班牙与法国边界拉斯科洞穴里的原始壁画。我说:"这再好不过了!"

于是,大使馆派人、派车子,把我送到拉斯科。给我印象最深的是,走了一路,我们已经筋疲力尽的时候,突然之间发现了一家中国饭店。啊!

---

① 拉斯科(Lascaux),位于法国多尔多涅省,1940年由几个儿童偶然发现,洞穴中保存了大量史前绘画和雕刻。

我很惊讶，这么偏僻的地方还有中国人开的饭店！我们就在那里吃了顿晚饭。第二天，我就看到了世界上最早的原始壁画。这一次，我的收获很大，原来这个壁画是这个样子的！颜色都很好，画的牛，画的羊，而且是用心描绘的感受，那么多年以前，人类在洞穴里的绘画，很震撼人心！之后，使馆的人还陪我去参观了西班牙的其他小城市。

走访意大利深厚的文化底蕴

我在西班牙待了有四个多月，当时中国驻意大利米兰的总领事郭世琮，他是我的朋友，也是我的同学。他知道我在西班牙，就打电话给我。他说："你在西班牙，有没有想到意大利来？"这是求之不得的事情，我说："当然好呀！"他给了我一个任务："有一个华侨，叫丁大伟，这个华侨很能干，群众基础很好，有号召力，很爱艺术，跟我们大使馆的关系也好，但他是台湾的，你能不能把这个人争取过来，到我们这边？"我说："我试试看，我来了再说吧。"郭世琮这个人非常好，是在苏联学的意大利文，我们是同学。他很喜欢画，就认识了我和罗工柳先生，跟我们的关系比较好，很久以前我们就是朋友。

不巧！我买好机票准备飞米兰，上飞机之前，我的皮夹子在公共汽车上被小偷摸掉了。哎呀！麻烦了，谁来接我？我的通信录都在这个皮夹子里，郭世琮的电话号码也忘记了，我电话打不过去。哎呀！幸亏我想起来，走之前，给他发过一个电传，这个电传的原稿丢在店铺的纸篓里。我就叫店员从纸篓里面把这个电传找出来，果然找到了郭世琮的电话号码。然后，我打电话给他，他来机场接我了。在米兰我住了一个晚上，郭世琮就把我送到博洛尼亚，去见这位台湾来的丁先生。

郭世琮给我这么一个任务，我根本不知道丁大伟的性格是什么样，也没见过他面，就盲目地答应了下来。说来也巧，我和丁先生见面一聊，我们还是同乡。他是慈溪人，长我十岁。新中国成立前，他是从事电影、电视工作的，周曼华、周璇、李丽华、白杨这批老电影明星，都跟丁先生打过交道。新中国成立初期，由于公私合营了，他就跑到香港去，然后又到了台湾。因为他的财产被没收掉了，所以对大陆、对中国共产党有点看法，其他没有什么。后来，我在接触的过程当中发现，丁大伟虽然做生意，但他是一个文人，他有很多书画收藏，都放在地板底下，至于这批书画到底好还是不好，他也不知道。因为我们是同乡，他就要我帮他鉴定、整理。就这样，我们的关系就慢慢地搞得非常融洽、非常好。这位丁先生被我争取过来了，为我们大使馆做工作。

因为我跟丁先生比较谈得来，变成了知心好友。每天早上，他来我这儿，我们一起吃早餐。他喜欢吃我准备的早餐，他家里的早餐都不吃的。早餐后，我们一起出去，有的时候到书店，有的时候到博物馆。中午就到他的饭店吃饭，吃完饭，休息一下，我们再聊天。我们两人变成了形影不离的朋友。那么，我就提出一个想法："你的房子有那么多，能不能装修一下，咱们这里搞个画室，为国内油画家来意大利提供方便？"他非常赞成，非常乐于做这个事情。丁先生就弄了一套房子，大概有几百平方米，楼上楼下有好多房间，还有地下室，每个房间里可以住两个人，也有做饭的地方，再弄出几个房间作为画室，画室大概能容纳六七个人。

博洛尼亚的工作室、展厅等都弄好了，既然有这样的条件，1995年，我就叫我们学校油画系的几个老师，也是我的学生何红舟、黄发祥、翁诞宪、陈宏庆、陆琦、管建新等到意大利学习、考察，并以画室为中心去了奥地利、德国、荷兰、卢森堡、法国等八国考察油画。

博洛尼亚是一个非常好的中世纪式城市，很有文化底蕴。有世界上最早的大学博洛尼亚大学，城市里也有美术学院，丁大伟跟美院的关系挺好，我跟他们的关系也非常好。所以，我们去意大利的最大好处，一开始就和他们的美术学院、他们的学术圈打交道。很多到美国或者欧洲的中国艺术家，他们最大的问题，就是在商业界或者街边画肖像，停留在商业圈里面，没有进入到学院，没有进入到学术的层次里面去。这是我们跟一般留洋画家的最大区别。

博洛尼亚这个城市最大的优势是交通方便，它位于意大利的最中间，从博洛尼亚到米兰，到威尼斯，到罗马，到佛罗伦萨，距离相等，都是一个小时左右路程，所以地理位置好，交通最方便。而且到欧洲其他国家也非常方便，到处都可以坐火车去，车票按路程打卡就是了。所以，我们以工作室为点，一起到法国、西班牙、奥地利、卢森堡、荷兰、比利时等国，反正欧洲有油画的国家我们走遍了。可以说，欧洲的大博物馆，我们基本上都去了。

同时，我也向中国油画学会、国内的画家发邀请，只要愿意来，可以申请到这个工作室里面，免费住宿。因为我自己深有体会，在外面那么辛苦，主要是吃住的问题，其他都不是问题。我跟丁先生两人还帮助办护照和来回的签证。除此以外，给他们安排生活，参观哪些博物馆，在什么地方、怎么走等等。那么，我在意大利创造了这样一个优良的条件，目的就为给很多到意大利考察的画家提供诸多方便。而且我通过丁大伟，帮这些来意大利的画家卖掉一些画，给他们补贴生活费、材料费。正因为有这样的便利，前前后后，我在意大利待了差不多十年。我介绍意大利画家的很多书，也是那个时候写的。此外，我还交了很多好朋友，到现在为止，都有来往，他们都在帮助我，包括有些从欧洲收购画，都是那个时候打下的基础。

我在意大利考察，一下子就不可收拾了，觉得这个地方太好了！必须长期住在意大利，才能够发现、了解他们的文化底蕴有多么的深厚！像我们去法国，或者去其他国家考察，重要的美术作品都在博物馆里面，但意大利不是的，意大利的画都在原来的地方。画在教堂里面与画家故居里，这是两种不同的概念。比如，想要看卡拉瓦乔的画，他的画大多都在教堂里，能原汁原味地领悟到当时画家的创作情况。

再比如西斯廷教堂①，规模非常宏伟，我看了多次，确实可称为世界上独

---

① 西斯廷教堂（Sistine Chapel），位于意大利罗马城内，属梵蒂冈所有，建于1473年，以教皇西斯都四世名字命名。

一无二的。西斯廷教堂里的壁画，我们以前在印刷品里面都看到过，但亲临其境以后，才会感受到震撼，我就深深地感觉到米开朗基罗的伟大！西斯廷教堂里的《创世记》，这么大一个天顶画，根据不同的角度和位置设计出来，这个非常困难。而且米开朗基罗是直接在天顶的墙壁上画画，不是像现在这样，画布上面画好了以后，再裱到墙面上去。因为都是湿壁画，湿壁画是不可以随便改的，它必须在石灰墙还没干的时候，就把画画完，这个难度是相当高。米开朗基罗用几年的时间完成《创世记》，天天躺在脚手架上画画。画完西斯廷教堂以后，他都站不起来了，看书也要躺着看，就到这个程度！很多地方都是一次性画成，确实非常震撼人！特别是《最后的审判》，很大一个壁画，不论从构图，从造诣，从整个的表现，都是非常震撼人的！

因此，在意大利的最大好处，就是可以到这些地方，可以身临其境地感受这样的艺术品，然后会感到一种震撼。

去法国考察油画原作

我去法国，不是一次两次了，去了很多次，带过很多批的学生去考察法国的艺术。

法国的油画也是向意大利学的。一开始，路易十三、路易十四时期法国所有建筑，包括凯旋门，都是照搬意大利的样式，后来法国的艺术才开始慢慢地发展起来。

法国的油画起步比较晚，在17、18世纪，法国油画还不是很好。到19世纪，法国艺术才逐渐领先，确实是好。比如，达维特[①]长期在意大利学习，达维特的学生安格尔也在意大利待了好多年，他们学的都是古典主义，特别是受拉斐尔的影响很大。他们把从意大利学到东西带回到法国，再在

---

① 达维特（Jacques-Louis David，1748—1825），法国画家，新古典主义的代表人物。他为法国培养了一批优秀的美术家，如安格尔、格罗、席拉尔等。

法国慢慢地发展。到19世纪，法国的艺术，包括古典主义、浪漫主义、现实主义，都远远超过了当时意大利的绘画水平。这样，就从以意大利为中心的艺术，转向以法国为中心。所以，19世纪法国油画很发达、很繁荣，画家辈出，这也更能说明，油画是完全可以青出于蓝而胜于蓝的。这种艺术繁荣与文化土壤很有关系，当时整个法国的文学、戏剧、音乐都上来了，应该说，19世纪是人类文艺创作的一个高峰期。到第二次世界大战结束以后，世界艺术中心才从欧洲转移到美国。

我喜欢的画家中好像法国的最多。比如说，浪漫主义画家德拉克洛瓦、籍里柯，我是非常喜欢的。现实主义画家库尔贝我也喜欢的。我喜欢的印象派画家就更多了，像莫奈、马奈、毕沙罗、西斯莱、雷诺阿，我都很喜欢。这些画家以及他们的画派，对我的创作有直接影响。在色彩上，我的绘画很多都吸收印象派的技术理念；在创作上，我的绘画吸收了很多浪漫主义的成分元素，这个肯定是有很深的影响，不是一点点。

现在去法国考察博物馆，就很清楚。看19世纪之前的艺术，就去卢浮宫；看柯罗以后的19世纪法国艺术，去奥赛博物馆；20世纪前后的艺术，有一部分在奥赛博物馆，大部分在蓬皮杜中心。另外，法国的艺术博物馆里面，有很多专门的博物馆，譬如说印象派的博物馆、罗丹的博物馆、布德尔的博物馆，还有很多艺术家的私人博物馆。应该这么说，法国的博物馆是世界上最多的，到法国看博物馆，必须要有一个博物馆导览。我去的最多的是卢浮宫和奥赛博物馆，其他几个博物馆，我也都去过。每个画家都有自己很好的美术馆，有很好的作品，像德拉克洛瓦有自己的一个展览馆；罗丹是当时比较富裕的，罗丹博物馆也很大的；还有毕加索、布德尔的美术馆，还有一些私人的博物馆。

我在法国考察博物馆的最大收获，就是拓宽了自己的视野。以前我们学油画的时候，因为国内没有油画原作，我们这一辈人基本通过印刷品学油画，在法国看到了原作以后，发现和我们原来看到的印刷品完全不一样。原来油画是那么的多种多样，丰富多彩！这是以前我们在画册里所体会不到的。我自己觉得在领悟油画语言方面收获是最大的。比如古典油画的透明画法,怎么一层一层画上去的,我们在原作里面,就看得很清楚。再比如印象主义的分色法,在原作里面,我也看得很清楚。像画面上有些颜色没点到的地方,就把画布、底子露出来了,用什么样的画布,底子铺的是什么,都看得清清楚楚。总之,印刷品里看不清楚的东西,在原作里面都能看得很清楚。正是因为看到了原作,在油画技法上,在油画风格上,特别是对艺术家的个人,对艺术的领会和对生活的理解等方面,都对我启发非常大。包括以后搞艺术中心,我尽量想办法把好的欧洲油画弄回中国,并且展示给我们国家的年轻人,让年轻人直接从前辈油画大师中学习,这种想法就是起源于考察法国博物馆的过程。

  我在参观法国和世界其他博物馆的过程中,看的是从文艺复兴开始到现代艺术很长的一个历史阶段里,出现的好的作品,而且是我觉得感兴趣的作品。于是,我就编写了一本《名家点评大师佳作——欧洲油画》[1]。在这本书的编撰过程中,我只写了一个大概,后面的文字工作,是由曹意强他们帮忙整理的。这本书主要分析我比较感兴趣的画家和他们作品的特点,而且也阐述了油画发展的一个脉络,但不是从理论角度或史学角度写美术史,而是通过每个画家的风格、技法,说明西方油画的发展变迁。比如说,在文艺复兴时期,油画大概怎么画的,它的步骤是什么,它为什么这样画。后来发展到巴洛克时期,油画又有什么特点,它画布的做法,或者整个表现手法的特点。然后,再慢慢到古典主义、浪漫主义、现实主义和印象主义,油画技法、表现手段又有什么特点,等等。所以,为什么画家一般喜欢读我的书?因为我是从画家的眼睛和画家的角度去认识油画,更多的是从油画技巧上、从表现手法上以及艺术家的思想情感上,去描写、推荐一些油画作品,纯历史的、理论性的东西我也写不好。

---

[1] 全山石、曹意强编著:《名家点评大师佳作——欧洲油画》,山东美术出版社,1998年版。

《名家点评大师佳作》可视为我退休后考察欧洲各国博物馆的一个副产品。1998年该书出版后，受到大家的欢迎，获得了国家新闻出版总署颁发的"国家图书奖"等奖项。但是，这本书是比较厚的精装版，最近再版这本书的时候，要出一个普及版，看能不能把价格弄得便宜一点，让更多的人能拥有。

达·芬奇派画家阿尼戈尼

以前好像还很少有这种情况——我看到一张画，认不出是谁画的，或者是哪个画派的。然而，有一次，我在威尼斯街上的一个画廊看到门口挂着一张素描，哎呀！这张素描画得很好，完全是传统的，这是谁画的？当时，我不知道，很好奇。后来，一个很偶然的机会，才知道这是阿尼戈尼①画的。阿尼戈尼是佛罗伦萨画派的传承人，也就是达·芬奇这个画派的传承人，是非常嫡系的，但那幅素描不仅仅古典、非常传统，还有一种现代意识。我就糊涂了，搞不懂这是谁画的。

我又是怎么才知道这张素描是阿尼戈尼画的呢？过了几年以后，我认识的一个佛罗伦萨画家，叫托马斯·费洛尼，他是一位写实主义画家，我打算在中国给他出版一本画册，因此到了他的画室，看了好多他的作品。我觉得，托马斯也很不错，虽然画的东西比较荒诞一点，但是技巧还是挺好的。就这样，我在托马斯的家里，商谈怎样出版他的作品。在交谈的过程中，我发现他背后书架上放着一本画册，我问："这本书我可不可以看一看？"托马斯就拿给我看，我翻了翻，一惊，里面有一张素描，就是我在威尼斯那个画廊门口看到的那张素描，再看画册的题目《阿尼戈尼》。

我看了这本画册，就问托马斯："你知道这个画家吗？"他说："这是我

---

① 阿尼戈尼（Pietro Annigoni，1910—1988），意大利画家，出生于米兰。

的老师。"哎呀！我就把这个故事讲给他听："好几年以前，我在威尼斯看到一张画。但是，我不知道是阿尼戈尼画的，我今天才知道，原来阿尼戈尼是你的老师，他的画非常好！"结果，托马斯说："你可以不出版我的画册，但是你必须出版我老师的画册。如果你同意，我的画册可以不出，你想办法把我老师的画介绍到中国去，我还可以帮助你。"我听了非常感动！当时，大概已经到中午一点了，他说："如果你能出阿尼戈尼的画册，我们再谈一谈，一起到海边去吃饭。"在这次谈话过程当中，我们就确定了他们两人的画册都出版。我又征求他意见，他说："先出我老师的书，我的书放在后面。"我很感动，托马斯的品德非常高尚！

饭后，他又带我到阿尼戈尼家里去，认识了阿尼戈尼的儿子。我们见到阿尼戈尼的儿子时说，我希望在中国出版他父亲的书。他很支持，并说："你所需要的，只要我能够提供，我一定提供。"他又介绍说："我们现在有阿尼戈尼研究所，研究所由两个年轻人管理。我给你介绍这两个年轻人，并去看看阿尼戈尼的一些作品。"于是，我们一起去了阿尼戈尼研究所。这个研究所由佛罗伦萨一个基金会所属，因为有阿尼戈尼美术馆，其馆内陈列必须要有研究机构，实际只有两三个人。那个时候，我住在意大利，有这个优越条件，经常与他们沟通。从此，我就得到了一系列有关阿尼戈尼的第一手资料。从阿尼戈尼的这些作品资料中，我慢慢地了解他，我就开始写有关阿尼戈尼的文章，编辑、出版他的画册。

阿尼戈尼是一个非常有才能的画家，特别在写实技巧上，功底非常扎实。他的蛋彩画和他的素描，都是成体系地继承了意大利文艺复兴时期佛罗伦萨画派，尤其是他的蛋彩画更出色，蛋彩画的技巧能够掌握到像他那样的程度，是非常难得，非常少见的。可以说，阿尼戈尼是位非常正宗的佛罗伦萨画派画家。文艺复兴时期以来，从波提切利[①]开始，包括菲利

---

① 波提切利（Sandro Botticelli，1445—1510），意大利画家，出生于佛罗伦萨。

普·利比①、达·芬奇、拉菲尔、米开朗基罗等传承者,他们都属于注重造型的画家。正因为阿尼戈尼的造型基础好,人物的形神抓得很好,他的肖像可以真实地表现对象。而且,他又不像有些古典主义绘画,磨得很板滞,他画得很流畅。但由于当年意大利的先锋派、未来派等排挤这些写实的、传统的艺术。阿尼戈尼就不得不转向英国,在英国很受欢迎,女皇还请他画肖像。1954年左右,英镑上要印英国女王的肖像,大概有130多位画家参与了这个事情,然后由公民票选,最后阿尼戈尼胜出,他画的伊丽莎白女王像就印在了英镑上面,这说明阿尼戈尼的技巧高超。后来,阿尼戈尼又到美国举办展览,也非常轰动。

我总是希望把欧洲好的绘画引进来,阿尼戈尼的绘画就是属于中国观众能接受的这一类。所以,我只要有机会遇到阿尼戈尼的画就收购,并通过出版画册,介绍给我们中国的读者,比如《意大利画家阿尼戈尼》《意大利画家阿尼戈尼油画选》《意大利画家阿尼戈尼素描选》等画册相继在国内出版。

重返自然的画家塞冈蒂尼

意大利文艺复兴的光芒一直照耀着世界各地,成为世界的艺术中心。可是到了19世纪,世界的艺术中心逐渐从意大利的罗马转向法国的巴黎。因此当提起法国的表现农民的画家米勒,似乎无人不知,可是提起意大利表现农民的画家塞冈蒂尼,却很少有人知晓,他是被埋没在阿尔卑斯山上的一颗明珠。当我在意大利待久之后,越来越感到需要研究这个平凡的艺术家并介绍给国内画家。塞冈蒂尼的名字在美术史上往往轻描淡写地被一笔带过,在国内更没有专门介绍他的画册,甚至在国外出版物中也很少介

---

① 菲利普·利比(Fra Filippo Lippi,1406—1469),意大利画家,出生于佛罗伦萨。

绍他。市场上一般见不到介绍塞冈蒂尼的书籍，因此更促使我在中国出版他的画册。

塞冈蒂尼和米勒一样都是以农村景物和农耕、放牧生活为自己终生描绘的对象。但在艺术手法上，由于受当时法国盛行的新印象主义和诗歌上的象征主义的影响，塞冈蒂尼在创作上显示出一种视觉上混合的方法，即"点彩法"，或称色彩并置的方法，表达一种具有文学性的寓意。这种方法有他个人的创造，因而他创作的农村风景画和农牧民生活画带有一种特殊的绘画风采。

塞冈蒂尼所画的山峰是他心灵中永恒的山峰。他实现了一个半世纪以来文学与艺术渴望的梦想——重返自然。他从劳动者身上和农村的自然景物中去挖掘物化的幻象，所以塞冈蒂尼的作品不是呐喊，而是赞歌，是情感的倾诉、精神的升华。他把许多不同的成分融合进他那史诗般的艺术中，使其具有永恒的魅力！

塞冈蒂尼本来可以创作出更多的作品，由于阿尔卑斯山上条件艰苦，突然而至的病魔夺去了41岁画家的生命。他留下的作品不多，且很分散，因此编写出版他的画册是件十分困难的事。但艰难吓不倒有心人，我与瑞士、德国、意大利许多美术馆、博物馆联系，终于在山东美术出版社支持下，在国内出版了塞冈蒂尼画册，圆了我自己的一个梦。

杰出的写实主义画家佐恩

我很少去北欧，一般往北考察，到荷兰、比利时以后，就回意大利了。2004年秋天，我带着女儿一起从芬兰坐船，开始游历瑞典、丹麦、挪威、芬兰北欧四国。

我爱好音乐，所以每到一个地方，都去看音乐家的故居、纪念馆等，有时比考察画家花的时间还要多。2004年，我到芬兰，就是冲着芬兰音乐家西贝柳斯去的。到了赫尔辛基，首先就去西贝柳斯的纪念馆，还去看了西贝柳斯纪念碑，那个纪念碑设计非常别致，很创新。我也参观了芬兰的美术馆，说实话，藏品很一般。

  北欧有很多小岛，从船上看出去，风景非常漂亮。但是，我有个习惯，我不太喜欢游山玩水，或者逛街，想想时间很宝贵。我喜欢自己找点事做。当时我在瑞典博物馆里看到了佐恩①的画，觉得非常好，很有特色，很吸引我，我就开始研究佐恩。

  在瑞典，我在博物馆第一次看到佐恩的原作后，就觉得这个画家的油画技巧非常娴熟，功底很好，造型能力很强，画得也很生动，从造型、色彩、笔触等几个方面来看，都非常好，且达到了一定的高度，把瑞典的北欧风情表现得淋漓尽致。这个画家还是个多面手，他不仅油画画得很好，素描、水彩也画得很好，铜版画也很出色，还会做雕塑。在中国，以前大家只知道佐恩的铜版画，他的油画、雕塑、水彩画从来没介绍过。尤其是他的水彩画，我们以往看到有关佐恩的出版物，以为都是油画，其实是水彩画。虽然这些水彩画很小，但极精彩，画得非常精到，从颜色、形体方面都掌握得非常熟练，画得这样好、这样多的水彩画，很少有画家能够达到这个水平。

  我就下定决心，要花时间去收集、去研究佐恩。因此，在瑞典我几乎哪儿都没去玩，每天就是跑书店，跑博物馆，收集佐恩的资料，研究他的历史，研究他的油画。我也买了有关佐恩的一些幻灯片，还买了一些作品的翻转片。回国以后，我编写了一本关于佐恩的书，这是我自己找的事，没有任何人给我任务。

  瑞典油画有法国的影子，油画基本的原理都是一样的，但是有瑞典自己的风格。特别像佐恩这样，他有非常强烈的个人风格，形状和色彩结合得特别好，形体很饱满，体感特别强，色彩很浓郁、饱和。比如19世纪

---

① 佐恩（Anders Zorn，1860—1920），瑞典画家、蚀刻师和雕塑家。

下半叶，佐恩去法国后，受马奈①的影响比较大一些。有一张《公共马车1号》，佐恩在这张画中所用的手法，就能够看到马奈的影子。不过，他跟马奈还是不一样的，佐恩主要吸收了印象主义的色彩、外光，但与印象派的理念不同，没有停留在表象上，不是表现瞬间的色彩和外光，佐恩是通过色光表现人物的情绪、精神，从另外一个角度来讲，比印象派更加深入。在造型和油画语言上，佐恩有一种独特的风格，和其他人都不一样。

从写实的角度来讲，自19世纪中叶到下半叶，当时有几个画家是非常著名。最具代表性的，一个是美国的萨金特，一个是西班牙的索罗亚②，还有一个就是佐恩，应该这么讲，这三个人是当时西方国家最杰出的写实主义人物画家。

萨金特长期待在法国，艺术受西班牙艺术的影响，特别是受西班牙委拉斯凯兹的影响，他的油画非常传统。索罗亚跟佐恩是非常好的朋友。我在西班牙的时候，经常去看索罗亚的美术馆，看到索罗亚的日记里面，经常提到他和佐恩结伴去写生。这三个写实主义大师都有很好的传统绘画的基本功，在艺术观点和趣味上有接近的地方。比如油画语言的相似之处就是写实，题材都是从现实生活当中来的，很多都是写生，但风格并不一样，都有各自的风格。

在当年，佐恩也是非常红的一个画家，有许多人请他画肖像，他画得又快又像。他给英国上流社会一些人画过不少肖像，很受欧洲市场欢迎，而且也受到一些美国收藏家的欢迎。后来佐恩通过萨金特到美国，他又给包括美国总统在内的很多上层人士画过像，但这些肖像画并不是很成功，大概都是应酬吧。不过，他给有些企业家画的肖像倒是很成功的，比如

---

① 马奈（Édouard Manet，1832—1883），法国画家，印象主义奠基人之一。
② 索罗亚（Joaquín Sorolla，1863—1923），西班牙画家，印象派代表人物之一。

《萨瓦·马蒙托夫肖像》。俄国画家也画了很多马蒙托夫[①]的肖像画，像谢洛夫、弗鲁贝尔都画过。那么，比较这三个人画马蒙托夫的肖像，就能看出佐恩的功夫不亚于他们。应该说，在19世纪中叶，佐恩不仅在北欧美术界非常突出，而且也是一位世界级画家。

佐恩曾做了很多公益事业。他夫人也是一个慈善家。佐恩去世以后，他夫人用很多积蓄回购佐恩从前卖出去的画。买回来以后，他夫人就在佐恩的家乡搞了一个佐恩纪念馆，供市民免费参观。佐恩的主要作品都放在那里，数量还是蛮可观的，有几百幅吧。这个馆不是很大，三层楼，每一层大概有像我现在这个画室的面积，至少有六七个房间，没有很大的大厅，但光照很好。我也去过，搞得非常好。现在这个纪念馆由他们政府接管，收门票。

收集佐恩的资料遇到很多困难。一是资料很分散。我在瑞典的书店里，没有看到一本全面介绍佐恩的书，大部分书都是分散的，或者介绍他的雕塑，或者他的油画，或者他的铜版画；二是很多文献都是瑞典文，看不懂，几乎没有英文，只有瑞典文、英文双语资料。我花了很多时间去研究。佐恩早期的作品大部分是水彩，好像受他的妻子艾玛影响，再就是主要受英国影响；中期作品有许多铜版画；中期、晚期则以油画居多，都很漂亮。我回国后，综合佐恩的水彩画、铜版画、油画和雕塑，编辑出版了一本佐恩的艺术画册。

---

① 马蒙托夫（Cáввa Ивáнович Мáмонтов，1841—1918），俄罗斯商人，酷爱艺术。1880年，他在自己庄园成立的"阿博拉姆采沃小组"，被称为"俄罗斯绘画艺术的摇篮"。

十一、为油画进步而奔波

东南亚讲学

从浙江美院退休后的几年时间里，因为我不再承担学校教学任务，除了在欧洲考察艺术外，东南亚有很多经纪人、画廊邀请我去办展或讲学。但是，这些地方其实没有讲学的必要，都是商业性炒作。有一次，一个香港的私营画廊，叫双兰画廊，他们给我介绍了一位当地的地产商，老板是一位姓王的印尼籍华裔。王先生的经济实力很强，他赞助艺术，给我们提供画室，希望我们能给他画些画。因此，1994年，我和潘鸿海，还有我的几个学生，有三四个人吧，就在印尼待了一段时间。我们还去了马来西亚、新加坡等地，在那里讲课。那个阶段，我去东南亚比较多，时间也比较长。

印尼这个国家很有意思，也非常好，但我不习惯。因为他整年平均温度是在30度左右，有时会在34、35度以上，人昏昏沉沉的。我们每天都在雅加达郊区的画室里工作。但是，长时间在室内，空气不好，我还在那里得了肺炎。我接触印尼人以后，就有这样的感觉——与中国相比，好像当地老百姓比较闲散，也许跟气候有关，也许是一种民族的性格吧。比如拉三轮车的，如果一天拉两次活能吃饱，他们就睡觉了，不愿意再拉第三趟。而中国人就不同，只要能赚钱，哪怕晚上也肯干。

在印尼，我主要在雅加达和巴厘岛讲学，另外还去了好几个中小城市。

印尼原来属于荷兰的殖民地，他们也有一定的荷兰绘画传统。大部分印尼人信奉伊斯兰教，伊斯兰教义中是不能画有眼睛的动物的，不能画有灵魂的东西，画花花草草比较多。所以，印尼并不是非常崇尚油画，油画创作也不是很发达。普遍来讲，他们鉴赏油画的水平是比较低的，那种商业味道比较浓一些。

后来，他们又安排我到马来西亚讲学。记得好像是在吉隆坡的一个学校里边，有很多贵妇人，她们自己学油画，叫我去讲，一点意思都没有。我在那儿讲的，都是很肤浅的、初步的基础常识。这就完全是商业炒作，可以收点钱，或者想法促使她们贵妇人买点画，大概都是这样的意图。跟当地同行的交流也比较少，因为那里的画家水平也不是很高。期间，我还去了马来西亚的一所大学，他们还给了我一个奖牌，这块奖牌还在，很漂亮。另外，我就觉得很奇怪，东南亚那一带很有钱，但没有一个像样的博物馆，文化设施比较少。香港也是这样，经济那么繁荣，就是没有很好的博物馆。

香港画界的商业气息

1995 年 4 月，由双兰画廊筹办，我在香港展览中心举办了个人作品展览。这次展览，基本以我在新疆画的画为主，因为我从来不卖画，所以留下来的作品很多，像《塔吉克姑娘》《老艺人》等都拿去展览了，展出作品不少，大概有近百件。当时，正好是抗日战争胜利 50 周年，罗工柳先生建议我把《八女投江》拿过去展览。那个时候，香港这样的画展比较少，所有的电视和报纸都有头版头条刊登，影响比较大。我们这边，除了我到场外，罗工柳先生夫妇来了，詹建俊先生夫妇也参加了开幕式。这次香港展览倒是非常成功，展览了半个来月。

香港有一个比较有名的画廊，叫香港德艺艺术公司，专门做吴冠中先生的画，为了商业利益，把吴冠中先生的画作价格炒得比较高。他们希望我也能进入这个市场，由他们来操作。在跟他们谈话的过程中，我就觉得商业气氛太浓了，好像这个画拿到他们手上，经过炒作，就能变成多少钱。我很不喜欢这种做法，这么炒上去，我以后怎么办？上去容易下来难。因此，我没有按他们画廊的意图去做。后来，我同意他们帮我出一本画册，因为他们出了一本吴冠中先生的画册，以国画为主，就希望再出一本同样系列、同样厚薄的我的作品画册。他们画廊就出了两本，一本是国画的，吴冠中先生的画集；一本是油画的，是我的画集，封面是《火焰山下的驼铃》，在香港永经堂印刷的。

从浙江美院退休至1995年前的一段时间，我们国内的艺术品市场刚刚兴起，商业性的画廊炒作就围着我转，我很头疼。

我在香港搞完个人作品展览之后，就没有再继续下去，基本上跟他们画廊没有联系了，回到杭州写书，再到俄罗斯，之后就待在意大利了。而且我从来没有送拍，不参加拍卖，后来进入拍卖市场的，都是别人拿着我送的作品去参加拍卖的，或者像原来挂在香港大学美术馆的《八女投江》，不知道怎么样转来转去，就转到拍卖市场了。所有拍卖行来的电话，国内拍卖公司、香港苏富比[①]等，我一律都谢绝的，这样的商业行为没啥意思，我要弄这么多钱干什么？我愿意做点自己喜欢做的事情，做点自己觉得有意义的事情。

策划超前卫艺术展

1998年，我就开始酝酿《意大利超前卫艺术》[②]在中国的出版。有很多

[①] 苏富比（Sotheby's），世界上最早的拍卖公司，1744在英国创立，在世界各地有其办事处。

[②] ［意］阿·博·奥利瓦（Achille Bonito Oliva）主编，王军、孔新苗译：《意大利超前卫艺术》，山东美术出版社，2001年版。

人问我，为什么要出版一本超前卫艺术的书？而且我不仅引进了这本书，还在 2001 年 6 月策划了上海美术馆（现中华艺术宫）的"意大利超前卫艺术展"。当时，方增先是上海美术馆馆长，也是我在中央美院华东分院的同学。他说："你引进这个东西要有一定胆量的，要担担子的。有些西方的东西引进来，我们要挨批评的。"我说："方增先，你放心，我引进这东西，我有道理的。我绝对不会给你背这个包袱。"

我为什么引进意大利的超前卫艺术？因为观念艺术是前卫艺术，超前卫艺术是反对前卫艺术的，它已经回归到绘画的本体了。因此，现在世界上的当代艺术不全是观念艺术，也不都是装置艺术。20 世纪 60 年代以后，西方艺术就逐步走向观念艺术，即艺术家赋予某个东西以一定的意义以后，它就会变成一件艺术品。它最早从杜尚[①]开始，杜尚赋予小便池以"泉"的理念以后，这个小便池就变成一个艺术品。这个就叫做观念艺术，不是作品本身的美吸引观众，而是观念吸引观众。当代艺术和传统艺术的根本区别，就是观念。虽然传统艺术里也有观念的成分，但实际上，传统艺术是通过技巧来表达艺术家对美的感受，技巧是很重要的，而观念艺术是不需要技巧的。20 世纪 60 年代至 80 年代，很多当代艺术都是这样，且大量的观念艺术就是装置艺术。1986 年，我去美国考察现代艺术博物馆，此后去参观欧洲现代艺术博物馆，都是大钢板、大梯子，甚至是骨灰盒，一个展厅里全是骨灰盒的装置艺术。这种装置艺术就跟传统艺术完全不同。

超前卫艺术呢？20 世纪 60 年代它兴起于意大利，而且只在意大利有，别的国家没有。但是，超前卫艺术的影响很大，七、八个艺术家组成一个集团，备受世界关注。像克莱门特和弗朗西斯科是超前卫艺术的骨干，都有着很深厚的绘画功底，他们的绘画与以前的绘画有很大的区别，他们的画不是抽象的，而是具象的绘画，但是有变形、夸张。这个艺术派别不是

[①] 杜尚（Marcel Duchamp，1887—1968），法国艺术家，后加入美国国籍，达达主义及超现实主义的代表人物之一。

观念，它的主张是回归绘画本体，虽然一般老百姓还接受不了，感觉比较抽象、变形，但基本是绘画本身，而不是装置艺术。正因为这样，我当时就想——现在很多中国老百姓不太理解当代艺术，怎么能够让更多的人知道呢？

所以，我在罗马的时候，就找到最主要的超前卫艺术理论权威奥利瓦，他也是20世纪60年代西方最红的理论专家。我去他家里，就跟他沟通，我要搞这么一个展览，并告诉他，我为什么要搞这个展览的原因。之后，上海美术馆举办了超前卫艺术的作品展览，还请奥利瓦做了一个讲座，讲超前卫艺术主张绘画的本体，西方当代艺术不全是观念艺术，也不一定都是装置艺术。那本《意大利超前卫艺术》的前言，一篇是奥利瓦写的，讲超前卫艺术的理念，以及绘画的重要性；一篇是我请邵大箴写的。我没有写，我就把作品引进到中国，编了这本画册，每个画家有大概十五幅，共一百多幅。

现在超前卫艺术就比较靠后了，已经成为历史了。因为后来的西方现代艺术很复杂，有一些观念艺术依然存在，有很多就不是这样。比如，2018年，我到欧洲考察，看到他们在逐步地回归绘画本体，展览的大部分东西都是俄罗斯的先锋派，或者印象派以后的表现主义绘画，包括抽象主义艺术。这说明西方艺术界也在思考此类问题，有一个回归的迹象。

任教中央美院高研班

我退休以后，就不再参加我们学校的任何活动，教学都不参与，开会也都不参加。靳尚谊先生几次来请我去给中央美院油画高级研修班上课，我心中很矛盾，但后来还是同意去了。从2001年开始，我参加了好几期中央美院高研班的教学工作，长时间住在中央美院，每期差不多两年的时间。我给他们讲基础课、素描课、油画课等，主要讲油画。他们的创作，现在都收藏在宁波美术馆。第一期这个班的学员基础比较好，学习也努力。班长秦文清来自部队，学员有王宏剑、忻东旺、白羽平、雷波、范勃、王克举、庄重、孙蛮，后来都成为全国比较有名的骨干画家，在清华大学、人民大学美术学院、广州美术学院成为教学骨干，任教授、院长等职。第二期学员比第一期更多，来自新疆、东北、甘肃等全国各地，波里亚、李前、何永兴、章文浩、喻昌农、汪鹏飞、陈文平、张俊明、杜春辉、王汉英、曹明、周武发、李明来、张宏燕、张曙光、陈树东等等，也是各院校和艺术机构的骨干力量，因此对中央美院高研班的付出还是很值得的。

缅怀罗工柳师

2002年，邵大箴先生主编了一套书，题目是《第三代中国油画家研究》，大概选了十个人吧，有靳尚谊，有詹建俊，有我，有钟涵、朱乃正，还有闻立鹏、苏天赐等，每个人编一册，由广西美术出版社出版。"第三代油画家"这个概念是邵大箴提出的，就是从油画传入中国开始算起，像林风眠、徐悲鸿、刘海粟，属于第一代油画家；像董希文、罗工柳、胡一川，属于第二代油画家；那么，从年龄、辈分来讲，我们应该是第三代了。

说到罗工柳先生，我认为他是一位非常了不起的画家。早年间，他在没有任何油画创作经验的情况下，画了第一张油画《地道战》，十分成功！到苏联留学后，他就把"土油画"变成"洋油画"，而且很有创新精神、改革精神。比如《毛主席在井冈山》，他把中国山水画的元素运用到油画里，而且结合得很成功。罗工柳先生的油画艺术是很有造诣的，他不保守，非常有创新精神，对中国油画的发展起了一个非常好的示范作用。

因为罗工柳先生没有出版过很好的画册，我就跟罗先生说："我给您出本画册？"他说："那太好了！"整个画册的构思编辑、出版联系，都是我做的。大概编辑了一年的时间，收录的都是罗先生一生中最有代表性的作品，从延安时期的木刻和年画，到进城以后的历史画《地道战》和《整风报告》，再到抗美援朝期间画的一些画，还有他画的插图，就是反映吴云铎的传记文学《把一切献给党》里面的插图，以及他留苏时期一些代表性作品，再就是留苏回国以后为中国革命博物馆画的《毛主席在井冈山》，还有改革开放后的一些艺术实践的东西等，这本书里面都有，是全面反映罗工柳先生艺术成就的一本画集。

2004年，《罗工柳油画》出版以后，罗先生也很满意，中国文联在人民大会堂搞了一个首发式。罗先生和我有参加，其他与会者，包括靳尚谊、钟涵等一批中央美院的老师，首发式是林默涵先生主持的。当时罗工柳先生的身体很不好了，但他还是讲了话，然后我也讲了一讲。这个首发式搞得很成功，山东美术出版社的书记、社长都到场了，我还录了像。过了几个月，罗先生就去世了。所以，这次活动记录留下了罗先生最后的影像和讲话。

因为罗先生生前表示不愿意开追悼会或举行遗体告别仪式，所以先生去世以后，由中央美院安排，办了一个追思会，油画界著名人士基本来了。我是站在家属这一边的，因为罗先生家里早已把我当作他们家的成员。罗先生的夫人杨筠先生还健在。他们俩是杭州艺专的同学，一起到延安参加革命，后来也一直在中央美院。杨先生原来是学版画的，后来搞政治理论，教马列主义，是个很有修养的同志。她担任过学校党史研究室主任，后来是美术馆馆长。罗先生有一个儿子，叫罗安，是搞核电工作的，现在也退休了。

罗先生是一位抗癌英雄，他非常乐观。他的直肠癌发现得早，转移了好几次，然后开刀，最后全面扩散，就实在没办法了，非常可惜！大概是20世纪70年代末，罗先生就查出得了直肠癌，他去舟山疗养，因为那里靠海，海风里面有一种负离子，对治疗癌症有好处。罗先生在那里大概待了一两年，修养得很好，还练书法。

后来，罗先生就对书法很喜欢了。他在古书里面看到，从前有人用毛竹壳（箬壳）做的笔写字，所以他也想用箬壳来做笔。但他也没见过。我老家的四明山上有很多竹子，竹子上脱落的壳子是没用的。浙江这里叫箬壳，曾经是做鞋底、刷墙刷子的材料，我就找老百姓弄了一麻袋箬壳给他。罗先生就非常开心，自己做箬壳笔。先把箬壳泡在水里，再把泡出来的浆去掉，剩下的就是箬壳的筋，这种筋是有弹性的，把这些筋收集起来以后，用尼龙绳把它扎起来做成笔，练书法。这个方法，就是我小时候看到的做刷墙刷子的方法，也是用箬壳做的，不过刷墙的刷子很粗，罗先生把箬壳做得很细。这种箬壳笔的笔锋跟羊毛的笔锋完全不一样，因为箬壳的纤维很硬，比较锐，比较挺拔，吸墨不是很多，有特别的一种味道，从上到下写下来，有特殊的肌理效果。所以，罗先生写出来的书法是别人所没有的。

罗先生小时候是读私塾的，长大后，又在县里做过书记、文书，抄抄写写。他有书法的功底，字本来就写得比较好。他生病以后，写的大部分都是狂草，有很多绘画元素。罗先生写字，是以画家的角度去谋篇布局，整幅字的构图，每个字的结构。他练的书法，既用传统书法的技巧，又用画家的技巧，两者融合在里面，可谓"书画同源"，这是一般书法家所没有的。因此，罗先生写的狂草很美，巴黎的中国大使馆，一进门就是罗工柳先生写的大幅狂草；中国油画学会的牌子也是罗先生写的。后来，他又把书法和油画结合起来，再创新做了许多的探索。

罗工柳先生既是一个好画家，也是一个出色的教育家。他去世后，为了不让罗先生的东西分散。因此，我就想把罗先生所有作品都放到华茂艺术教育博物馆里。同时还有刘开渠先生、贺绿汀先生的作品，都收藏在华茂艺术教育博物馆里。刘开渠先生在法国学雕塑，回来后创作了人民英雄纪念碑的浮雕，把西方的艺术和中国的文化结合起来。贺绿汀先生也是这样，他把西洋音乐和中国音乐结合起来，培养了才旦卓玛这样优秀的学生。罗工柳先生也是把西方的艺术和中国的艺术结合起来的典型。应该说，罗工柳先生的文艺遗产放在华茂是非常合适的，既可以得到充分地保护，也可以得到有效的推广。而对华茂来讲，能够把这样几位中国著名艺术家、教育家的东西放在华茂，也是很好的一件事。

"留学到苏联"巡回展

我们留学苏联的学生搞过几次全国性的展览。一次是罗工柳先生从苏联回来的时候,搞过他的展览;一次是1960年,搞过一次我、肖峰、林岗三个人作品的全国巡回展览。此后,就没有我们留学苏联同学作品的巡回展览了。2013年3月,中国美术馆馆长范迪安策划并举办了"二十世纪中国美术之旅——留学到苏联"展览。"留学到苏联"这个题目起得好,因为去苏联学习,是我们国家培养绘画人才的一个战略思想和战略措施。

这个展览集合了好几批留苏同学的作品,放在一起看,规模还是相当大的。我一人就展出了38幅作品,但我参展的作品还不是最多的,有比我更多的。展览中的很多作品,我也没看到过,因为一届届出去的,我不可能都知道。我记得一进去,中国美术馆左边那个主厅是我的,右边的主厅是罗工柳先生的。正是因为这个展览,归国以后我们这些留苏的学生第一次相聚,七批留学生,一共33个人,除了在国外的、去世的,几乎都见到了。我记得我们在中苏友好大厦边吃俄式西餐,边回顾以前的留学生活,那天挺开心的。

我们这批留苏学习的人中,每个人的情况都不一样。1953年第一批留苏的只有三个人:李天祥学油画;钱绍武学雕塑;还有一个鲁艺的陈尊三,学版画。李天祥先生回来后在中央美院工作,又到上海美院当院长,后来因为身体不好,一直在家休养,现在90多岁了。1954年第二批留苏的有很多,但学油画的只有中央美院的林岗,华东分院的肖峰和我,一共三个;其他都是学舞台美术和美术理论的。后来留苏的就比较多了,大概每一批都能有五六个、六七个。郭绍纲、邓澍、周本义、马运洪比我晚一年,他们是第三批留苏的。郭绍纲是广州美院的、周本义是上海戏剧学院的,马运洪是中央芭蕾舞团的,他是《红色娘子军》舞美设计。在苏联留学的时候,大家除了上课时候分散以外,课外学习,基本上都在一起,都很熟悉的。而且列宾美院有我们的党支部,每个星期都要过组织生活,大家就是在一起的。

"留学到苏联"这个展览影响比较大,在北京出了一本很厚的画册。后来,浙江省美协邀请这个展览到杭州巡展,又在杭州出了一本稍微薄一点的简装本画册。我也邀请这些老同学到杭州,像李天祥这样年纪大的,像林岗这样已经坐轮椅的,就是在北京见面;像冯真、周本义、冀晓秋等人都来杭州,开了一个座谈会。

家乡文艺

我的家乡宁波市走出来很多画家,比如陈逸飞、顾生岳、胡振宇、吴永良等,文化气息还是有的。但是,扎根当地的画家不是很多,因为宁波的特点就是很多人不在本地,都去外面发展。所以,宁波要发展文艺创作有一定的难度。我尽量想办法帮助家乡发展文艺。

比如说,我协助华茂艺术教育博物馆完整收藏了罗工柳、贺绿汀、刘开渠三位先生的文献资料后,又建议华茂收藏沙孟海先生的东西,因为从国画、书法的角度来讲,我认为沙先生是非常有代表性的。通过华茂艺术教育博物馆,通过罗工柳先生、刘开渠先生、贺绿汀先生、沙孟海先生的具体事迹、成就,来说明艺术教育、美育教育的重要性,希望年轻的学生能够知道,艺术教育是怎么一回事,美育是怎么一回事。学美术、音乐不是说一定要成为音乐家、画家,而是通过艺术教育,不仅能陶冶情操,而且能开发创造性思维。最近,学术界也在讲关于加强美育教育、艺术教育的必要性,我觉得这个非常重要。华茂艺术教育博物馆主要就是搞美育,我是全力支持的,帮助这个博物馆建起来,也是支援家乡的艺术教育。

筹建宁波美术馆的时候,他们也要我参与。在宁波搞个美术馆很有必要,我也愿意为家乡出力。我又请了靳尚谊先生、詹建俊先生一起参与到宁波美术馆的筹建中,从宁波美术馆的选址着手,我本来选的是一个要搬迁的中学,这个中学在月湖当中的小岛上,环境优美,如果在这个岛上搞个美术馆，那一定非常有意思。当时的市委领导说，要搬迁这个学校，有很多复杂的事情。他提出有一个已经废弃的轮船码头，看看是否能改造成为美术馆。这是现成的，现在就可以改建，不存在搬迁问题。当天下午，我们就去看了这个废弃码头。一看，挺好！在国外，有很多将废弃的火车站、工厂等成功改造为美术馆、博物馆的案例。比如说，奥赛博物馆的前身原是巴黎的一个火车站，泰特现代艺术馆的基础是伦敦的一个发电厂。那么，把轮船码头改建为一个美术馆，也不是不可以。而且这个地方交通很方便，原来的候船室也很大、很好的。

2001 年，在庆祝建党 80 周年的时候，也是宁波美术馆将要建成之时，由政府组织一批历史画，并准备把这批画作为"镇馆之宝"。于是，他们向有关美术家征集作品，希望把大家组织起来，画一批革命历史题材画。我画了第三张《八女投江》。

宁波的文艺最近几年发展得比较快。2015 年 9 月，宁波成立了一个"它山画会"。他们到我们艺术中心来听我讲课，还举办一些宁波籍画家的作品展览，也经常到我这儿来观展。

十二、编辑出版俄罗斯画册系列

重访俄罗斯

20世纪90年代,我去俄罗斯考察。有一天,我的一个正在俄罗斯留学的学生跟我说:"今天我会给您一个惊喜!"他就带我到一个地方去喝咖啡。出乎意料的是,他竟然把我的老同学——"三剑客"之一的阿尔沙库宁叫来了!1960年我回国以后,我们大概有30多年没见面。现在我们会面,激动得不得了!阿尔沙库宁马上把我带到他家里去。他60多岁才结的婚,而且老来得子。

毕业后,阿尔沙库宁的事业发展得非常好,成为一位独立的职业画家。他继承了俄罗斯的先锋派艺术,进行现代派艺术的创作。他的艺术成就得到俄罗斯权威人士的认可。许多作品被收藏在俄罗斯博物馆和特列恰科夫国家画廊,并在欧洲好些地方展览。阿尔沙库宁是由俄罗斯族女工抚养长大,并一直生活在圣彼得堡,但他对美的整体感受以及那种人文精神还是接近于他亚美尼亚家乡的那种感觉。他的色彩不是灰调子,而是比较饱和、强烈、鲜艳,带有装饰性的绘画。

阿尔沙库宁的画在俄罗斯很受欢迎,因此,阿尔沙库宁生活得也比较好。在苏维埃时期,俄罗斯画家的待遇就非常好的。画家只要获得了"艺术家"的称号,就有权利参加全国美术家协会,有权利接受、选择国家的订单，政府有很多绘画订单，这些订单的报酬都相当高，画家还有著作权。并且，成为全国艺术家协会会员后，还有权利享受国家分配的画室。这些画室是国家专门建的，在城市最高建筑物的顶层带天窗，只需要画家付很便宜的租金。

2000 年，我再次去他的画室时。他让我选一张他的作品，并将其送给我。我挑的是一张静物画，这张画现在就陈列在我们的艺术中心。这一次，我还见到了他的太太、孩子。他太太是俄罗斯人，他的小孩完全是俄罗斯人的长相，挺漂亮的一个男孩，不像亚美尼亚人，亚美尼亚人的特点是黑头发、黑眉毛、黑眼睛，俄罗斯人不是这样。

很不幸，他在 2016 年去世了。在圣彼得堡，大家都知道阿尔沙库宁，都知道他是一位天才画家。

引进俄罗斯绘画

"文革"后，刚开始改革开放的时候，大家对俄罗斯的艺术，尤其是苏联时期的艺术持完全否定的态度的。特别是在 1991 年苏联解体后，一方面，俄罗斯自身有很多问题，有很多画家因为生活困难，就在街头卖商品画。我们很多访问团，或者旅游团去俄罗斯，就买回来这些廉价的商品画，形成了对苏俄油画艺术性不高的感觉。另一方面，由于苏联解体，对俄罗斯艺术的评价掺杂着过多的政治因素，就认为苏俄艺术不行了。所以，1993 年，我在《美术》杂志第 3 期发表了一篇《俄罗斯油画仍值得借鉴》，我认为这种否定俄罗斯艺术的客观价值的看法是完全不正确的，不应该因为笼统的政治原因，去否定俄罗斯的油画，这对任何人都没有好处的。

我们应该客观的、历史的、唯物的、辩证的看待俄罗斯的艺术。比如，从服务对象来讲，油画诞生在意大利，文艺复兴的意大利油画表现的是宗教题材，服从于宗教。17 世纪以后，主要服务于宫廷，或者表现社会上层或者中产阶级的一些生活，比如荷兰油画。到 19 世纪，大部分的法国油画是满足中产阶级的需要。而俄罗斯、苏联的油画主要是面向大众、面向人民，它是走向生活、表现生活的。从这一点来讲，我认为苏俄油画和我们国家的体制、我们现在的主张非常接近，甚至有些地方是很一致的。但是，我们不能照搬，因为俄罗斯有俄罗斯的情况，我们有我们国家的情况，我们有自己的文化传统。当然，我觉得借鉴还是非常有必要的。

比如说，从反映生活、表现人的情感这些方面，我觉得苏俄油画远远超过欧洲很多国家的艺术水准。譬如列维坦的油画，他的画都是风景。印象派很多画家都画风景，也都画得很好。但是，两者一比较，俄罗斯的油画好在什么地方呢？就是他的风景画里面充满着作者对客观对象的一种情感。这就比印象派画家更加深入一点。印象派画家画的，就是光和色，是自然的一个表象的东西，很少有印象派画家表现对这个事物的认识和理解。可是俄罗斯的油画，列维坦的风景画里面，就充满着列维坦这个画家对于客观对象、对自然景象的认识和理解，借这个自然景象来抒发作者个人的一个情感和认识。所以，我觉得这一点很值得我们借鉴和学习。

20 世纪 90 年代，我考察了欧洲各国的艺术，又去了东南亚以后，我就想到一个比较的问题，相比之下，在俄罗斯的艺术中，依然有很多东西值得我们去发掘。1996 年，我去访问俄罗斯，待的时间比较长，下定决心要把优秀的俄罗斯艺术介绍给中国，也可以说，发出一种声音吧！我就和山东美术出版社联系，准备出一系列介绍俄罗斯绘画的书籍。

出版美术类书籍的关键，就是要拿到出版用的反转片。为此，山东美术出版社就跟俄罗斯的出版社联系买片子的事宜。那个时候，只要去俄罗斯出版社买片子，他们就很高兴，价格便宜，一到两个美金，就可以买一张。于是，山东美术出版社总编、社长姜衍波，编辑马晓东，他们都是我的学生，就陪着我到莫斯科的出版社，还有圣彼得堡的列宁格勒美术出版社。我只负责挑片子，不管事务性的事，只要我看到好的片子，就叫山东美术出版社买下来，他们再跟俄方签个版权协议。一般来说，画家去世后

50年以上，就没有版权问题了。比如说，尼古拉·菲钦的画，出版就不涉及版权的问题，因为书出版时，他已经去世有50年了。

此后，我很多次去俄罗斯，到莫斯科、圣彼得堡好几个出版社买片子。那个时候还没有直飞圣彼得堡的国际航班，必须先到莫斯科，然后再坐火车到圣彼得堡。山东美术出版社也轮换着派人陪我去。这样，我们就尽量把俄罗斯出版过的片子买过来。遗憾的是由于从国内汇出美元是非常困难的，受限制，如果条件好一点、宽松一点，我们可能收的东西还要多。

我们在俄罗斯买下来的每一批片子都很杂，不是整套的，都是这里拿到一点片子，那里拿到一点片子。因此，我编书的时候，就需要把手头上的这些片子重新分类，再从其它俄文书籍中查证相关画家、画派的文字资料，再进行编辑，写成书。而且以前的片子不是电子文件，都是反转片。像莫伊谢延科的反转片，都已经完全褪色了，但只要反转片比较清晰，颜色偏一点不要紧，可以用电脑纠正过来，恢复到原状。总之，经过这些编辑，我们出版了一系列俄罗斯画家的书。可以说，我编写的这批书广受中国油画家的欢迎。有一次，靳尚谊先生跟我说："你的画对大家影响很大，你知道吗？你出版的书对大家影响更大。"

正是因为我出了很多推介俄罗斯艺术的书，在中俄文化交流中做出了一点贡献，1999年，我获得了俄罗斯文化部颁发的"普希金文化奖"，罗高寿[①]大使接见了我们，发了一个普希金像的铜质奖章给我。2001年，列宾美院给了我荣誉教授称号。

富于哲思的画家莫伊谢延科

我编写的每一本书，都是在研究这个画家的过程中产生的一个副产品。

---

① 伊戈尔·阿列克谢耶维奇·罗加乔夫（1932—2012），中文名罗高寿，著名俄罗斯政治家、汉学家，出生于莫斯科。

比如莫伊谢延科①，我看了他很多作品以后，再搜集梳理资料，才会知道哪些是他最好的东西。

莫伊谢延科出生于白俄罗斯的农村家庭，参加过卫国战争。他画的历史画有两种：卫国战争时期的和国内战争时期的。这些创作都是他亲身体会的。卫国战争前，他就在列宾美院学习，快进行毕业创作的时候，卫国战争爆发了。他就放下画笔，参了军。战后他又回到列宾美院，继续完成他的毕业创作。莫伊谢延科的毕业创作《多瓦托尔将军》，是表现卫国战争时期，多瓦托尔②将军骑在一匹马上，一群俘虏被押走过去。构图、色彩都非常好。他后期的画把油画的语言推进到一个新的高度，像《红军来了》，就更加概括，更有力度。

莫伊谢延科毕业后留校工作，主持军事题材的工作室。由于军事题材创作的需要，他的画室要有真的马，模特骑在马上给学生写生。只有他的工作室是这样，其他工作室都没这个条件了。我留学的时候，跟他也有交往，他为人非常朴实，根本看不出他是画家，非常谦虚、非常好。他没有子女，夫人是一名雕塑家。莫伊谢延科去世后，他夫人把所有的财产捐给了国家。现在莫伊谢延科的画一部分在俄罗斯博物馆，一部分在特列恰科夫国家画廊，大部分稿子在俄罗斯艺术科学院的美术馆。

莫伊谢延科是一位军事题材画家，很少直接画战争场面。他的作品具有一种寓意。比如说，表现战争回顾日的《五月九号》，画面是很多年轻人和老人在那里回忆战争，思考战争给人们带来的一种痛苦。再比如，莫伊谢延科创作的攻克柏林《胜利》这张画，就不是直接描写战斗，而是从侧面描绘这个战争——一个战士正回过头，为胜利而高兴！同时，他的战友却倒在他的怀中牺牲了。虽然他一只手搀扶着战友，倒在怀里的战友还是

---

① 莫伊谢延科（Евсей Евсеевич Моисеенко，1916—1988），出生于白俄罗斯，苏联油画家、苏联美术研究院院士，作品以军事题材为主。
② 多瓦托尔（Лев Михайлович Доватор，1903—1941），苏联骑兵军长，少将，战斗英雄。

从他的身上滑下去了。也就是通过这两个人物的动态关系，反映胜利不是轻易获得的，而是通过牺牲赢取的。我觉得，莫伊谢延科描写的战争都很深刻，很感动人。

莫伊谢延科描写战争的残酷，同时也表现出战士的英勇，并且都还是很积极的一种情绪。比如说，《甜樱桃》描写的是正在休息的战士吃樱桃，体现战争中的一张一弛。战争是艰难的，但战士们对幸福有着一种向往，这种侧面表现战争的手法，更加感人。再比如《母亲们，姐妹们》，当时男人们都上了前线，女人们留在农村，莫伊谢延科没有直接去画男人们坐在卡车上即将奔赴战场的一种场景，而是以一种从卡车里看卡车外的视角，表现坐在车上的男人眼中的母亲、姐妹送行的场景，表现她们的眼神。一方面，从她们的眼睛里可以看出来，为了保护她们，男人要上前线了；另一方面，我们通过她们的目光，知道她们未来的生活将有多么艰难。但是，为了未来的幸福生活，她们放手，让她们的丈夫、兄弟上前线。莫伊谢延科就是用这样一种哲理性的方式来表达战争的主题思想。

莫伊谢延科是一位很有才能、很有创造性的画家，他从原来的社会主义现实主义的框框里面脱颖而出，对中国当前的历史画创作应该有很好的启示。

科尔热夫与弗明

科尔热夫是在当代俄罗斯画坛有着广泛影响的一位画家，青年时代就已经在苏联美术界崭露头角。他创作了很多好作品，反映第二次世界大战给人们带来的沧桑，比如《受尽战火煎熬的人们》三联画，画得非常好。其中一幅画《母亲》，画的是一个妇女，一只手捂住脸，看起来好像很简单的一个动作，但很感动人。在那个年代里，这样画，就是对战争、对人生的一种感悟，确实是蛮感动人的。还有一幅《共产党人》三联画，中间一幅《擎起的旗帜》，一边是吹军号，一边是做雕塑头像，就是说这个时代里面的战士，既要保卫祖国，又要学习文化、追求艺术，表达一个正义的主题。科尔热夫的画比较耐看，画得很厚重，也很朴素。

科尔热夫属于莫斯科画家中非常突出的一位。科尔热夫的油画有他独特的风格，语言很朴素，而且画的东西特别结实，和特卡乔夫兄弟[1]的画一样都很朴实，他们的艺术比较接地气，是继承了普拉斯托夫[2]的传统。我在访问俄罗斯期间，通过我的朋友跟科尔热夫联系，拜访了他，他也很高兴。那天，科尔热夫很早就在等我，我还迟到了，我印象很深。科尔热夫很喜欢中国的艺术，也很希望到中国访问，我也邀请他："在合适的时候，您到中国来访问一下。"

事实上，俄罗斯的画家都很愿意来中国出版他们的画集。原列宾美院院长弗明[3]，是一位勤奋的、非常好的风景画家，在列宾美术学院担任了十年（1981—1991）的院长，时间都花在院长的行政工作上，所以弗明的作品不多。但是，弗明的风景画确实好：第一，他有俄罗斯的传统；第二，他吸收了很多印象主义的色彩；第三，他的画很抒情、很轻松、有诗意。比如说，他的作品《湖上静悄悄》，色彩含蓄、优雅，画面富有诗意，而这种诗意和情感是俄罗斯的，在俄罗斯生活的人看了他的油画，就特别有感触。编画册时，我跟弗明的儿子小弗明交流，希望通过他提供资料，小弗明就提供给我很多，让我选择。这样就很顺利完成了弗明画册的编辑工作。

---

[1] 特卡乔夫兄弟，即谢尔盖·比特洛维奇·特卡乔夫（С.Ткачев，1922—），阿里克谢·比特洛维奇·特卡乔夫（А.Ткачев，1925—），苏联艺术科学院院士，苏联人民艺术家，俄罗斯联邦人民艺术家，

[2] 普拉斯托夫（Пластов, Аркадий Александрович，1893—1972），苏联人民艺术家、苏联美术研究院院士。

[3] 弗明（1919—1996），即彼得·季莫费耶维奇·弗明，俄罗斯风景画家，曾任列宾美术学院院长。

离开故土的画家尼古拉·菲钦

在我留学列宾美院期间,看过菲钦①的毕业创作,很精彩。那时,我就很喜欢他,崇拜他。菲钦出生在俄罗斯鞑靼斯坦共和国一个很普通的农民家庭,他的父亲是位手工雕刻艺人。菲钦考上皇家美术学院②,成为了一位非常独特的画家——他有很深厚的传统油画基础,又吸收了印象主义的色彩,再加以创新,可谓独树一帜。菲钦的画面很复杂,很美,色彩丰富,又很潇洒,可以说形神兼备。我们从事油画创作的都很敬重他。我很想研究他,想写本菲钦的书,把这位画家介绍给我们中国的美术界。

"十月革命"以后,菲钦积极参加政治活动,画过列宁像、马克思像。所以,菲钦怎么可能会对苏维埃政权不满意,叛逃美国去呢?当年,菲钦得了肺炎,身体很不好。那个年代得肺炎,就相当于我们现在得癌症一样的恐怖,有人就劝他到美国去治疗。由于他的两张肖像画参加了一个德国的展览,其中一幅《无名女郎》获得慕尼黑金奖(现在藏于俄罗斯博物馆),美国的画商看上了他,把画都买了下来,菲钦也就和这个美国画商有了联系。当年俄罗斯由于国内战争,食物缺乏,他又通过一个美国的救济总署,获取了食物和衣服。菲钦就是通过这些关系,先到英国,再转到美国治病。去美国后,他几次都想回到祖国,一是因为觉得自己很没有面子,没有什么成就;二是他很担心祖国和同胞不会欢迎他。菲钦临死的时候,希望把自己的作品捐给祖国,让他的女儿伊亚去办理,把留在喀山的所有作品捐献给了喀山的鞑靼斯坦共和国造型艺术博物馆。

2005年,我曾专程飞到喀山了解情况。从莫斯科到喀山,坐飞机大概得一个多小时。到喀山后,我去拜访造型艺术博物馆馆长。馆长看了看我,就说:"我好像在什么地方见到过你?"我说:"很奇怪,你怎么会见到过

---

① 菲钦(Николай Иванович Фешин,1879—1955),俄裔美籍画家,出生在俄罗斯喀山。
② 皇家美术学院,即列宾美术学院。

我?"当时，我也感觉好像见过这个馆长。经过交流才发现我们乘的是同一班飞机到的喀山，飞机上见过面，只是当时不知道彼此是谁。就是这么有缘分，馆长马上把馆里很多东西打开给我看，有菲钦父亲的肖像，有他妻子的肖像，还有他女儿的肖像，很多，都很精彩。当我看到菲钦捐赠的所有作品后，我更确定了菲钦是爱国的。

我希望大家对菲钦有一个客观、正确的认识，于是，我编写了菲钦的书，并且出版了俄文版，在俄罗斯也很受欢迎。我再次去喀山的造型艺术博物馆时，他们的馆长就讲，我编写的这本菲钦画册，是他见过的所有关于菲钦的书里面最好的一本，我也感到很欣慰。菲钦的画确实非常好，很多俄罗斯画家喜欢他的作品，对他评价很高。我们艺术中心开馆第一个展览，就把菲钦捐赠给喀山的那些画借到杭州来展览。

菲钦是列宾的学生，进了列宾的工作室。列宾很看重他，想把他培养成为历史画画家，但是，菲钦觉得他并不非常喜欢列宾那种绘画技巧。所以，菲钦并没有按列宾的意旨去发展，他更喜欢另一位教授马利亚温①的绘画风格。马利亚温的画比较潇洒、奔放，大部分作品是风俗画。菲钦想做一名风俗画家或肖像画家，比如《车累米斯人的婚礼》，这是他毕业后的第一张风俗画，画得很生动。再比如《卷心菜收获的季节》，这张画比较大，有四米，现在藏于俄罗斯艺术科学院美术馆里，这张画的油画技法确实是一般人很难达到的。我为了这张画，专门编了一本画册。

菲钦毕业后，回到了喀山，在喀山的美术学校里当老师，在那里画了很多画，都非常精彩。可是，他自己却很郁闷，因为喀山比较偏僻，他的很多同班同学都发展得比他好。处于战争期间，他没地方发表作品，也没法参加展览，时间一久，菲钦的内心就比较闷郁。

后来，菲钦到了美国，在画商的安排下，他到洛杉矶办了第一次展览，很受欢迎，此后又去了纽约，也很受美国上层人士的欢迎，都争着要让他

---

① 马利亚温（Филипп Андреевич Малявин，1869—1940），俄罗斯画家，逝世于法国。

画像。所以，当时他的收益很好，订单不断，可是太劳累了，肺病复发。医生告诉他，如果再这样下去是要没命的，建议他到空气比较好的地方休养。于是，菲钦就离开纽约，搬到气候比较干燥、比较偏僻的高原地带疗养，也就是新墨西哥州的陶斯（Taos），并且在那里买了画室。一边画画，一边做雕刻，画室里所有装修，包括柱子上面的雕刻，都是他亲手做的，还做了很多家具，现在都存留在这个画室里。

陶斯的空气确实是好，在那里生活后，菲钦的身体开始慢慢好了起来。因为那里没有大城市的人找他订画了，菲钦的经济来源就比较艰难了。而且，不幸的是，菲钦的夫人跟他女儿的辅导老师产生了感情，并最终离开了他。无奈之下，菲钦带着女儿回到了纽约。但是，他已不复当年的辉煌，在纽约待了一段时间后，又去加利福尼亚。菲钦来到加州后，就很想到东方，到中国访问，因为菲钦很喜欢东方艺术。由于第二次世界大战的缘故，他没法办到签证。所以，虽然菲钦已经上了开往中国的轮船，但不能到中国，于是从日本海转到印尼，在爪哇岛周边地区待了一段时间，画了一些油画、素描。他画的很多东方人的素描，被误以为是中国人，其实都是爪哇岛一带的东方人。这批素描画得确实非常好，对我们中国画家影响也很大。

回到加利福尼亚后，菲钦又画了一段时间，一批石板素描就是这个时间画的，很精彩。之后，他又到印第安人的聚居区画画，还到墨西哥画了一些画。最后，他是在加利福尼亚去世的。我看到过这一时期他的画，画得就不好了。画家一旦离开了自己的故土，离开了祖国，就很难得到发展。菲钦到一个新的地方，毕竟是外乡人，他对印第安人不了解，没有找到紧密地结合艺术和生活的一个途径。他在美国时期的画和他在俄罗斯时期的画差距也很大，完全是两码事，这可以说是给我们艺术家一个很好的教训。

"人民艺术家"梅尔尼科夫

梅尔尼科夫是我的老师，我称他为梅老。梅老是一位非常有智慧、有

1996年，访问俄罗斯，与梅尔尼科夫（左1）合影

《俄罗斯人民艺术家梅尔尼科夫教授》，2003年，116×109cm，布面

才能的画家，他跟上了这个时代，创造了一种新的艺术理念，吸收了很多现代主义绘画手法。

苏共二十大以后，苏联艺术界可以公开研究西方的现代主义绘画，博物馆里开始展出他们的作品，这就给整个苏联美术带来了重大变化，形成了新的面貌。时代不同了，艺术必须随着时代而发展。这个时期的一些画家，如梅尔尼科夫、莫伊谢延科、雅勃隆斯卡娅[①]等，他们的创新，实际上就是艺术随着时代的变化而变化，他们的艺术跟上了时代的发展步伐，符合这个时代的审美需求。他们这批画家，就与前面的画家有所不同，具有新时代特色，值得我们研究。比如，提倡和平的西班牙三联画，这是根据梅尔尼科夫在西班牙感悟到的，吸收了西班牙的绘画语言，是很感人的一张画。

梅尔尼科夫非常能干。他有几分傲气，当列宾美院老一辈艺术家大部分去世后，他就成为学院中威望最高的老师了。现在的列宾美术学院，百分之八十以上的老师都是梅老的学生，都是从他的工作室出来的。

在俄罗斯考察、调研期间，我就很想给梅老编本画册。我跟他讲："我给您编画册怎么样？"他说："那太好了，你要什么，我给你什么。"因为我和梅老的关系，就跟自己家里人一样的。我们一起研究每一个细节，一起商量怎么选画。有意思的是，梅老非常尊重我的意见。2008年山东美术出版社又出版了我新编的《梅尔尼科夫纸上作品选》，收录的是梅老的习作。梅老是一个非常勤奋的画家，每天吃完晚饭后，一定要在他的案头画画，A4纸大小的画，每天画一张，相当于自己练习，把他每天思考的东西都画下来。有的已是完整的作品了，画完就竖放在他的书架上，架子上放满了。他会把这些画作为礼物送给朋友、学生，他也送给我好多，上面写了我的名字。这两本画册，梅老觉得编得比较符合他的理想，他都非常满意，非常感谢我。

2003年，我去拜访他。他正在用新买的手机接电话，说了很长时间。

[①] 雅勃隆斯卡娅（Tatyana N. Yablonskaya，1917—2005），苏联艺术科学院院士，人民艺术家，乌克兰人民功勋艺术家。

21世纪初,手机在俄罗斯还是比较新鲜的东西,一个画家在画室里,可以通过手机联络到世界各个地方。我当场完成了速写,启发我画他打电话的肖像。回来以后,我就创作了油画《俄罗斯人民艺术家梅尔尼科夫教授》。这张画第一次展出是2005年的"大河上下·新时期中国油画回顾展"[①],后来还参加了几次展览,包括2010年中国美协特邀该作参加"上海世博会中国美术作品展览"。

梅老也是一位非常敬业的教育家,桃李满天下。他对艺术事业、对教育、对学生的这种精神,值得我们学习。

"乌克兰英雄"雅勃隆斯卡娅

1957年,我曾经到过乌克兰。乌克兰是一个很富庶的地方,是苏联时期的粮仓,特别是基辅这个城市,给我的印象非常好。那里有一位女画家,叫雅勃隆斯卡娅,在苏联时期得过包括"斯大林奖金"在内的好几次国家奖。雅勃隆斯卡娅是很值得我介绍的一个画家。

我们国内知道雅勃隆斯卡娅这个画家,主要是因为她创作了《粮食》。这是她1949年画的,我入学杭州艺专的时候,她已经完成了这么一张精彩的大画了。对于我们这代人来讲,《粮食》就是社会主义现实主义创作中的非常有代表性的作品之一,不仅我对雅勃隆斯卡娅的印象很深刻,而且我们国内油画界的人基本知道她。所以,我跟山东美术出版社沟通,编写一本关于雅勃隆斯卡娅的画册。

很值得敬佩的是,雅勃隆斯卡娅这个画家对油画语言的不断探索。她每到一个创作高峰后,就否定自己,再闯新路。《粮食》这张画发表以后,雅勃隆斯卡娅获得了艺术最高奖"斯大林奖金"。很快,雅勃隆斯卡娅成为

---

① 为纪念中国美术家协会油画艺术委员会成立20年、中国油画学会成立10周年,经过两年时间的筹备,展览于2005年11月26日在中国美术馆开幕。

苏联艺术科学院院士，又是教授。在她享有很高的荣誉、地位的时候，她又走向了另一方面。她认为，应该在绘画中寻找自己独特的绘画语言，找到一种有乌克兰民族特点的绘画语言。她到基辅乡下搜集民间素材，将油画手法转向乌克兰的民间装饰性绘画，代表性作品是《纸花》，一个农村老太太在卖纸花，是一种民间剪纸样式的绘画手法，简练、平涂。这张作品发表以后，大家眼睛一亮，哇！油画原来还可以这样画，获得大家一致认可。这张画也被特列恰科夫国家画廊收藏。

不久，她的风格又在变了，画了张反映第二次世界大战题材的作品，以《青春》为题。一个青年人站在很大的一个弹坑前，背着观众，凝视前方。弹坑里面已经积满了水，变成湖了。这个青年人虽是背影，但给人更多的想象空间，也许他正在思考战争遗留下来的一切，也许是他对未来的思索。另外一幅《无名高地》表现的也是这个主题，雅勃隆斯卡娅，通过对一处风景的思考来反映战争带来的创伤，以及战争在年轻人当中所留下的一种印象和感觉。这张画出来后，又引起了美术界的轰动——还可以通过风景画表现战争的主题。

那么，就在雅勃隆斯卡娅已经"飞黄腾达"的时候，她去意大利考察了。在意大利，她看到了古典绘画，特别是古老的佛罗伦萨文化给了她很大的冲击。于是，她又变了，画了一张跟以前完全不一样的画，回到一种古典主义的语境中，用古典手法画了一张自画像。这种古典主义，不是表面的、形式上的模仿，而是追随古典的文化精神。画面上是她的背影的自画像，坐在佛罗伦萨的旅馆窗前，她看着窗外的景色，并且通过旁边的几扇玻璃窗，反映出佛罗伦萨的那些圆顶的、尖顶的教堂，手法很巧妙。她没有画自己的正面，而是画趴在窗口的背面。这张画又得了奖，又引起轰动。

此后，雅勃隆斯卡娅进入到一个新的古典主义时期，完全用一种新颖的方式创作。古典主义的色彩比较简单，但是，雅勃隆斯卡娅的色彩很丰富，整个画面的情感、感觉，使人追忆到一种传统，甚至有种种宗教的意蕴。同样的古典主义手法，她创作了《亚麻》，画的是一个乌克兰女子在收割亚麻的情景，整个人物的脸，还有整个动态，包括色彩，使人想起了"圣母"，既有一种沉思，又有一种哀悼的感觉。这张画也得了奖，现在被收藏在特列恰科夫国家画廊里。

当雅勃隆斯卡娅新的古典主义创作已经达到很高的水平后，她还不满足自己的成就，她又变了。在威尼斯时，她画了许多写生，运用印象派的画法。她喜欢印象派的毕沙罗①，从此以后，进入到印象主义时期，画了一系列画，全部用点彩法创作。不过，雅勃隆斯卡娅的印象主义和法国的印象主义有所不同，她的画有种一种朴素的情感，比较深沉，也获得了成功。进入印象主义时期后，雅勃隆斯卡娅已经退休了，身体也不好。后来，她得了高血压，又是小中风，瘫痪了，只能坐轮椅。但是，她坐在轮椅上，依然继续画小幅油画。一般来讲，都是40公分左右的小画，内容有画家的院子、窗前窗后的景象，她非常用功。不能再到室外作画时，她就在窗口画外面景色，这样大概坚持了七八年。

虽然雅勃隆斯卡娅的身体很不好，她还在继续探索油画语言。在这个病症的状态下，她画了很多肖像，比如画她女儿的肖像。之后，雅勃隆斯卡娅又发生了第二次中风，抬不起右手了，也拿不动油画笔了。可是，她并没有就此罢手，居然举起她的左手画画，拿不动油画笔，就拿粉笔作画，且在这段时间里面，特别喜欢中国的古典诗词，把李白、杜甫的诗都买来看，然后用她的左手，用她的粉笔，来表达她自己的感受，抒发自己的诗意，来表达她从窗口里面所能够看到的仅有的大自然，感受春夏秋冬，画了一批粉笔画。2005年，雅勃隆斯卡娅与世长辞了。

雅勃隆斯卡娅的精神，非常感人，很值得人们尊重。她为艺术，为探索油画语言，奋斗了一辈子，不断地肯定自己，不断地否定自己。我把雅勃隆斯卡娅的创作分为五个时期：从社会主义现实主义的《粮食》；到乌克

---

① 毕沙罗（Camille Pissarro，1830—1903），法国画家，印象派大师。

兰民间装饰风格的《纸花》；再到有寓意性质的现实主义《弹坑》；然后是新的古典主义时期的《亚麻》；最后是印象主义时期。而且她的每次艺术转变，都达到了一定的艺术高峰，并且得到艺术界的认可和社会的认同，很多画家都追随雅勃隆斯卡娅各个时期的艺术风格。

为了编写雅勃隆斯卡娅的画册，2007年，我专门去了基辅。那个城市跟俄罗斯的城市没有任何区别，老百姓也都讲俄语，没有任何语言障碍。第一站是基辅美术学院，因为雅勃隆斯卡娅曾经是这里的老师。基辅美术学院跟列宾美术学院的传统基本上是一样的，他们教学上的一套程序跟我在列宾美院时所受的教育体系很相像，没有什么大的隔阂。基辅美院培养出来很多优秀的画家，除雅勃隆斯卡娅以外，还有格莱科夫等等，他们的水平不亚于列宾美术学院培养出来的。访问这个学校时，他们很热情地接待了我，油画系主任把系里收藏的画都给我看了。其中有许多画是雅勃隆斯卡娅上学期间的留校习作，很优秀，油画语言掌握得很好，造型也很不错，我马上拍了照片。

之后，我又去了雅勃隆斯卡娅的画室，她的画室并不大，漏水，没人修。雅勃隆斯卡娅的所有作品都堆在阁楼里，她女儿一张一张拿出来给我看。我当初以为，雅勃隆斯卡娅一定把很多好的作品留在自己家里，其实不是，她是把好的画拿出去。雅勃隆斯卡娅对自己的艺术非常认真，不是为利，自己不满意的画不拿出去，这点给我特别深的感触！

雅勃隆斯卡娅不追求个人名利，只为了艺术。所以，她是很值得我们敬仰的画家，她是乌克兰国内得到最高评价的画家，是名副其实的"乌克兰英雄"。

十三、创办艺术中心

建馆缘起

关于筹建艺术中心，其实我根本没有主动寻求做这件事情。以前，有好多企业家跟我联系，问我能不能建一个美术馆？我认为："这是后人的事，我自己绝对不会以我的名义搞个美术馆。"所以，我回绝了好些企业家。

萧山有个企业家，跟顾生岳老师是好朋友。顾老师就介绍他来到我的画室。有一次，说起他在西湖区拿了一块地，想在那里建体育馆或者其他文化设施，问我："你有没有兴趣搞个美术馆？"我说："美术馆，反正我有好几个朋友都来说过，我也都回绝了，不想搞美术馆。你那个地块，如果要建文化设施，搞个艺术中心是可以的。"因为艺术中心跟美术馆性质不一样，它的范围广。对专家来讲，它是深入研究油画的一个平台；对广大群众来讲，是普及油画艺术的一个园地。通过艺术中心，可以做更多的事。譬如说，可以培养学生，可以进行许多与美术相关的活动，也可以经营相关的商业活动。这一点美术馆是做不到的。实际上，艺术中心是一个非常灵活的艺术机构，还可以开展很多方面工作，也比较接地气，不会有高高在上的感觉，我不想这样做。

我就把这个理念告诉了这位企业家朋友。他说："好啊，可以啊，你提方案好了！"我说："第一，不要用我的名字；第二，艺术中心怎么运作是个问题。应该是永久性的，不要开始声音很大，到最后不了了之。我们要做事情，应该有始有终，把眼光放远一点。"现在我们国家要发展文艺，在国家体制外，也应该发展民办的基金会，这样才能够持久。建立艺术中心，我首先考虑的就是基金会的问题，觉得这个机制很重要。

于是，我就介绍了国外的一些情况，现在很多发达国家，发展艺术方面不仅仅靠国家，很多是靠基金会来维持的。比如古根海姆美术馆①，在意大利、美国等地都有。在意大利威尼斯的古根海姆美术馆，规模不大，但里面的东西很精彩，有几张毕加索、米罗的画，都非常精彩。一些美术馆背后就是有财力的基金会。哈曼美术馆，就是哈曼基金会支持；盖蒂博物馆，也有自己的基金会。再譬如说，外国的交响乐团光靠卖票，票价再贵，也维持不了交响乐队的日常开支，都是靠国家和基金会的资助。这些高雅艺术一定是这样。我在加拿大了解到加拿大的交响乐团完全是由国家支持的。到了美国，很多交响乐团是由私人的基金会支持。国外的美术、音乐的事业，不完全靠国家，许多是通过基金会的形式来支持文艺机构的成立和运行。

这位企业家听了以后，反应很快，就说："我们要成立基金会。"但是，当前我们国家发展基金会的主要问题，就是在政策上还没有给予很好的优惠，因此现在我们国家基金会发展得不是很普遍，如果国家能给艺术基金会以更好的优惠政策，我想会对我们国家的文艺发展有很大的好处。我还举了一个例子，就是吴作人国际美术基金会②。当时，有很多画家给吴作人先生的基金会捐作品，包括侯一民先生在内的中央美院很多老师都捐了自己的作品。因为基金会没有钱，又要搞活动，只能把大家捐赠的作品拍卖

---

① 古根海姆美术馆，又称古根海姆博物馆，是古根海姆（Solomon R. Guggenheim）基金会旗下所有博物馆的总称，是世界上最著名的私人现代艺术博物馆之一，其基金会成立于1937年。
② 吴作人国际美术基金会，由吴作人亲自创建的中国最早的美术基金会，成立于1989年。

掉,来维持这个基金会。基金会是一个公益事业,而且是一个社会性、公益性的慈善机构,只有把基金会搞好,才能维持艺术中心,就会有永久性,才能够慢慢地发扬油画艺术。

这个问题提出以后,有一次,那位企业家朋友到我这里来,他说:"我也了解到,如果说我们搞一个艺术中心,以后如果要靠卖画来过日子,恐怕是不行。要成立一个基金会,这个事情我来考虑。"那我说:"如果说你有这样一个想法的话,我们是可以合作的。业务方面,我来解决;基金会方面的事情,你来提出一个想法,你来筹划。我们不需要多,只要能够维持,然后慢慢请其他企业家再来赞助,慢慢做起来吧。"这样,一个大的框架就有了。

不过,有一个麻烦的事情,当去民政厅登记基金会的时候,必须要用我的实名,不可以单单登记为"艺术基金会"这样的名称,必须加"浙江""杭州",而且名称还要具体落实到人。就是说,必须是以我的名字命名的艺术基金会才可以注册、登记,这就麻烦了,一定要写上我的名字,不能随便搞个基金会,那就只能登记为"全山石艺术基金会"。一开始没意识到这个问题,我觉得,用我的名字搞基金会,那是可以的。这个定下了,就有一个什么后果呢?搞艺术中心的时候,再改名字就不行了,因为是以基金会的名义来创立的艺术中心,必须命名为"全山石艺术中心",这就不是我原来设想的不冠名的"油画艺术中心"。

中心宗旨

在艺术中心的筹办、酝酿过程中,我思考了比较长的时间,最主要的就是艺术中心的宗旨问题。当时考虑了很多方案,很多人希望艺术中心变成一个美术馆。可是,在我的脑子里,我不想办个人美术馆,只想余生能够做一点对中国油画有益的事,尽我自己的可能,有些事情可能我想到了,但不一定能够办得到。所以,我不能什么都搞,我只懂油画,尽可能把艺术中心的业务缩小到我力所能及的范围,进行一些活动。

2012年，西方专门研究中国美术史的权威专家苏立文①博士，在他去世前一年，也是他最后一次来中国。我在报纸上看到他在一个记者招待会上的讲话，大意是：在西方国家，特别是发达国家的大城市里都有中国绘画的陈列。也就是说，西方人研究我们东方的艺术。但是，这么大一个中国，为什么没有西方油画的陈列？他就觉得很疑惑。这段讲话给我的刺激很大。我认为，苏立文的这段讲话是事实，他的疑问也是合理的。

当然，我们是可以解释，以前因为历史的原因，我们不可能这样子做。比如慈禧太后时期，那肯定认识不到油画的重要性，那时候不会研究油画。抗日战争时期、解放战争时期，或者解放初期，我觉得都可以理解的，因为没有条件收藏、研究西方油画。但是，改革开放以后，我们国家经济发展了，作为一个世界大国，中国的视野已经开拓到世界范围了，却没有一个专门的西方油画陈列，确实有点说不过去。我们国家现在有一个什么问题呢？就是说，中国美术发展到今天，我们所谓的美术馆，不是真正意义上的美术博物馆，而是一个展览馆。为什么？因为没有固定陈列。我们这个艺术中心，里面有西方绘画的固定陈列，对外免费开放，我就想填补这么一个空白，也是对苏立文博士的一种回应吧——今天中国也可以这样做，中国人也一样能研究西方的艺术，为我所用。我们艺术中心的宗旨，就是进一步研究油画，进一步普及油画。

我们这代人那时学油画，由于历史的局限，看不到西方油画原作，因此理解油画有一定难度。改革开放后，条件好了，看的东西多了。艺术中心应该告诉大家，尤其是告诉年轻的油画家和正在学油画的人，油画艺术虽然产生在西方，但应该将此人类文明的结晶引进中国来，使中国的年轻人不要再走弯路。

了解油画，首先就要了解西方人的生活，了解他们的文脉，了解为什

---

① 苏立文（Michael Sullivan, 1916—2013），牛津大学教授，艺术史家、汉学家。

么会产生这个文脉,他的观念是什么?西方的文脉和中国的文脉是完全不一样的。如果不了解这个文脉,是不能理解与之相应的画种的。我们成立艺术中心的目的之一,就是通过这个机构能够让国内画家更正确地了解西方的油画、研究西方的油画。而研究西方油画的目的,并不是仅仅停留在史学上、理论上,而是通过西方油画的整个发展过程研究,知道这样的脉络——油画虽然产生在意大利,但西班牙人学了以后,他们的油画超过了意大利;法国人学了意大利油画以后,最后他们的油画家超过了意大利同时期的画家。这就能得出一个结论,油画完全可以"青出于蓝而胜于蓝"。根据这样的研究结论,根据油画的发展规律,可以推测,产生于西方的油画传到东方以后,我们东方的油画将来也可以超过西方,我觉得这完全是可能的。

油画创作的高峰应该建立在油画普及的基础上。毛主席曾经说:"提高是在普及的基础上的提高。"[①] 没有普及的基础,想要提高,那就是空中楼阁。现在中国的老百姓都喜欢油画,从书本上、电视上已经知道了各种各样的油画,但到目前为止,媒体传播的方式还不能完全传达油画的本体语言。比如油画的质感,那种我们所说的油画味,油渍渍的那种感觉,印刷品里面是没办法还原的。再比如油画中微妙的色彩的变化、色彩的层次,也是现在的科技还不能还原的。还有油画笔触的韵味,在原作里面才可以看得很清楚,但在印刷品里面就都没有了。所以,必须要看油画原作,艺术中心陈列这么多原作,就是为了让年轻人的起点高于我们这代人。像我这一代画家的起步是在印刷品、画报里面开始的,现在的年轻人就可以从西方各时期的大师原作的基础上起步了,那么,我们今后油画的发展就肯定能远远超过第一代、第二代、第三代油画家。

我就是想把西方油画的原作引进来。关于这个问题,我们也是反反复

---

① 见毛泽东:《在延安文艺座谈会上的讲话》,1942年。

复地考虑过，因为买一幅画的经费很大，我们经济实力有限，就想了一个办法，除了通过收购充实我们艺术中心的馆藏以外，还经常租借国内外美术馆、博物馆好的油画作品，搞各种不同的特展、巡展。比如罗马尼亚画家柯尔内留·巴巴的展览，有几人可以到罗马尼亚博物馆去看巴巴的画呢？就算到了罗马尼亚，要去跑17个美术馆、博物馆才有可能看到我们这个特展里面的作品。那么，我们做了这么一个特展，就省得专门到罗马尼亚去看巴巴的画了，这样对普及油画也有好处。

另外，我们油画界也有一个普及的问题。专业范围里的普及跟群众普及的层次不一样。我现在就比较苦恼，现在很多学油画的人，甚至有些专家都不理解、不懂得西方油画是怎么一回事，不能准确地理解油画的本体语言，这是最大的问题。如果不真正了解油画本身，念经要念歪的，最后所谓的油画民族化，就不是油画了。就跟芭蕾舞一样，芭蕾舞最基本的原则，这个脚尖要跷起来。芭蕾舞有它的程式，有它的规范，如果这些东西都不注意，民族化以后，脚尖不跷起来，那已经不是芭蕾舞了，就变成民族舞了，那要芭蕾舞干什么？油画也是一样，有它的语言，有它的结构，有它的程式，有它不可偏废的地方。如果说，在画布上用油画笔、油画颜料完全勾线，跟传统的单线平涂一样，那要油画干什么呢？

西方之所以有油画，油画之所以吸引我们，是有道理的。道理在哪里呢？最主要的，就是油画的本体语言。一开始，我提出这个概念的时候，很多人都不以为然，而且觉得我这个提法有点"那个"，但现在很多北京的同行慢慢地认可了这个提法。像巴巴的油画，他有西方的油画传统，跟西方传统是一脉相承的，但是他把这种传统发展成为一种罗马尼亚式的油画，而且是一种有着自身个性的油画。这个我很赞成！这个油画的本体语言不是孤立的东西，是不能把它"民族化"，不能把它"化"掉的。这个"化"的意思，类似于化学，就把两种东西加在一起，变成另外一种东西。油画的本体语言"化"掉以后，油画就不存在了。所以，我认为油画的民族化问题，不应该在油画的本体语言方面提倡"民族化"，把它"化"掉，而是应该把中国的精神、民族的生活、我们的个性融进到油画里面去,这才是我们应该做的。最后形成的油画民族化,应该是"这幅画是油画,而且是中国的油画",而不是"这幅画是中国的画,但不是油画。"如果这样,就不对了。我们艺术中心要向从事油画创作、油画理论的专业群体普及油画的本体语言。

总之,艺术中心的宗旨,一是研究油画,把西方的油画拿来后,怎么在中国大地上生根、开花、结果,让西方油画变成中国的油画,这是研究油画的目的;二是向社会公众普及;三是向专业领域传播关于油画本体语言的概念。按照油画的规则、油画的语言,来表达我们的思想,我们的时代精神,使油画成为中国油画,也就是油画民族化。

内部设计

确定筹建艺术中心、艺术基金会以后,那位企业家朋友就带我去西湖区看那块地。我第一次去看的时候,好像是冬天,挺冷的,这个地方什么也没有,附近都是空地。我一看这个地名,梵村。20世纪60年代,我回国以后,第一次带浙江美术学院学生下乡,就是在梵村。当时图纸上还没有艺术中心,就给了一个大概范围,一共17亩毛地。我觉得挺好的,就基本确定了我们的大方向。

在建筑设计方面,我没有找著名的建筑师。一是因为我们条件有限,以现有的场地、财力,只有我知道怎么样能够充分利用这么小的一块地方;二是要适合油画陈列,对光的处理要求特殊。我考察过很多美术馆、博物馆,包括世界上最著名的博物馆、美术馆。不仅仅去看画,还有意识地去考察他们的场馆、展陈,包括策划、运作等,我们可以借鉴。所以,在如何设计艺术中心的问题上,我自己心里是有本账的。虽然很多建筑师在设计其他建筑方面很有经验,但对如何设计美术馆,特别是如何设计油画的陈列展馆方面,他们不一定非常专业。我在想,如果是请一位有名的建筑师，当然有他的优越性，也有他的局限性，不一定符合油画展陈的实际需求。有些美术馆设计适合当代艺术，但不适合展览传统油画。我所需要的，只有我自己心里明白，于是请来我的朋友陈俭明设计艺术中心，我跟他一起协商，一起学习。

陈俭明是我中国美院同事，早就认识。他虽然不是学建筑专业的，但很聪明，对建筑很有研究。于是，我就大胆地让他来设计艺术中心。他也按照我的要求，一个一个设计出来。为进一步地完善设计，还专门派陈俭明及我们的筹备班子到美国考察学习。去华盛顿、纽约、洛杉矶等地的好几个重要美术馆、博物馆。亲自去感受一下，就不一样了。通过朋友联系，他们都能进到藏画室、修复室去参观了解，取得非常好的效果。

艺术中心的建筑物经过很多思考。一方面，我认为，建筑首先要实用，要适合我使用的要求。另一方面，因为条件很有限，确定艺术中心为一个长宽都是50米的方形建筑物，这是最节约的。还有场馆内必须要有天光；建筑物不宜造得很高。所以，我们的展厅基本上就一层，报告厅、图书室、监控室、备材室、休息室、办公室等，都在半地下室里面。像国外的美术馆，它的后勤是很庞大的，我们这个艺术中心的展厅与后勤、服务面积比例，已经算是大了，楼上安排了四间大画室，都有天光。跟其他美术馆、博物馆都不一样，这个艺术中心是完全按照我们自己的需要来设计的，非常经济、实用。

中国传统建筑设计，主要是以木头为主的榫卯结构，而且往往分为很多比较小的开间。与之相比，在艺术中心的设计中，空间结构是西式的，钢架结构的内部设计，必须达到油画展览的国际标准。第一，恒温、恒湿；第二，色温正确；第三，保安过关。只有确认这三条，国外画主才可以把画借给你。恒温、恒湿是必须的；色温正确也是起码的要求，一定要这样。灯光的色温也一定要是对的。我们艺术中心要做巡展，也要求承办的博物馆做到恒温、恒湿及色温正确，这是最起码的条件，必须这样。目前来说，国内的博物馆、美术馆仍有一些馆做不到。

至于具体到如何设计、实施艺术中心的恒温、恒湿及色温方面，还是要通过陈俭明来完成。我们艺术中心是采取地源热泵，100多根柱子打到地下100米，通过地下深层土壤的能源，实现冬暖夏凉。到冬天，我们升一点温；到夏天，我们降一点温，这么一个又环保又节约方式，能保持展厅的恒温、恒湿，进而形成一个很好的保护油画的客观条件。

再比如色温，有太阳和没有太阳是完全不一样的。在太阳直射进来的南面光之下，油画的颜色不稳定，因为画面反射出天空的蓝颜色，画面颜色就会变掉；在太阳折射进来的北面光之下，油画的颜色是最稳定的。因为这个墙是斜的，北面光打到墙上，再经由墙面的反光，折射进室内，就没有蓝颜色了，这种光线打在油画上面，颜色就比较稳定。油画的颜色微妙得很，为了油画创作、鉴赏，就要严苛地要求北面光。而我们展厅的层高，包括画室的层高，至少在4.5米以上，我要求展厅和画室里始终是北面光，阳光不能直射进展厅、画室，这是一般建筑所做不到的。如果偏东一点，太阳变成东北方向，早上升起的太阳光就会照射进来；如果偏西一点，太阳变成西北方向，下午落山的太阳光就会照射进来。而且地球是公转的，春夏秋冬四季太阳的照射情况都不一样。北面光要不偏不倚，就一定要找到杭州地区一年四季太阳照射的规律，一定要非常准确地计算角度。我跟陈俭明说了以后，他就找人计算，在杭州这个地区，春夏秋冬的太阳在北面方向多少度，才能避开太阳直射的几个方向，一定要夏天的时候太阳照不进来，冬天的时候也照不进来。为此，他们费了很大的劲，计算了很长的时间，才算出角度。现在看起来，还是有一点点的太阳光直射进来，没有完全避开。

对油画来讲，色温是非常重要的，北面光底下的颜色是最标准的，比较稳定。我们艺术中心里所采用的灯，都是经过特别挑选的，灯的色温和北面光的色温是一致的。总之，油画比较娇气，不但要恒温、恒湿，还要恒定的色温。提出这样要求，应该说，比较苛刻。陈俭明他们努力配合，尽量做到。

经过反反复复的商量、修改，我们用了好长时间才把设计方案搞定。然后，陈俭明再找专业机构来帮我们做工程计算，出具体设计图纸。

外部环境

至于艺术中心的外部设计，建筑的颜色、材料以及形式等，我与陈俭明一直磋商，不断磨合。每一种材料，我们都经过很长时间的研究，如艺术中心白色的外墙，是借鉴了国外博物馆的白色设计，馆内的层高，门的高度，展厅里面用什么颜色，用什么材料，我们都进行过商量。很多建筑材料都是进口的，像石材，有很多是意大利大理石。当然，我们在选择建材的时候，还要考虑价格因素，我们总希望能够买到价廉物美的东西。

在建筑物具体施工上，则由陈总负责对接。我只把自己所要求的东西给他们讲清楚，让他们尽量地按照要求来做。当然，有些不一定能够做得到。比如说，外墙的颜色现在还有很多差异。因为装上去的大理石板，没有统一做洁面，现在墙面的颜色比较花，没有达到要求，后来因为工期关系，也就算了。

艺术中心的整体设计还要求周围环境和建筑物相吻合，保持整体环境要协调，环境设计和建筑简洁的设计理念要紧密相连，这些要求，我跟陈俭明也商量了很久。包括艺术中心外面的桥，要与建筑物一体，建筑物像基石一样的，是方形的；桥的造型也应这样，一个方块形的桥直通外面，而且为了整个设计的简洁、完整，桥上是没有一盏灯的。灯在哪里，都在底下，晚上走路的时候看得很清楚。

艺术中心是一块三角形的地，朝西方向对着马路，要是大门面向南的话，马路上看不见艺术中心，要到另外一个地方才能进来。所以，我们这个建筑的正门必须朝西。起初没有桥，只能在马路上隔着河看艺术中心，只能隔岸相望了，所以必须要有一个桥，我们就申请在这地方造个桥。为了这个桥，也是搞了很长时间，本来是不允许的，因为旁边进出小区的路上有一个桥。但是，我们提出来的这个要求比较合理，既然艺术中心是一个单独的机构，自己的大门应该直接通向马路，因此市政方面就批准我们在这个地方专门造个桥。

艺术中心四周是一个花园。在花园里，我们摆放了很多雕塑，周围的植被整齐，四季常青，映衬着雕塑，在郁郁葱葱的树丛中，也可以把我们白色的艺术中心衬托得更漂亮。在植被的选择上，以桂花树、樟树等常青树为主，一蓬一蓬的、浓郁的深颜色树。为此，我自己去园林馆，一棵棵地选。

整体来说，这个建筑外面是小桥流水，里面是一片四季常青的植被，中间是个白色建筑物，体现出一种充满文化气息的，庄严的、雅致的审美理念，这跟西方美学的理念有着很多共通的地方。

关于艺术中心的标志，我们请了中国美院几个专家来帮忙设计。他们群策群力，商量出很多方案，让我们来选择。我们希望跟建筑物统一起来，在一块白色大理石上面，写上"QAC"，这是全山石艺术中心的英文名称"QUAN SHANSHI ART CENTER"缩写，这个是比较明确的。怎么能知道这是一个与油画有关的单位？后来想道："能不能加一个有笔触，又有厚度的东西？"所以，一种方案是"QAC"上面有一个油画的笔触。另外一个方案，是一个调色板，上面也写着"QAC"。这样我们将两个设计理念统一后，由我的学生俞嘉迪执笔设计。中心的标志是经过反反复复讨论后确定下来，再去注册的。

艺术文脉

在艺术中心建筑周围，为什么要布置些雕塑，因为在艺术中心，需要展示西方的文脉。虽然理解油画语言要靠原作，原作往往只有一张，像《蒙娜丽莎》。搞油画原作回来很困难。雕塑是油画的姐妹艺术，而且雕塑做完了以后，复制几件都是原作，像米开朗基罗的雕塑《大卫》就是一个很好的文脉，但可能搬到中国来展览吗？那是永远不可能的！不过，从审美角度来讲，即使《大卫》的复制品也跟原作是一模一样的。

2004年左右，筹建艺术基金会、艺术中心的初步方案定下来了。那时，我的一个法国朋友告诉我，在米开朗基罗的家乡有一件很好的《大卫》雕塑。他说："我都没看到过，有做得这么好的一个大卫的雕塑，你可以去看看。"我听到这个消息以后，专程到意大利。我想："在上小学的时候，我就知道米开朗基罗。可是，我真正看到米开朗基罗的《大卫》原作时，我已经是白发苍苍了。"在威尼斯的中意文化交流中心成立大会上，他们叫我谈感想，我就讲文化交流的重要性，并提到米开朗基罗的《大卫》。

老实说，从文艺复兴到现在，还没有出现过像米开朗基罗这么伟大的雕塑家。因为从整个西方的历史来看，经过那么长时间的中世纪时代后，进入到文艺复兴时期，产生了人文主义思潮，开始重视人的价值，人的力量得到发挥。这个力量有多大呢？就体现在米开朗基罗身上。他这么一个人，一生做了那么多的雕塑，还画那么多的壁画。西斯廷教堂[①]的壁画这么大，而且将成百上千的人物形象组合在一起。所以，从米开朗基罗身上体现出来的人的力量和智慧，能够达到这样一个高度，这是很伟大的，在人类历史上是没有的，可以说，到现在为止，还没有人可以跟米开朗基罗相比，也很难与他相比。比如罗丹的作品里面，虽然也有一些小型雕塑是石

---

① 西斯廷教堂（Cappella Sistina），位于意大利的罗马城中，属梵蒂冈所有；建于1473年，以教皇西斯托四世名字命名。

头雕刻的，但大部分都是泥塑的作品，或者是泥塑翻模出来的雕像，而米开朗基罗的作品都是用大理石一个个雕出来的，跟他没法比。像米开朗基罗这样的人物，实在是不太可能再出现。而这么一个反映人类智慧的《大卫》，我要把它买过来，放在艺术中心，这也是我们艺术中心最早的一件收藏。

所以，能够知道这么好的一个《大卫》雕塑在什么地方，我动心了，专程到了米开朗基罗的家乡。这个地方虽然离佛罗伦萨比较近，但交通不便，我叫朋友开车送我过去。我们从博洛尼亚出发，到佛罗伦萨要两个小时，再从那里到米开朗基罗的家乡，还要两个小时，差不多要四个多小时才能到那里。到达目的地后，我看到了这个雕塑作品，非常感动。我在佛罗伦萨看过很多复制品，没有做得这么好的，甚至那个肌肉的弹性都做出来了。当时就决定买下这个《大卫》。

买下来以后，走海运到宁波港，可是，海关不让这个木头箱子入关，因为箱子里面有细菌，或者虫子。哎呀！我经历了那么多困难，从意大利都运到家门口了，这点困难，我肯定要克服。我们想办法搞吊车。先把那个装《大卫》的箱子扔掉，就用塑料布把雕像包起来，绑起来，再用吊车把它吊到一个卡车上面，运到工厂仓库。这个《大卫》就在仓库里面躺了整整9年。

那个时候，我已经考虑到艺术中心的建设，同时也开始动手把一些雕塑搞来我们中国了。雕塑《胜利女神》，为什么非要把它放进大厅呢？就是为了展现西方艺术的文脉。《胜利女神》原作是在萨莫色雷斯岛上发现的一个公元前200年的希腊雕塑，非常有代表性的。在巴黎卢浮宫进门的地方摆着《胜利女神》，当时我看到这个雕塑的时候，觉得很震撼，我认为这是人类智慧的创造物。我们既然研究油画，就要体现西方油画的文脉，所以，我一定要将《胜利女神》雕塑放进大厅。

这几年，通过我跟国外博物馆联系的经验，我认为，对于基金会的理念，很多西方学者比我们要清楚，他们很支持公益事业，而我们艺术基金

艺术中心外景

十三、创办艺术中心

会就是一个文化的公益事业。比如我跟卢浮宫沟通时,我们以艺术基金会的名义与他们商谈,复制《胜利女神》《断臂维纳斯》《垂死的奴隶》三件卢浮宫的"镇馆之宝"。他们就很支持我们,这三件东西都给,并保证做得跟原作一模一样。我很高兴,而且我们出的费用很低。像其他国家美术馆、博物馆,也有复制卢浮宫的雕塑,《断臂维纳斯》复制得比较多一些,但在我所看到过的复制品中,没有比我们这里的更好的。我们的三件雕塑是原模里面翻来的,绝对一样,这是非常难得的。所以,不管是材料质地、尺寸大小,这三件卢浮宫雕塑的复制品,跟原作几乎是一样的,颜色也比较接近。而且我好像还没看到过,同时复制这三件雕塑,放在同一个场馆里的情况。

最近,我们跟布德尔①博物馆的关系比较好。布德尔是罗丹的学生,也是很好的雕塑家,我们向他买了唯一的一件《战士》原件。他还有一个雕塑也非常好,就是《弓箭手赫拉克勒斯》,这是世界有名的雕塑,原作已经没有了。我把布德尔博物馆的馆长请过来,要求做一件《弓箭手赫拉克勒斯》的复制品。雕塑复制品不能超过八件,再多就不可以了。他们以布德尔博物馆的名义,替我们向巴黎美术家协会申请,还要经过欧盟委员会批准。现在也批了,专门给我们做一件复制品,大概到年底

---

① 布德尔(Emile Antoine Bourdelle,1861—1929),法国雕塑家。

（2018）就会运到我们杭州。

这样，我们艺术中心有了《胜利女神》《断臂维纳斯》这样的希腊雕塑；又有了《大卫》《垂死的奴隶》这样的文艺复兴时期雕塑；后来也有了罗丹、马约尔、布德尔等人的近现代雕塑。因此，从雕塑的角度来看，我们艺术中心已经能相对完整地表现从古希腊时代到现代的西方艺术文脉。

展馆设置

艺术中心有三个展厅，筹建的时候，我们就开始考虑展厅如何设置的问题。艺术中心里的展览，既要展示西方的艺术，也要展示中国人学习西方艺术的成果。

所以，有两个展厅是固定陈列：一个固定陈列展示我们的收藏，展示从油画起源开始的发展变迁；另一个固定陈列展示我个人的作品，这不是我个人的事，而是因为历史把我塑造为一个具有时代代表性的典型。在艺术中心展示我的油画，就是向观众说明，我作为一个中国的艺术工作者，怎么学习西方油画，怎么从传统油画里面吸收一些滋养，又是怎么把西方油画和中国文化结合起来，探索一条油画创作的新路子。所以，我的所有作品都是围绕这么一个指导思想来展出的。也就是说，我们这一代人实际是东西方艺术交流的一个铺路石、一个桥梁，如果我们能够起到这么一个作用，那就可以了。还有一个展厅是临时展厅，是经常地借中外博物馆、美术馆的一些绘画，到我们这里来搞临时展览，以弥补我们馆藏的不足。

因此，我们这个艺术中心是活的，不是死的。不要认为博物馆、美术馆搞完了基本陈列以后，就可以坐着不动了，那个是不好的。如果观众光看我的这几张画，来过一次就可以了，不需要再来了；或者观众光看我们这里买来的几张画，两个小时就看完了，也不需要再来了。这样是不可能实现艺术中心的宗旨，是不可能吸引更多的人参与到研究油画、普及油画的事业中。而我们艺术中心经常有特展、巡展，观众就会经常地来。同时，这两个固定陈列的展厅，也会经常地补充和变化展品。正因为我们有各种不同的展览，我们用不同的方式来变换展览，我们场馆才有生命力，才会吸引很多人来参观，才会变成一个美育教育基地。很多中小学生经常到我们这儿来上课，这就符合我们普及油画、为大家服务的理念，曾经设想的初衷也就可以慢慢地实现了。

我们艺术中心的展馆设置很适合展览架上油画，不像很多美术馆的建筑物很高大、很气派，但是不实用。比如上海中华艺术宫，它是一个很好的展览场地，比较适合举办当代艺术或者装置艺术展览，但不适合传统的架上油画展出，因为它的墙面有8米高，一幅油画挂上去，像邮票一样，这样的场馆就衬不出油画本身。另外，我们现在的很多画廊建得很低、很黑，将一束光照在展品上，这种做法实际是珠宝、器皿等文物的展陈方式。但是，它不适合架上绘画的展览，因为架上绘画原本的展示空间都是卧室、书房或宫殿等地方。像我们艺术中心就比较好，既能够让一般观众看得到陈列的画，也能够让临摹的人看得到自己临摹的画。如果就一束光的话，只看见原作的画面，临摹的人就看不到临摹的画面了，学习就会有困难。

我们艺术中心的宗旨很明确，主要展陈传统的架上油画。这样就把展览范围缩得很小，就会比较有针对性地进行展馆设置，比如墙面，放一般尺寸的油画，大小就正好。包括考虑到临摹学习的需要，在我们这里临摹，临摹作品的画面颜色，跟原作的画面颜色是一样的。这就是我们这个展馆设置特殊之处。

在展馆的装修、装饰方面，就是简洁。我们艺术中心，所有装修装饰主要为了突出油画。包括墙面，我们参考西方展馆的经验，根据展览需要，改变墙面的颜色，墙壁不是红颜色的，就是灰颜色的。如果展览伦勃朗这样的古典油画，放在白墙前面，那画面会显得很黑，而放在暗一点的墙面前面，那画面就会突显出来，灯光打在画面上以后，这个画就特别的好看。所以，我们艺术中心的装修通通围绕着作品，目的就是为了突出油画的视觉。像这样的展馆装修、装饰思路，以前我们国家可能还没有这样做，现在是有的。

因为我们艺术中心的设计风格和展示环境，与国外美术馆的思路基本相通，他们的领导或者相关工作人员参观我们艺术中心后，觉得很对路，很好，很愿意把一些作品拿到我们这里展览。

藏品展示

关于我们艺术中心的馆藏，主要是尽我们的能力收藏西方油画，并通过这些藏画介绍有关西方油画的产生及其发展变迁的脉络。所以，藏画主要有两个方面：第一，我们尽可能地讲清楚油画的起源。因为油画起源于文艺复兴时期，我们的收藏是从文艺复兴开始；又因为油画产生于两个主要体系，一个是15世纪下半叶到16世纪初的意大利，一个是14至15世纪的尼德兰。所以，我们的藏画既要有意大利的油画体系，也要有尼德兰的油画体系，就是现在的荷兰、比利时的北欧油画体系。我们尽量收藏这两个体系中有代表性的作品，包括15世纪的蛋彩画，因为油画是从蛋彩画演变过来的一个画种，就是尽可能告诉大家油画的起源。第二，油画产生以后，它是怎么发展的——在每一个国家，油画发展出怎么样的不同派别，呈现出怎么样的不同面貌。现在我们艺术中心的藏品已经能体现各个国家油画发展的大概脉络，就是油画从意大利、尼德兰起源，然后从17、18世纪到20世纪，慢慢转向法国，一直到现代油画。然而，想把相关作品都收全，这就很难说了。现在我们又增加了罗马尼亚、俄罗斯、乌克兰等国家的油画，同时也尽可能逐步地收购北欧国家的油画。

那么，通过介绍我们艺术中心所藏的各国油画作品，观众就懂得了这个油画是如何产生，又是如何变迁、如何发展的，还可以进一步思考中国油画应该走怎样的道路。包括各种各样的油画里面一种美的特征，能让大家多见到一些，这大概就是我们所要做的事情。可以说，从传统的油画开始到现在的油画,这样一种脉络性的展示,只有我们艺术中心才有,在国内是唯一的。

除了西方油画原作,艺术中心还收藏、陈列了我的很多作品。为什么要展示呢?这里必须要抛开个人,才能够说清楚这个问题的性质。我的作品放在这个地方,并不是要展示我个人,而是展示中国有这么一段历史。就是20世纪50年代,我们国家派7批共33个留学生去苏联学习油画,而这个留苏的学派,在中国油画的创作史和教育史上起过很重要的作用。我是最有代表性的留苏学生之一。为什么呢?因为在列宾美院,我的所有成绩都是最好的,全是五分,中国留学生中只有我一个拿到红色文凭,是唯一取得这样成绩的代表,而且我的画保存得比较完善,虽然很多作品留在列宾美术学院,但在回国之前,跟学校沟通,把主要的几件作品都拿回来了,有了比较典型的、完整的一个脉络。放在艺术中心的这些画,可以告诉我们的年轻人,中国人向苏联学习西方油画的过程。

艺术中心大概分为几个阶段展示我的作品,每个阶段的目的不一样,但基本框架是一样的。留苏期间,主要侧重于油画的技法;回国以后,侧重于应用,结合国内的实际情况进行创作。文艺复兴时期,都是教皇向艺术家订购作品;到了17、18世纪,都是宫廷向画家订购作品;到19、20世纪,都是中产阶级购买一些他们所需要的作品,像印象派的画。那么,社会主义国家呢?主要是国家来订购作品,历史画或主题性美术创作就是这样。当然,我们国家不像西方是用钱来订购,而是一种政治任务,给画家一个机会到中国革命博物馆创作历史画。当然,我们画这些历史画,是有稿费的,只是稍微低一点而已。"文革"以后,进入到一个新的阶段,我开始更多地探索油画的本体语言,发挥油画材质的美感。于是,我就去了敦煌、新疆采风,把我所吸收的传统油画滋养,与新疆人民的生活和当地风景结合在一起,创作了一批作品。一直到今天,我都在探索,既要很好地掌握油画语言,又要赋予油画一个民族精神,也就是油画怎么民族化的问题。

艺术中心就是以这样的一个脉络来陈列我的作品。具体情况，则根据展厅需要来布置，展品经常更换，有时候多，有时候少；有时候是这个展厅，有时候搬到那个展厅，但整个脉络是不变的。

十三、创办艺术中心

全山石先生在画作《塔吉克人的婚礼》前

十四、艺术中心活动

开幕首展

我有一个想法，即有很多事情都是事在人为。如果按照常规方式建设，这个艺术中心可能今天都不一定能完工开幕。有时候，定下一个切实可行的目标，大家认可以后，各方面就会努力去争取，而在这种情况下，可能会实现我们所想做的事情。

我们艺术中心为什么选择2014年9月21日开馆呢？因为那个时候，正好是杭州举办"第十二届全国美术作品展"，全国很多画家、领导都会到杭州来参加美展。于是，我们就想借这个东风，举办我们艺术中心的开馆仪式。大概离艺术中心开幕前一个月，我们这里还有很多问题，马路等很多工程都还没有完工，但就是定下了这个目标以后，我们在这最后的一段时间里冲刺，在全国美展开幕之际完成了艺术中心的建设工程。最后，果然不错，艺术中心的开幕式搞得非常成功！国内外的朋友来了很多，并且参加全国美展的美术界领导都来祝贺我们艺术中心开幕。

所以，通过我们艺术中心的建设，我得出这么一个经验。很多事情必须先有一个具体的实施计划和目标，然后再动员大家一起来完成。当然了，这里必须要预计这个目标有没有实现的可能性？如果我们预计错了，那会损害大家将来的积极性；如果我们预计对了，就会促进大家积极性。

十四、艺术中心活动

在艺术中心的筹建过程中,我们遇到的困难有很多。首先,经费有时落实不到位,诸如此类的具体事情,都是很大的困难。其次,因为艺术中心还没有很多自己的藏品,开幕首展,展览什么呢?后来,我就想办法向我的朋友借画,我的开幕首展是一些借来的外国油画。那么,关于艺术中心的开幕首展,怎么能够有一个说法?为什么会展出这些作品?因为改革开放以来,我帮过很多朋友、企业家买画,或者帮一些博物馆、美术馆买画,这些外国油画能够引到国内来,都是经过我的努力,所以,我就请他们把画借给艺术中心展示。我认为,这个比较有意义,比较容易办到,虽然这些展品是其他人的收藏,不是我们艺术中心的藏品,但能够展现我这么多年来把西方的艺术引进来的成果。这就比较符合艺术中心的宗旨,且与艺术中心有直接联系,而不是搞个莫名其妙的展览来参加这个开幕式,所以这个展览很成功。

此外,我还举办了一个尼古拉·菲钦的特展。为什么选这个画家?一方面,因为他的技法很特别,有一种非常独特的油画语言。我们国内很多艺术家都向往菲钦的艺术,但是只知道他的素描,都没有看到过他的油画原作,因为他的油画从来没在我们国家展出。另一方面,我想澄清一下美术史上对菲钦的误解。一直以来,大家认为菲钦是白俄分子,就是苏维埃时期跑到外国去的叛徒,或者是被苏联人赶出国的人。在苏联时期以及现在的俄罗斯,在一些人心目中,菲钦仍是被鄙视的,认为他到美国就不回来了,也就是一个在政治上不可靠的人。但是,根据我的了解,因为我写过他的书,我去访问过他的故居,我知道他的整个历史,我认为这是历史的误解。他不是白俄,不是苏联的敌人,而是一位非常爱国的旅美画家。他临死的时候,把他放在喀山的所有作品都捐赠给当地政府,凭这一点就可以说明,他是非常爱国的。他多次想回国,他本来计划先到中国,然后再回到苏联,但由于卫国战争影响,他没办法回来。所以,不能说他是叛徒,更不能说他是祖国的敌人。我认为,他是一位纯粹的艺术家,但因为他的身体原因,他个人的生活很坎坷。

菲钦的艺术是非常独到的。我在介绍他的文章里，就把他的油画艺术评价为"菲钦式的油画"，这是我给他的一个非常高的评价。另外，菲钦是一个艺术家，不是一个政治上的叛徒，我想澄清这个问题，因为有关他的很多宣传，都是受到一种极"左"思潮的影响。我一直认为，油画界甚至是绘画界一直存在极"左"的思潮，一直存在不尊重艺术规律的问题。我觉得，在学术上，在艺术规律上，不能有很多的政治因素。为什么俄罗斯的音乐、俄罗斯的油画都很好，却在世界上没有地位？因为有的人认为他们的艺术是原来社会主义体系下发展而来的。我认为，不应该这样去判断，应该从学术的高度、艺术的水平来衡量一个艺术家及其作品的价值，这样才是公正的。如果说，菲钦生长在法国，或者生长在美国，那就不得了！所以，我就挑选菲钦这样的画家，既然他在艺术上有这么高的成就，就应该介绍、引进到中国，我们应该向他学习。

经过这样的深思熟虑，我们艺术中心开馆的时候，我就挑选菲钦的作品，策划一个特展。而且我有把握成功，因为我去过喀山。有些时候，有愿望，但没机会，事情就做不成；有些时候，有机会，但没愿望，事情也做不成，这两个要结合起来才行。在策划菲钦特展的事情上，这两条我都能做到。2013年7月，我就联系鞑靼斯坦共和国造型艺术博物馆，想借菲钦的一些藏品作为艺术中心开馆的展览。这是我第二次去喀山。第一次去，是我在编写菲钦画册的时候，已经过去好几年了。我跟喀山好像有这么一个缘分。那时，靳尚谊先生说："我也没去过喀山。"我就说："我带你去，我很熟悉。"这样，我们就一起去莫斯科、去圣彼得堡，还去了喀山。

那个时候，我编写的菲钦画册已经出版了，而且俄文版也出了，我也把俄文版的画册寄给喀山的馆长了。我们和这个馆长见面后，他就说："你编的这本书是目前我看到的写菲钦的最好的一本，印刷、编写都非常好！"他还说："你有什么要求，你就提出来。"我就说："我想借菲钦的画到中国去展览。"他说："他这里的画不多，你借去的话，我们这儿就没有了。"我说："希望你们能够支持一下。"结果第二天再去，他就慷慨地答应我了。他说:"你挑的这些画,除了有几幅画现在我们要修补以外,其他你所要的画,我们都给你准备好。"我们这次去喀山,谈得非常成功。由于菲钦的遗嘱里要捐赠给国家的画本就不多,总共二十多幅,最后我们就选了不到二十幅画。

菲钦的画展先在我们艺术中心举办,再去北京大都美术馆,有近二十幅原作,这还是第一次,因此受到一致好评,大家看了以后,感觉非常好,不禁感叹,原来油画可以画得这么好!20世纪60年代,菲钦的画就已经介绍到国内了,是浙江美院的老师从美国买了一本菲钦的素描回来,单页本,小小的。传开以后,美术界很轰动,认为这样的素描不但造型好,而且表现很生动,又有很多东方的韵味,尤其是他素描里面用的线很接近中国的线描,所以大家对菲钦的艺术一直有着很好的印象。而当我把他的油画艺术介绍到中国以后,大家就更加吃惊,更加喜欢菲钦了。因为菲钦不仅素描造型好,而且他的油画色彩也非常独特,这次策展,我认为很成功。

艺术中心的开馆仪式非常隆重,中国美协领导、浙江省委宣传部的领导都来了,特别是油画界的几位权威人士都到了。中国美协书记处书记徐里同志,是美协副会长,代表美协发了言;还有浙江省委宣传部部长葛慧君同志也亲自到场,他和美协的名誉主席靳尚谊先生一起给我们剪彩、揭牌。有很多国际友人,像列宾美院的院长、教授,卢浮宫里搞雕塑的专家,喀山的博物馆馆长,还有国外画廊的人士等,这些朋友都到了。那天,我很激动,记得发言的第一句话就是:"今天是我生命当中最高兴的一天,因为我的愿望实现了!"

阿尼戈尼画展

艺术中心的主要活动,首先是举办展览。我们每搞一个展览,都有一个主题,直到今天,我们搞了多个规模不等的油画展览。小型展览,像阿尼戈尼的展览和我的小幅风景画展览,这都是不太费劲的。比如"全山石小幅油画风景展",因为当时正好有场地,展期也合适,而且有很多中国美院的学生要去下乡写生,画风景,也是配合他们的教学需要,我们搞了一个短期的风景画展览。因为我的画也很多,平时展出有限,如果全部展览风景,可能会太单调,所以单独开辟了一个专栏,就是从留苏时期到现在,各个时期的一些小风景画,大概有近百幅。展品基本都是写生,有一部分纯粹是习作,有一部分是有主题思想的风景画,还有很多是没有主题的纯粹客观的风景画。

我们还办了"意大利现实主义画家阿尼戈尼作品展"。大概1995年,我开始关注、研究阿尼戈尼,并在2001至2006年间,出版了三本有关阿尼戈尼的书,把他的艺术介绍到中国来。从认识、收集、研究到出书,我对阿尼戈尼的艺术已经有比较深的认识。阿尼戈尼实际是一位"墙内开花墙外香"的画家,画过英国女王的肖像以后,他就得到了欧洲人的普遍认可。近几年来,意大利对阿尼戈尼很重视,专门命名一条街,叫阿尼戈尼街;专门命名佛罗伦萨的一个广场,叫阿尼戈尼广场。可是,阿尼戈尼很多好的作品都在我们这里。因为作为画家,阿尼戈尼的作品不是很多,而在我关注阿尼戈尼的20年时间里,有各种各样的机会,只要我遇到他的画,我就通过浙江的企业家,逐步地把他的作品都买下来。说句不客气的话,我们艺术中心收藏的阿尼戈尼的作品,不管是质量还是数量,已经远远胜过佛罗伦萨的阿尼戈尼美术纪念馆。

正因为我们有很多他的油画、蛋彩画代表作,包括素描,我们就举办了一个阿尼戈尼的作品展览。当时,我们还想从佛罗伦萨的阿尼戈尼美术馆再借一些作品来参展,但他们的费用太高了,我们没要。我梳理了艺术中心所有阿尼戈尼的作品、文献,搞一个展览,出了一本画册,并送给阿尼戈尼的美术纪念馆。后来,这个展览还在宁波、厦门等好几个城市巡展,都受到人们的普遍欢迎。

巴比松画派展

除了举办一些小型展览，基本上每年我们都会集中力量办一到两个比较大的展览，那些大展览就是要下比较深的功夫策展，而且付出的代价也比较大，比如说2018年3月到4月的"法国巴比松画派研究展"。我们本可以不搞，因为2015年5月到6月，我们刚举办"19世纪法国现实主义风景画展"，主要是介绍法国的一些艺术，在法国艺术里面有许多革新的方面，其中一个，就是风景画的革新。因为法国写实主义绘画代表人物库尔贝提出了这样的观点："我要画我自己眼睛看到的东西。我不画天使，因为天使我没见到过。"他提出了现实主义。到19世纪中叶，法国有一批画家反对沙龙绘画，开始要走向生活，反映现实。那么，以库尔贝为代表的一批年轻的现实主义画家聚集在巴比松，其中就有很多画风景的画家，巴比松画派只是风景画革新中有代表性的画派。这个现实主义风景画展览是19世纪中叶到19世纪末的一些法国风景画，不纯粹是巴比松画派，还包括写实主义绘画。

我们做这个展览的目的，有两个方面：一方面，法国油画从象牙之塔走向生活，从理想美的古典主义理念，走向大自然，走向现实生活。这个应该值得我们推崇和学习的。如果只在象牙塔里面，永远在诸如古典主义、理想主义范畴里面，就很难和我们的生活相结合。另一方面，就是介绍法国的油画，它是怎么样通过学习意大利的绘画，慢慢地发展，逐步地变成法国的绘画。很重要的一点就是写生，如果不写生，画就没有生命力。既然写生了，就能慢慢地反映法国的生活，反映法国的情调，反映法国画家对生活的一种认识，油画就会慢慢地变成法国的油画。我们搞这个展览，就希望我们的艺术能够得到启发，在传统油画的基础上走向生活，逐步形成我们自己的油画。

这个展览的作品，一部分是我们艺术中心的收藏；一部分是上海西方经典艺术馆的藏品，他们是专门经营西方艺术的，收藏了很多这个历史时期的法国风景画，我就选择其中我们所需要的作品。这两方面的作品拼起来，搞了这么一个展览。展品的数量还是蛮多的，有好些是巴比松画派的，库尔贝的作品也有，整体反响还可以，特别是一般群众比较喜欢。

后来，有一位美国华人和一位美国理论家，他们在北京、山东展览了很多自己收藏的巴比松画派的作品，叫"臻品·大师原作展——2017巴比松画派作品展及2018毕加索作品预展"。他们希望这个展览继续到我们艺术中心举办，刚开始，我并不清楚他们美国人的办展目的，就说："这个展览我不要，因为我们关于这方面的展览已经有过了。"但是后来发现这个展览里面的一些画还是非常好的。随后，人家又来讲了好几次，无论如何想办法，就要我们承办这个展览，而且由他们承担这个展览的许多费用。这样的话，我说可以考虑。

为什么我可以考虑？因为我们前面做的"十九世纪法国现实主义风景画展"，只是笼统地介绍法国写实风景画，没有专门展示巴比松画派的作品，我觉得巴比松画派的展览值得我们做。这是一个非常值得宣传的主题，特别是现在美术界正在强调面向生活，这不是结合起来了嘛！另一方面，大概二三十年前，浙江丽水一些画家开始表现当地的山山水水，后来慢慢产生了全国性影响，他们自称为"丽水巴比松"。然后，全国很多画家都去那里画画，认为那个地方的风景比较美，画出来的风景画也比较好，而且和法国巴比松画派一样，可以产生很多年轻画家。所以我想，在浙江办这么一个展览，也有新意。基于这两方面的考虑，我说可以考虑办这个展览。

那么，既然我同意搞这个画展，那就得有一个主导思想。我接受这个画展的目的是什么？想要宣传的是什么？但是，当他们把具体材料送过来后，我一看就知道，他们原来的展览是没有学术定位的，概念很模糊，把巴比松画派这一类绘画都放在一起，等于是"一锅煮"，展览的质量不够，单独搞这么一个展览有缺陷。尤其是巴比松"七杰"，就是巴比松画派最主要的七个核心人物，在他们这个展览里面有短缺。后来，我就想，在他们展览的基础上，我们再帮他们进一步策划，把我们艺术中心的藏品加在一起，形成一个以巴比松画派为核心，比较有体系的、有史料性的研究展览。就是说，以走出画室、走向生活为核心策展理念，把七个巴比松的画家分别陈列出来。我们这个展览的学术定位是重点介绍巴比松"七杰"，每一个核心人物的简历、代表作都要有。除了展览核心人物以外，其他国家学习巴比松画派的，或者受其影响的画派，叫"巴比松画派后续"吧，另外再搞一个展厅。

后来，这个展览很成功，看的人很多，大家对巴比松画派的概念有了比较清楚的了解。以前觉得巴比松画派好像都是风景画，每个人的特点不清晰，但我们这个展览分析得很到位，每个画家的优点和特点，都标注得比较清楚。其中米勒的作品，数量很少，是凭借美国的关系提供了三幅。可以说，展览圆了我的梦，也是出乎我意料的一个展览。最后布展的时候，巴比松"七杰"的代表性作品，每个人至少有三到七幅；再加上巴比松画派的追随者及受其影响的画派和画家，三个展厅挂得满满的。

展览期间，我们也给观众介绍，为什么会形成巴比松画派？七个核心人物的共同思想是什么？他们的创作主题是什么？都分析得非常准确。比如米勒，他很有生活情趣，作品描写的不是宫廷里面的贵族，也不是资产阶级的上层人物，而是反映朴素的法国农村妇女，或者农村生活。譬如说《播种者》《晚钟》，或者《拾穗》，都是很有生活情趣的作品。像《喂饭》，一个小孩坐在门槛上，妈妈在喂饭，这种很生活化的内容，是很打动人的。像柯罗的画，比较有诗意，很抒情的，看了他的画以后，好像能感觉到整个生活是多么美好。杜比尼专门画水，一般人画的都是水和天之间的那种关系，画得也很抒情。他专门买了一条船，坐在小船上描写从水面上看出去的景色，一般人看不到他这样的风景。杜普雷吸收了很多康斯太勃尔的画法，颜色画得很厚，描写光色的变化，天空的变化，或者日出日落的风景。迪亚兹专门描写一种森林的美，用很浓重的颜色。特罗容是另外一种表现手法，专门描写逆光下的放牧，比如《去耕作的牛群》，就是自然逆光照射下的牛群，或者晚上放牧归来的那种很有生活情调的景象。巴比松画派的每个人都从不同的角度去观察生活，表现普通人、普通景色里面的一种美的元素，原来巴比松有这么美，原来生活有这么可爱，这么感人！这就是艺术家应该做的事。艺术家应该在平凡生活当中发现它的美，通过艺术形式把这种美传递给大家——风景多么美，生活有多好，希望观众看了他们的画以后，能够热爱生活，热爱社会，这是艺术家的义务和责任。

通过重新组织、策划以后，整个展览的面貌就改变了，完全贯彻了我的意图。一方面，就是通过这个展览，把巴比松画派的主要思想传达给观众，观众对这个展览的反映是非常好的，许多群众本就喜欢风景画，他们觉得巴比松画派的风景很接地气，很精彩。另一方面，专业人士认为，这个展览的主题抓得比较到位，比较好地结合了当前油画界要深入生活、创作要接地气的一个理念。现在我们很多创作只画表面的东西，没有去发掘生活当中的一些事情；有些很小的事情，一旦表现出来，就会很感动人。当然，很多悲剧的东西是感动人的，但不是说只有悲剧才是最感动人的，平凡的生活里面，有很多东西也很感动人，关键在于艺术家怎么去观察生活。就像米勒的《喂饭》，一个小孩坐在门槛上，头伸出来，妈妈在喂他食物。这个事情本身很感动人，母亲去劳动，背了一个小孩在那喂奶，是很感动人的，母与子是一种永恒的题材，都是很美好的生活。我觉得，像巴比松画派的这些特点，很值得作为一面镜子，让现在的艺术家借鉴。

结果，美方策展人马丁看了这个展览以后，非常高兴，认为经过我们这样一个梳理，这个展览太好了，搞得很有水平！他非常感谢我。他大概有80多岁了，本来准备退休的，但看到我这么精神地在搞展览，他说有勇气继续搞展览。他回到美国以后，过了一段时间跟我联系："我很感动，我要送你一个礼物做纪念。"后来，他专门寄过来一张伦勃朗的版画送给我做留念。

提香和鲁本斯画展

我们艺术中心每次搞大的展览，都希望能够实现研究油画、普及油画的愿望，为此需要付出很多精力。比如有没有作品，人家肯不肯借，我们能不能借得起？这些都是问题。总之，我们努力以一个最小的代价，尽可能换取一个最大、最好的效果，以达到我们的愿望。为了实践艺术中心的宗旨，我们在"欧洲油画经典——提香和鲁本斯作品展"上付出了很大的代价。

这个展览的主题是什么呢？我们艺术中心研究的是油画，特别是研究油画的本体语言。那么，西方的"油画之父"是谁呢？是威尼斯画派的代表性画家提香。为什么西方人把提香作为"油画之父"？为什么"油画之父"不是达·芬奇，也不是米开朗基罗，更不是拉斐尔？因为对油画概念的认识、生成是从提香开始的。提香以前的其他学派，都是从蛋彩画演变过来的。达·芬奇的画也好，波提切利的画也好，或者拉斐尔的画也好，基本上都有着浓重的蛋彩画的影子，而提香是第一个用油画的语言突破原来程式的画家，他特别重视油画的色彩，油画的笔触，油画的质感，这些油画的语言是从提香开始的。

油画语言的特性，是在一个二维空间的画面里给观众一种三维空间的感觉。在平面的油画画布里，可以让人感觉到里面有空间，人可以走得进去，这就叫三维空间。在这方面，国画和蛋彩画都有它的局限性，油画是表达这方面最好的语言，可以非常真实地表达画家所看到的客观对象的虚实关系。正是提香充分运用了油画的本体语言，他才发现了视觉艺术的秘密——古典的绘画可以近看，也可以远看，拉斐尔的画不用退远也能看，北欧的油画不用退远也能看，但从提香开始，我们不知不觉地认为油画要退远看。为什么？因为提香对油画本体语言的运用是前所未有的，并影响了许多许多画家。像印象派的绘画原理，归根结底还是从提香这儿来的。本来蓝跟黄调在一起才变成绿，但发展到印象派后，不是这样子，而是一笔黄，一笔蓝，观看者在一定距离之外，那个视觉效果就是把黄、蓝两种颜色并起来，变成绿颜色。这个就是印象派基本原理中补色（余色）的相互关系，这种基本原理其实在提香的时代就已经产生了，因为在提香的绘画里面，近看的话，可能就是笔触，可能就是颜色，只有在一定距离之外，才能看到提香所表现的全部东西，这一种油画语言就是其他画派中所没有的。提香的这种油画语言影响了鲁本斯，影响了委拉斯凯兹，影响了以后所有的西方画家，甚至到今天为止，凡是画油画的，都会受到他的影响。所以，提香这位画家非常重要。

油画有两个起源地，一个是意大利，还有一个是尼德兰。鲁本斯是尼德兰画家的代表人物，还是一个外交官，他把尼德兰的油画传统掌握得非常好。虽然鲁本斯的油画技巧已经很高了，但他认为提香画得非常好，因此专门跑到意大利去学提香的绘画。这说明一个什么关系呢？就是文化交流、文化传承的关系。在尼德兰绘画里，鲁本斯达到了非常高的水平，已经是身份非常高的一位画家了，居然在学术上这么虔诚地向一位威尼斯画家学习。而鲁本斯非常好地学到了提香的艺术，鲁本斯的技法有很多地方接近提香，就是在油画的本体语言的一个传承上，但他又保留了自己原来的艺术，基本上是巴洛克风格，这是非常重要的一件事。这两位画家是一个非常好的例证，一个是16世纪的，一个是17世纪的，两个不同地方的人，两个都是很伟大的画家。我们的展览把这两位画家的作品放在一起，以此来看油画的发展和变迁，从而探讨油画能不能"青出于蓝而胜于蓝"的问题。这是我们筹办这个画展的一个主要目的。

策划这个展览的时候，我们艺术中心还没有鲁本斯、提香的画。我就到瑞士，联系一个机构，希望他们能帮我们借一些鲁本斯的画过来展览。因为鲁本斯的画都很贵的，我们花了很大的代价，才把这些画借来，大概有六七幅画吧。然后，我们又从意大利、瑞士，还有德国的几个藏家那里借来提香的画，像这些画是很难从博物馆里借出来的，大部分都向私人藏家借画。这样，既有提香的画，又有鲁本斯的画，我们就把他们的画放在一起，举办了一个提香与鲁本斯画展，我们在这个展览上花了很大的工夫。可能在其它国内展览里出现过提香的某一张画，或者鲁本斯的某一张画，这个是可能的，我不能说没有，但是把两个人的作品放在一起展览，而且是这种规模的展览，绝对没有过，不可能有！这个展览完全是一个纯粹的学术性展览，引起了很大的轰动，特别是专业人员看了以后，觉得我们这样梳理、对比，对大家很有启发。

正因为我看了大量的西方绘画，觉得在传统油画里，提香是创造性的，他首先创造了油画语言，所以我对提香的绘画还是很有感受，我尽量想办法把提香的画能够弄到中国来，希望当今的中国油画家学习油画不必经过二传手、三传手，我们可以直接从西方油画大师的原作中研究油画的本体语言。我们艺术中心是怎么买画的呢？就必须通过人，通过各种人介绍卖家，通过人把钱汇过去，再通过人把画寄过来，都得要有人啊！而这些人都是我旅欧十来年所交的朋友，是他们从中帮助我们艺术中心。尤其是我们很多画是从瑞士买来，这些机会都是通过意大利朋友的关系介绍的，从瑞士买了画以后，再运到我们这个地方来。这个"欧洲油画经典——提香和鲁本斯作品展"，就是通过朋友联系到瑞士的一个机构，让他们帮忙，才把画运到中国来的。

特列恰科夫国家画廊藏品展

2015年3月到5月，我们艺术中心举办了"俄罗斯特列恰科夫国家画廊藏品（1894—1980）特展"。这个展览比较重要，因为中国油画家对俄罗斯艺术的了解，大部分是在"十月革命"前后到苏联解体前这段时间的作品。特列恰科夫国家画廊收藏的画很多，我们需要哪些藏品，这是非常重要的。我就到特列恰科夫国家画廊的画库里，一幅幅挑作品。刚开始，他们本来不愿意借给我们很多画，谈判了好几次，最后我们还是借到近百幅作品。所以，从"艺术世界"开始，一直到莫伊谢延科这代画家为止，也就是 1894 至 1980 年，我们把这段时间特列恰科夫国家画廊最有代表性的画家所创作的最精彩的画都借到艺术中心来展览。这个展览的反响非常好，非常强烈，大家主要觉得，展品挑得比较好，受到的启发很大——原来在这个历史时期，还有这么好的一些作品。

比如"艺术世界"的作品，像代表性的画家索莫夫、谢列勃列柯娃、巴克斯特的作品，这个展览里都有。"艺术世界"属于一个组织，相当于一个学派。他们的绘画风格是多样的，但主张只有一个，就是比较追求艺术的现代化，追求艺术家的个性解放，比较注重艺术的本体。另外，他们也追随 18 世纪法国艺术的风格。"艺术世界"有一定的先进性，对后来俄罗斯先锋派的形成起到了很大的作用，但也有一定的局限性，就是它对"巡回画派"有否定的一面，特别是对学院派有否定的一面。因为到 19 世纪末，很多年轻画家认为"巡回画派"的许多理念比较保守，而且有些作品有主题先行这样不足的地方。所以，俄罗斯艺术出现了很大的变化，很多年轻的艺术家比较追随西方的一些东西，开始按照艺术规律来办事，更多地注重艺术本体，注重画家个性发挥。因此，到 19 世纪 80 年代中期，"巡回画派"已经基本不起作用了，而被"艺术世界"所代替。这个展览在我们这里闭展后，还去宁波、北京巡展。

2017 年 11 月，我们专门策划了"国立俄罗斯博物馆典藏——莫伊谢延科作品展"。为什么要搞这个展览？莫伊谢延科这位画家是我的老师，也是梅尔尼科夫的同事。当初我在博物馆里看到他的研究生毕业创作时，我也不知道他是我的老师，我就觉得画得很好，很有个性，很有创造性，我很佩服。莫伊谢延科的本科毕业创作，就收藏在我们艺术中心。我们这次展览，主要是展示他历史画方面的，而且是针对当前中国油画界的一些现实问题。

近几年来，我们国家开始重视历史画题材的创作，财政部专门拨款，中宣部、文化部专门动员画家来表现我们革命历史题材。从革命历史题材的"百年重大历史题材美术创作工程"，慢慢扩大到我们五千年文明题材的

"中华文明历史题材美术创作工程"。也就是说，在我们国家的美术创作里，历史画有非常重要的地位。这是我们社会主义文艺非常重要的特点，就是由国家出钱，来表现中华民族优秀的民族精神、民族文化，通过这些历史画，激发大家的爱国主义精神。以前的画家都画过历史画，现在的画家都会面临一个问题，就是当今时代我们如何来创作历史画。

虽然艺术形象需要有一个真实的历史，否则，艺术形象也不能感动人，但我们现在的主题性美术创作太写实了，试图追求真实的历史，这可能会有点问题，因为历史画永远不可能变成一个真实的历史，因为它终究是绘画。什么是真实的历史呢？历史文物，历史照片、影像、文献等相关历史资料，这都是真实的历史。这是两个概念，我认为必须要认识清楚：一个是真实的历史，这是文物的性质；一个是历史的真实，这是绘画的性质。绘画所反映的历史，只是画家传达的一种历史的精神，以及表达画家自己对历史的认知态度。也就是说，画家把这个历史事件变成一种自己对客观实在的主观认识，并用艺术的方式表现这种主观认识以及与之相关的时代精神，进而弘扬这种精神，这是我们的目的。但是，我们现在的主题性美术创作出现了一些偏差，试图追求真实的历史，许多作品是就事论事的，试图把真实的东西重复一次。这样一来，就不能提高历史画的艺术质量，不能反映出这个历史事件的本质精神和真正情感。因为我们所要创造的不是一个真实的历史，而是通过真实的历史表达一个思想、情感和精神。

从这个角度来讲，我认为，莫伊谢延科是一位非常好的历史画家，他从一种社会主义现实主义的创作方法，逐步走向更加广泛的带有一种寓意性和象征性的表现方法。这种特点正是我们现在历史画创作中所缺乏的，缺乏像莫伊谢延科那样的视角，去认识历史题材，或者去分析历史事件。他表现的战争题材，不是单纯地描写一个具体的事件，没有直接描写冲冲杀杀，而是以带有寓意、象征的一种写实语言，通过战争当中的一个侧面形象，把主题思想挖掘得更加深刻、感人。这种创作手法和表现手法，我认为是很值得我们借鉴和学习。比如《母亲们，姐妹们》，在战争状态下，农村已经没有壮丁了，都上前线了。留下来的母亲们、姐妹们，看着自己的丈夫、儿子、兄弟上前线，多么盼望她们的亲人早日回来！通过刻画她们的眼神、表情，侧面阐释战争给人们带来的苦难、残酷，充分表现了人与人之间的一种情感。莫伊谢延科很多画的构思，都很值得我们思考。我觉得使用这样一种寓意、象征的手法，通过一个艺术形象来表达一种战争场面，比那种直接描写一把刺刀把一个敌人杀掉的具体战争场面要更加深刻、感人。

在表现手法上，莫伊谢延科也非常灵活。他所表现的艺术形象，都是自己创造出来的，一种很概括的、象征性的艺术作品，可能更令人深思，更感动人。像电视里所看到的，直接描写一群人跑过去冲冲杀杀的场面，给人的印象就不深刻，很淡漠的。

我认为，像莫伊谢延科的作品是很值得我们今天的历史画画家们参考的，他的作品里有许多优点，提醒大家在历史画的创作过程中，要注意艺术规律，要突出艺术规律，不要就事论事。这是我策划莫伊谢延科展览的意图，借他的作品给大家作为一面镜子，思考我们还有一些什么问题需要注意。虽然这个展览作品不多，只有从俄罗斯博物馆里面借来的12幅画，但因为我对他们博物馆很熟悉，又编写过莫伊谢延科的画册，每张画都是我点名要的，都是最好的画。有些人到俄罗斯博物馆好几次，都没看到过那么多莫伊谢延科的作品。事实上这也是不可能的，博物馆不可能全部展出他的画，可能今年展出这一张，明年展出那一张，而我是把他所有的好画都借到艺术中心集体亮相。因此，不管是展览的主题，还是展览的质量和数量，都引起了大家的关注和好评。

爱德华多·纳兰霍作品展

我们艺术中心每一次引进展览，都有一个明确的主题，就是要选择我们所需要的东西，对我们有好处的东西，我们要弘扬它，要宣传它。当然，这里面还有一个政治标准。譬如说，苏联时期粉饰太平的绘画，以及过"左"的那一种政治口号式的绘画，我都不赞成引进；太颓废的那种艺术，我也不想引进来；当代装置艺术那种太前卫的，我也不准备引进来，虽然现在年轻人很喜欢，也不能说这些东西不好，但这些东西对我们没有什么好处，甚至那种品味可能是低级的，会引导观众到另外一种不好的方面去，我都不准备引进。

2017年2月，艺术中心举办了一个"当代西班牙画家爱德华多·纳兰霍作品巡展"，这是一个基于很多因素才促成的展览。我最早在北京认识的纳兰霍，现在他大概有70多岁。在西班牙，他还是一个蛮有地位的画家，绘画技术是很好的，而且这个画家在美国的画展很受欢迎。他到了北京以后，就通过朋友介绍，与我认识了，也送了我画册，我们谈得很好，他很想在我们艺术中心办展览。但是，我看了他的作品以后，觉得作品的品位不太适合在中国宣传，所以我没有很主动地去办这个事。后来这个画家又找过我一次，我都没同意搞展览。艺术中心也没有这个必要和愿望搞这样的展览，因为这位画家的表现手法虽然是写实的、具象的，但在题材的处理手法上是比较梦幻的，也可以说梦幻现实主义，他的艺术水准和艺术方向不太符合我们的要求，我就拒绝了这位画家的办展请求。

后来，为什么又做了这个展览呢？因为西班牙想邀请我们中国画家到那儿办展览，然后有这么一个华人很热心，希望能加强中西文化交流。而且我非常喜欢西班牙的油画，他们出现过非常优秀的画家，从艾尔·格列柯、委拉斯凯兹、穆立罗到戈雅，应该说，西班牙是经常出奇才的绘画"圣地"。所以，我有这么一个私心，很希望能搭个桥，能跟西班牙的艺术机构和画家建立起联系，最终的目的是想介绍西班牙的绘画来中国，中国的绘画也能到西班牙展示。从这个角度考虑，我最后同意搞这个梦幻现实主义画家的一个展览。

出乎意料的是，大家觉得这个画展很好，因为他的画写实，画得很细，虽然是梦幻的，却画得很真实。当然，从他的创作方法、方向来讲，我不是很赞成，因为他是脱离现实的一种梦幻的东西。但是，他那种表现手法，扩大了写实绘画的范畴，原来写实还可以这样表达，完全梦幻式的，那我觉得，也挺有意思。展览开幕以后，观众还挺多，挺受欢迎，而且我们与西班牙的交流也搭上线了。包括我的好朋友洛佩斯先生，我很想让洛佩斯的作品到中国来展览，联系了好几次，还没有完全办成。我还希望把普拉多美术馆里的作品，或者委拉斯凯兹的画，或者戈雅的画，这些都能够拿到中国来展览。所以，通过这个展览，我觉得，除了它本身的收获以外，我们还加强了跟西班牙文化界及相关文化机构的联系，这为今后艺术中心业务的开展奠定了很好的基础。

我们学术界经常说，要有文化自信。我想，文化自信有两个方面：一方面，就是我们对中国传统的绘画、对中华民族的文化应该要自信；另一方面，我认为对西方绘画，也应该有我们的文化自信，应该有自己的看法，不应该人云亦云，不应该随波逐流。改革开放以来，有很多西方的东西进来，这非常好，但是，难免有很多杂七杂八的东西也会进来，甚至是苍蝇、蚊子也都进来。我们要辨别什么是好，什么是不好。

那么，这里讲到好坏的问题，什么叫好？什么叫不好？首先，就决定于它的品质、格调，不是风格，我觉得风格没有什么高低之别，但品质、格调有好坏之分。其次，就是适合不适合的问题，也是一个好坏的标准。比如说，很漂亮的晚礼服，可能甲太太穿了很漂亮、很好，对于乙太太来讲，就不合适。所以，我并不是绝对地说，这个才是好的，那个是不好的，好与不好也是相对的，很重要的一个评判标准是适合与不适合，这是非常重要的。有些艺术可能在西方国家是非常合适的，像西方很流行的当代艺术，可能是件好事，我不反对。可是，当代艺术到我们这里合适不合适，那要看我们的文化背景和老百姓的审美习惯。

特别是现在信息大爆炸的情况下，很多年轻人不知道分辨，但对于我们当老师的来讲，我们应该有这种鉴别能力，去引导年轻人分辨什么是好，什么是不好。有很多理论家往往拿外国人的一句话、一句名言，就来确定中国艺术应该是怎么样。我觉得，这个就是没有分辨能力。我们应该想一想人家讲的东西，是对还是错？并且，对于中国来讲，它是合适还是不合适？这也是文化自信。西方有各种各样的东西，我们应该引进什么，不应该引进什么，都应该有我们自己的自信和看法。艺术中心在引进展览的时候，我就是凭着这么一种标准。就是说，从学术方面，这个东西对我们中国有没有好处；从艺术方面，要鉴别这个东西的品质、格调的好坏，以及对于中国来讲适合与不适合，这是我们的出发点和落脚点。就像纳兰霍，他的技术很不错，但我认为他的创作理念、创作思想方面并不适合中国，所以我最初谢绝他来艺术中心办展览。

柯尔内留·巴巴作品展

2017年，罗马尼亚文化部的一个副部长到我们艺术中心来参观。当时，他谈起罗马尼亚的艺术，我就讲道："罗马尼亚有一个很好的画家，叫巴巴。"他说："巴巴，这个很好啊，你们有兴趣吗？"就这样谈起来，我表示有兴趣、有意愿做巴巴的展览。罗马尼亚属于东欧，东欧与西欧都属于欧洲，他们之间的文化有一定的影响关系。东欧出现过很多世界级的音乐家、美术家，比如波兰的肖邦、匈牙利的李斯特，都是世界顶尖的钢琴家。应该说，巴巴是世界级的油画家。

我以前虽然看过巴巴的画，但我对巴巴也不是很了解。巴巴没出过画册，而且罗马尼亚方面也没有给我什么资料。后来，谈判过程当中，我就收集各方面的资料，有些是中文的，也有英文和俄文的，我通过学习和研究巴巴的作品和他的生平文献，综合方方面面的资料，最后我写了一篇文章，就是《油画艺术的品格及其本体语言价值——罗马尼亚大师柯尔内留·巴巴》，涵盖他出生到去世整个艺术人生，来说明这个展览。

罗马尼亚的油画发展得比较晚，最早受19世纪法国巴比松画派的影响。我们在"法国巴比松画派研究展"里面，就加进了一些罗马尼亚画家。

其中，比较著名的画家叫格里高列斯库（Nicolae Grigorescu），他是巴巴老师辈的画家，我们艺术中心就有一幅他的作品。格里高列斯库在法国学习了巴比松画派的创作方法，他的创作思想、画风都受巴比松画派的影响，而且格里高列斯库回到罗马尼亚以后，他所继承的巴比松画派的创作理念就影响了巴巴。比如说，巴巴画的《疯王》，怎么样表达疯王的性格特征？这个人的身份是一个国王，可走路时不是正大光明，而是沿着墙走，说明他是一个心里非常害怕、空虚的人。巴巴选择的这个角度，是平常人都会遇到的事情，但一般人却没有发现和注意它，只有艺术家才能观察到这么一个小的生活细节，说明巴巴能很仔细地观察生活，并把这样一个平常的生活和他所要表达的思想结合在一起，进而揭示疯王这样空虚、害怕的内心世界。

巴巴的艺术里有许多罗马尼亚的文化传统。巴巴的老师托依查，也是一位很有艺术成就的罗马尼亚画家，我对托依查不是很了解。据巴巴的日记所写，巴巴刚和他的老师接触不久，托依查就去世了。但托依查的一些言语影响了巴巴一辈子，这个事情本身也是一种文化传承。虽然巴巴年轻的时候也想到巴黎去学画，而且 20 世纪 60 年代，他也曾到国外看了很多，但他思考了以后，却没有留在国外。他认为，自己是罗马尼亚人，应该回到罗马尼亚，在自己的国土上，画自己的感受，这说明巴巴是一位非常爱国的画家。

正因为巴巴是一位爱国画家，这就使得巴巴的人生很坎坷，不是别的原因，因为整个东欧社会的历史进程很复杂，给巴巴的人生带来很多无法解释的困惑。因为经过第二次世界大战的灾难以后，罗马尼亚从一个资本主义国家变成了社会主义国家，加入了社会主义阵营，体制发生根本变化。苏联解体以后，罗马尼亚又转变为资本主义国家，但也不是完全回到原来的样子。这样反反复复的一个过程，给巴巴带来很多困惑。我觉得，晚年的巴巴很彷徨、很悲观，他对齐奥塞斯库[①]有很多不满的地方，有很多不同的观点，但出路在哪里？他也不知道。巴巴对一些社会变革、自然灾害也想不通，为什么要社会变革？到后来，为什么会发生地震？巴巴感到无能为力，找不到一个出路和方向，最后，他把信仰和灵魂寄托给上帝。所以，他没画过有笑容的人，像巴巴所有的自画像，直接表露出一种对社会的不满。但是，他又不属于批判现实主义，像《疯王》，巴巴没有直接批评哪个具体的国家、具体的政治人物，都没有。他很高傲，目空一切，他对独裁者、皇帝等统治阶级很厌恶，他看不惯当时的社会现状，这个表达得很明显，并且认为自己坚持的一定是对的，是这么一个很有个性、具有独特风格和见解的画家。

因为当时罗马尼亚加入了社会主义阵营，他们的艺术指导思想受到苏联的影响，主要搞社会主义现实主义。而在社会主义现实主义指导思想下，巴巴受到了极"左"思潮的迫害和批判。比如说，巴巴的《棋手》，就被批判为没有反映轰轰烈烈的社会主义气势，因此认为这是一张资产阶级的、形式主义的绘画，是不好的、消极的。巴巴不服这种批评，就被抓进去坐牢了。所以，巴巴的艺术不仅因为东西欧的对峙等政治原因，被西方资本主义阵营视作比较红色的艺术，或者说是一种比较讲究思想内容的绘画，而不被认可、喜欢；同时，他的艺术还被社会主义阵营视作是资产阶级的、形式主义的艺术，或者说不符合社会主义现实主义的创作理念，也不被认可、喜欢。

社会主义现实主义这一概念是1932年由斯大林提出来，后经日丹诺夫进行权威解释后，在1934年第一次苏联作家代表大会上确定为统一的创作方法。实际上，这个概念本身是有一定缺陷的，缺陷在哪里呢？就是社会主义现实主义中，社会主义属于政治概念，现实主义属于艺术概念。那

[①] 齐奥塞斯库（Nicolae Ceausescu，1918—1989），曾任罗马尼亚共产党中央委员会总书记、罗马尼亚社会主义共和国总统。

么，在这个概念下，所有的现实主义必须是社会主义，画一个静物，怎么能够知道这个静物是社会主义的？画一朵花，就一定要具有社会主义性质，为此，很多画家就要粉饰，比如画一种带有政治色彩的葵花。大家为什么会觉得社会主义现实主义不对呢？就是因为所有的现实主义文艺作品里面，必须加上社会主义的政治口号，这是极"左"思潮的一个反映。

20世纪50年代以后，巴巴虽然按照社会主义现实主义的方法，去描写工人、农民、知识分子，但是，他没有在极"左"思潮的压力下，放弃绘画的基本原则，他仍然按照艺术规律办事，通过这样的艺术语言、艺术形象感动人。所以，这部分作品都能够真实地反映当时人民的精神面貌。比如《农民》，巴巴通过农民在生活中的休息场面，表达出他们艰苦的劳动。还有像《女演员布朗达拉肖像》，整个画面画得都很粗犷，没有把所有的衣纹都画得很细，而是具体刻画了一只拿着眼镜的手，通过这个局部形象表现知识分子的文化修养和高贵气质。再比如《炼钢工人》，巴巴没有图解"我是炼钢工人，我很伟大"这样的口号，而是画了几个炼钢工人站在那里，虽然没有具体刻画眼睛、鼻子、嘴巴，但是整体人物的体态、整个画面的气势很宏伟，感觉到一种工人阶级的非常朴实、非常勤劳、非常大气的精神面貌。所以，表现社会主义国家的工人阶级，不一定要画举着拳头，或者要两个手紧握，或者后面举个红旗的场面。巴巴遵循的是艺术规律，从生活中提高、提炼出艺术，同样可以表达出这种精神，而且更有力量，更加朴实，更能说服人，观众看了以后，就会受到启发。巴比松画派里面也有这样的理念。

在巴巴的绘画里面，有一个非常好的东西，就是他表达的是非常真实的生活和普通的劳动人民，而且给予他们同情，这点是肯定的。他能够坚持绘画的基本原则，按照艺术规律办事，他反对形式主义，反对政治口号。因此，当时对巴巴的评价是不同的，在绘画界，觉得他是一个很有修养的艺术家；但是在政府机构，并不认为他是一个很好的艺术家。但我认为，巴巴的艺术品格之高，是非常值得我们尊敬，是非常值得中国油画界学习和借鉴的。

此外，还有一点值得我们思考，就是巴巴在传统油画语言的基础上所进行的发展、开拓。也就是说，他非常重视油画的本体语言，懂得油画本体语言的独立艺术价值。油画的本体语言是一种可以离开内容而独立存在的审美价值，比如说，它的质感、笔触，它们本身不一定有什么内容，但是它有审美的价值。巴巴这个画家非常喜欢传统油画，并且在坚持传统油画的本体语言方面下了很多功夫。他的油画语言受到伦勃朗、艾尔·格列柯、戈雅的许多影响，他的油画里面就有这些传统油画家的影子。但是，他的油画不是戈雅的油画，不是伦勃朗的油画，也不是其他画家的油画，而是巴巴吸收了西方油画里的精髓，丰富了自己的油画语言，使之既有传统的东西，也有地方的特色，又有自己的个性，然后他用自己的油画语言表达一种思想、情感和精神。像这样一种学习、继承、发展的过程，实际上很值得我们思考。就像鲁迅先生曾讲的："恰如吃用牛羊，弃去蹄毛，留其精粹，以滋养及发达新的生体，决不因此就会'类乎'牛羊的。"① 学习传统油画，不是要我们一定变成伦勃朗或者提香、鲁本斯，而是把他们绘画中的营养吸收过来，然后想办法将其融到我们自己的油画。

我们艺术中心介绍的这些画家描写的都是普通的现实生活，并且是非常感动人的。我们花费了那么长的时间策划巴巴的展览，就是想借巴巴的艺术给中国油画竖起一面镜子，来照照我们当前的绘画问题，一是不要忘记艺术的规律，二是不要忘记油画的本体。

巴巴这个展览的策展过程是比较复杂的。虽然现在的交通工具、信息通讯比以前要方便得多，我们用视频的方式跟他们联系，可是罗马尼亚的发展水平不是很好，基础建设比较落后，跟他们视频通讯很困难，经常断线，经常打不通。我们想，怎么办？语言又不通。后来，为了落实这

---

① 见鲁迅：《论"旧形式的采用"》，载《鲁迅全集》（第六卷），人民文学出版社，2005年版，第24页。

个展览，我亲自去了一趟罗马尼亚。尽管罗马尼亚是欧盟国家，但它不是《申根协定》的成员国，所以去罗马尼亚要办理专门的罗马尼亚签证，这是非常复杂的，到今天为止，我都不知道罗马尼亚的签证流程。后来，我们就是用匈牙利签证，进入罗马尼亚。

到罗马尼亚以后，接待我们的不是文化部，而是文化学院。一开始我还不明白，原来跟我们谈的是罗马尼亚文化部，怎么变成了文化学院呢？这个文化学院好像是一个研究机构，或者是一个大学。后来，他们跟我解释，我就明白了，这个文化学院和文化部是平级的，是专门进行对外文化交流的政府机构。那么，反正文化学院是代表政府的，我们就跟他们谈判。

刚开始，我们对他们的情况不熟悉，后来才慢慢了解到，罗马尼亚也存在一个体制问题。文化部和文化学院都管着罗马尼亚的文化工作，文化部负责全面的文化管理工作，像国家博物馆、蒂米什瓦拉美术馆都归文化部管；文化学院负责对外文化的交流工作，是罗马尼亚国会直属的一个机构。文化学院想把巴巴的展览搞成他们对外交流的一个项目，所以，这个问题很复杂。我们先是和罗马尼亚文化部联系展览事宜，后来到了罗马尼亚，是文化学院具体操办展览的事情，所以我们原来跟他们文化部联系、谈判的共识就不算数了，比如之前拟出来的参展作品名单，文化学院就全部否定掉，然后弄了另一个名单给我们。

文化学院否定这份展品名单有三个原因：第一个原因，因为巴巴夫妇没有子女，巴巴去世以后，他的夫人做主，把部分作品捐赠给了蒂米什瓦拉美术馆。巴巴夫人去世以后，这些画的产权就产生了纠纷，到今天为止，有些作品属于哪个博物馆都不是很明确。第二个原因，罗马尼亚方面认为，有些画借出去可能存在风险，或者因为画比较脆弱，容易损伤过后，还需要修补。第三个原因，收藏巴巴作品最多、最好的单位是罗马尼亚国家博物馆和蒂米什瓦拉美术馆，都是直属于罗马尼亚文化部领导，文化部对这些单位的控制比较严，这就使得文化学院指挥不了文化部的直属单位。所以，一开始，我们表示要借国家博物馆的作品时，他们文化学院果断拒绝。

十四、艺术中心活动

当时，我就提出不同意见："因为原来你们文化部有这样的名单，所以我们就到这里来，跟你们谈判。你们现在提供的名单和这个差距很大，我没法同意！"但是，我又说："我回去可以再考虑一下。"第二天，我就在他们提供的新名单里面，又重新挑了差不多50幅作品，然后再跟他们去谈。可是，谈了以后，文化学院告诉我，我想要的主要作品全部不能给。因为，名单上留下来的作品大部分都是私人藏品。这样的话，事情就很困难了，我想也就算了，这个事情无果了，我们就回来了。可是，他们文化学院回过头又来讲："我们还可以再商量。"然而，商量过程差不多又是好几个月的拉锯战。今天给这一幅，明天给那一幅，过两天，他们又把说好给的画拿回去，反正这个过程很复杂。当时，我们还不是很了解罗马尼亚的国情，我们跟中国大使馆反映问题，大使馆也无能为力。后来，有一个新华社记者告诉我们："罗马尼亚风格就这样子，一般来讲，工作都很困难，但最后结果会好的。"他就这样安慰我。总之，在这个谈判过程当中，他们变化很多，反反复复。

那么，我反正坚持两个原则，一个是独立自主，一个是坚持原则。展览的作品好，我进行下去；展览的作品不好，我大不了就不搞，委曲求全不行。因为中国以前没有办过巴巴的展览，所以我们策划展览的主题，不仅要选他几张代表作到艺术中心展览，而且要分几个阶段，把巴巴一生的艺术探索过程展示出来，我认为，这是非常重要的。在罗马尼亚谈判的时候，我心里有本账，就是选什么样的作品才能给国内观众解释清楚巴巴艺术发展的脉络。如果光拿一张画来讲，就很难知道巴巴为什么要这样子画。

根据策展的主题，我们需要的巴巴作品主要收藏在两个地方，一个就是布加勒斯特的国家博物馆，还有一个是罗马尼亚最西边的蒂米什瓦拉美术馆。因为巴巴的夫人把巴巴最后的一些画都捐赠给了那个美术馆，所以，我必须到蒂米什瓦拉美术馆看画。但是，这个美术馆归文化部领导，文化学院不让我们去蒂米什瓦拉，而且还指定了另一个看画的地方，但我们没有去。为什么呢？因为那个地方没有我们所需要的画。后来，我也没经过文化学院的同意，自己直接跑到蒂米什瓦拉美术馆考察、联系。我到了蒂米什瓦拉美术馆一看，那里的画确实很好，特别是巴巴的一些晚期作品。所以，我回到布加勒斯特，就跟文化学院谈判，坚持要这个美术馆的画，最后他们还是把画借给我。

罗马尼亚国家博物馆的藏品也很好、很重要，我知道里面有很多巴巴的画，但我去考察的时候，展厅里只陈列了两张画。后来，为了要到国家博物馆里的最主要、最好的巴巴作品，我直接给文化学院的领导通话，很明确地表明态度，我一定要国家博物馆的画，否则我不搞展览了，什么意向都没有了。最后，经过他们协调，还是按照我的意思，从国家博物馆里面借出来七张画给我们，而且都是非常重要的代表作。

这些都是外人所看不见的努力，谈判的拉锯战进行了整整一年，策展的工作量也非常大。不管怎么样，还是印证了那位新华社记者安慰我的话，最后的结局还是很好的——在他们允许范围之内，我们与 17 个罗马尼亚美术馆、博物馆签约，还从很多私人藏家手里借画，展览作品敲定为 60 余幅，从 20 世纪 40 年代开始，一直到 20 世纪 90 年代，各个历史时期的作品都有，而且作品的租期很长。因此，这个展览非常成功，很受欢迎，大家重新认识了巴巴及其艺术。

杨鸣山百幅油画风景写生展

油画家——杨鸣山（Leonid. M. Vasin）恐怕有许多朋友不知其人，甚至在油画界业内人士中也极少知晓他的艺术，即使看到过他作品的人也往往误认为他是一个俄罗斯画家。

杨鸣山的父亲杨云阁，祖籍在中国山东，当年侨居在俄罗斯莫斯科，娶了俄罗斯妻子安娜·瓦辛。杨鸣山就出生在这个普通的家庭里，六岁随父母亲到中国新疆定居，因此从幼年时期他就一直生活在乌鲁木齐。中学毕业后他考入西北师范学院美术系，毕业后留校；1961 年调入新疆艺校任教;"文革"中由于种种误解遭受批判、冲击,许多作品被毁;1979年移居澳大利亚,直至2016年去世。

杨鸣山在新疆工作了40年很少有人知晓,可是到了澳大利亚却受到广泛关注。作品被国家美术馆收藏,并在澳大利亚全国风景大赛中荣获金奖,成为美术界国家级评委和著名油画家之一。

杨鸣山热爱生活,热爱大自然,喜爱直面生活,对景写生。他把大自然瞬息万变的情景记录下来,以美的艺术净化人们的心灵。他用简练的艺术语言、多样的色彩调子、娴熟的油画技巧、咫尺大小的画幅,以最短的时间、最快的速度记录大自然动人的瞬间,抒发他对大自然的感受和理解。这种真诚、真实的写生方式很值得我们重温。

2019年,我们联系旅居澳大利亚的杨鸣山夫人,希望能够在艺术中心举办"杨鸣山百幅油画风景写生展"。我们很快得到回音,她非常乐意支持这个展览。于是我们专程赴澳大利亚去挑选作品。杨鸣山是一位勤奋的画家。我们挑选来展出的百余幅袖珍的油画风景仅仅是他写生作品中很少的一部分,可谓冰山一角。我们希望这个展览,能对广大爱好油画风景写生的朋友们有所启示,也是对长期被埋没在戈壁沙漠中的明珠——杨鸣山先生艺术人生的缅怀!

举办杨鸣山风景展览的初衷,就是让我们重温写生的意义、写生的目的、写生的方式,感悟写生的真趣,就是希望现在的年轻人画油画有个明确的方向。现在很多年轻学生不写生了,到乡下体验生活用手机一拍,回到旅馆里按照手机里的东西作画。也就是说,他们不领会为什么要写生,写生的意义在哪里,写生的作用在什么地方。写生是画家对自然的直接感悟、体验,锻炼我们如何观察生活,如何在生活中发现美、记录美、表现美。另外,也是我们学习怎么样去通过观察进行写生,以及用什么方式来写生。当前社会上也有很多画家,拿四五米大的画布,一次性快速写生,结果画出来必然很粗糙,而且很像照片。我们必须明白究竟用什么方式来写生,这种方式、手段是和他的目的、意义紧密结合在一起的。另外,这个展览还启迪大家注意油画语言的问题。杨鸣山的作品中油画语言很丰富。他注意到油画中那种具有独立审美价值的油画本体语言中的美，在他的油画原作中可以清楚地看到油画细腻的色调变化、油画质感，以及他作画时通过笔触表现作者的心灵和情绪。

杨鸣山的油画既有苏派油画丰富的色彩调性，又具有细腻的东方文化心理、情感和诗性笔触。在当今图像时代，以及"写生热"的语境中，这个展览带给人们许多启迪，尤其引起人们对当前美术界在写生方面存在的"大而无当、有色无彩"的问题的反思。

为了扩大杨鸣山作品对当下美术界写生的启示效应，我们艺术中心和中国美术学院艺术人文学院联合主办的"写生的意义——杨鸣山油画写生研讨会"。围绕"写生的意义"这个话题展开讨论，给人们提出关于"写生"的一系列值得思考的问题：何为写生？写生为何？如何写生？我们还组织了杨鸣山画展的中国巡展。自 2020 年 7 月起，相继赴江西南昌、甘肃兰州、湖南长沙等地巡展，得到了当地油画家和油画爱好者的普遍欢迎。现居住在澳大利亚的杨鸣山夫人看到巡展开幕式视频后，兴奋不已地来电感谢，她说："居然在疫情期间，你们依然坚持杨鸣山作品的巡展，万分感激！" 2021 年，杨鸣山展继续在沈阳、北京、新疆和宁波等地的巡展。

油画高级创研班

艺术中心成立以后开展的一项重要工作，就是举办了为期两年的油画高级创研班。为什么我会搞这个创研班？有两个方面原因：第一，就是我要培养年轻画家，这是艺术中心的一个任务。第二，帮美院培养一些年轻教师。有一年春节，中国美院院长许江到我这里来拜年，他是我的学生，那个时候他还没退休，我们两个就有关中国美院油画系的师资情况谈起来，觉得现在教师队伍有点青黄不接，艺术中心能不能出点力，在这个谈话过程当中，我们取得了默契，他表示，"很需要！"我认为，"我可以！"

这样,我们就开始酝酿招生办班。当时报考的人很多,有几个是开画廊的独立艺术家,他们以前也是美院毕业的,愿意出十倍的学费来进修学习,我都谢绝了。因为我们不是为了赚钱,我们是为了培养师资力量。这个高级创研班招生对象很明确,优先录取艺术院校里的年轻教师。可以说,这届学生几乎都是艺术院校的青年教师,主要学员是中国美院的年轻教师,还有各地院校的年轻教师,如上海戏剧学院、金华师范学院,个别学员是画院来的,比如新疆画院。

另外,我觉得研修班招生要按照客观规律办事,这是很重要的一点,要看这个学员有没有艺术灵感,要看学员的形象思维的敏感性。所以,创研班招生考试采用写生和口试相结合的方法。一方面,用油画、素描画写生、画模特,画完后,按照实际对象,大家来评判,哪个更真实,哪个色彩更好,哪个表现得好。这一比较,就知道了。另一方面,我亲自参与口试,"你看过哪些书?你喜欢哪些画家?你为什么喜欢?"几个问题一问,我马上可以知道这个学员的专业深度,包括学员的性格特征,我都可以了解到、观察到。总之,在创研班招生上,我更加注重学员的创作能力,以及艺术方面的才能和特殊性。

我们艺术中心开了两间教室,给他们学员使用,上午基本是写生,下午就是自己学习。那么,作为美院教师、画院画家,他们应该学习哪些东西呢?每个人的情况不同,有的学员连很基础的东西都不知道;有的学员比较好,基础问题解决了,但在把握更高一级的主题思想方面,他们就缺乏经验了。那么,我就给他们进行分析。实际上,创研班学员基本都是副高职称以上,有的已经是教授了,但还是有一些缺陷,一个是他们缺乏生活,另一个,他们没有经过本科教学的系统教育。严格说来,这个创研班实际上是给他们补课,把那些本科、研究生的课先补上,然后在这个基础上再提高。因此,我希望经过两年创研班学习之后,他们的油画教学能力和油画创作能力可以得到提高,就是这么一个出发点。所以,与培养研究生或者博士生不同,我现在要给他们补的,是他们的创作,而不是博士生课程。像我请邵大箴老师来指导，不是说叫邵老师来辅导学员写十万字的论文，而是在学员的创作实践过程中，请他进行理论方面的指导。因为都是画家，本来就没有写文章的基础，思维方式还是形象思维，要求他们在两年时间里，既要写出很好的文章，又要创作很好的画，这几乎是不可能的，到最后只能是既画不好画，又写不好文章。所以，我不主张这种教育方式，这个创研班不要求学员写文章，但是，必须给我画好画，两年学习下来，不仅要画习作，而且每个人必须要拿出作品，要通过油画创作来表达各自的思想，而不是靠写文章来表达思想，这个必须要搞清楚。

与博巴油训班、赵无极油画短训班等相比，我们这个创研班有什么不同呢？第一个不同，以前的油训班都是把国外的一位画家请到国内，由这位画家老师指导油训班，整个油训班的受训艺术风格是一样的。我们这个创研班，我是召集人，我请的都是国内最顶尖的老师，不是一个老师指导教学，而是很多老师一起指导创研班。2016年4月，我与靳尚谊先生、詹建俊先生、钟涵先生给创研班学员进行指导，每个学员的作品，一张一张地看，看了好几天，就是为每个学员指出在创作中出现的不同问题，现在什么地方做得不好，为什么不好，应该怎么做？等等。其中，有三个共性的问题：第一，每一个主题性美术创作，都可以有不同的主题思想。那么，怎么样抓住这个主题思想？第二，抓住了主题思想以后，怎么用艺术形象把它表现出来，表现得如何，有没有体现出来？比如说，在创作方案的选择上，当学员很犹豫的时候，老师可以帮助他分析，但不能代替他。告诉他哪一种方式更好，哪个角度更好，更能够揭示主题思想，让他有信心，并在这个方面努力。这个就是老师的教育作用。第三，画面所呈现出来的形式美不美，色调好不好，形象好不好，比例对不对，素描关系、透视关系正确不正确？等等。每个人的情况都不一样。一般来讲，就是把握不好自己的语言特点。总之，在他们的学习过程中，创作过程中，应该是扬长避短，并且从思想内容到表现形式以及表现技巧，都需要老师帮助把握和引导。

第二个不同，以前的油训班是请进来，现在的创研班是走出去。为什么要走出去？因为与20世纪50年代、60年代相比，以前所接触的欧洲油画都靠老师讲，最多搞几个幻灯片给学生们放一放。现在不需要这样了，我们这个创研班视野要扩大很多，我直接领着学员们到大师的原作前面去用他们的眼睛和脑子领悟，这种教学方法就与以前的教学有着本质上的不同。就像我说过的，我见到米开朗基罗的《大卫》原作时，已经白发苍苍，因为这是历史的局限。所以，我们走过的弯路，经过的教训，不应该让现在的年轻人再重复。我觉得，既然现在有走出去的条件，我们应该充分利用，使年轻人整个的眼光得到提高。只有我们把年轻人引导到更高的起点上，我们的社会才能够不断地向前发展。当然，以前也有很多油训班带几个学生去逛一圈。但是，像我这样带着学员一边看博物馆，一边搞艺术实践，在国外蹲点，在国外画画，这是没有的。

比如说，2015年7月，我带着高研班全体学员以及一些辅导员到俄罗斯，先去莫斯科，后来到圣彼得堡，进行了为期40多天的考察学习、创作实践。在莫斯科，我们主要看了特列恰科夫国家画廊和普希金博物馆，还有其他一些小型博物馆。特列恰科夫国家画廊里面的画很多，我是有重点的讲解，这样引导他们进入艺术殿堂，就不一样了，可以节省他们很多时间，并在很短的时间里抓住主要的东西——我们这个阶段应该看哪些画，哪些画不需要看，通过这些画能够说明什么问题等，就是说，俄罗斯画家是怎么把西方的油画变成有俄罗斯特色的油画。因为俄罗斯油画是"二传手"，从18世纪彼得大帝以后，俄罗斯才开始出现油画。但是，他们经过一百多年的学习以后，就慢慢地把西方的油画变成具有俄罗斯特点的油画。中国油画少说也有一百多年的历史了，对中国油画来说，俄罗斯油画是西方油画的"二传手"，也是一面镜子，而俄罗斯画家如何把西方油画变成有俄罗斯特色的油画，这就很值得我们研究、借鉴。因此，我把课堂搬到俄罗斯几个主要的博物馆、美术馆，着重考察、讲解俄罗斯油画的特点是什么，他们是怎么发展的，怎么变化过来的，他们优点是什么，不足的地方是什么，这些方面的问题都需要跟学员们讲解。这就是老师现场领着看画的必要性，这就是老师在教学中起到的作用。

后来我们又去了圣彼得堡，我跟列宾美院、俄罗斯博物馆、冬宫博物馆等都事先打招呼。尤其是世界四大博物馆之一的冬宫博物馆，因为经过那么多年的研究，而且冬宫博物馆里有我的同学，所以我很熟悉冬宫博物馆，我的同学就帮助我们，利用他们闭馆的时间进去讲课，可以说开的后门吧。所以，我觉得真的很幸福，自己都不敢想象！这么大、这么重要的博物馆，居然允许我们几个中国老师、学生在里面讲课，俄罗斯本国的师生都不可能有这样的条件！他们的老师也不会带学生到博物馆里去讲画，不可能的！而且我相信，全世界没有其他人能这样做的，只有我们中国人能做得到！应该说，这个条件太好了，在大师作品前面，领悟大师的油画，一边看他们的作品，一边给他们讲解，在伦勃朗的作品前面，就讲伦勃朗的艺术；在提香的作品前面，讲提香的艺术；在文艺复兴大师的作品前面，就讲文艺复兴时期的艺术；在印象派大师的作品前面，就讲印象派的艺术。没有其他观众，我在那里讲课，觉得很爽！

博物馆看完以后，我们马上下乡实践，就是从考察博物馆到艺术实践一条直线，走这么一个过程。通过这样的方式，进一步领悟油画的本体语言，进一步研究油画传入俄罗斯以后，究竟产生了怎么样的变化，进一步思考俄罗斯油画给我们哪些启示。创研班学员在苏兹达里蹲点、写生，待了一个月，让学员们看着俄罗斯的天空、大地，画俄罗斯天地，为什么俄罗斯画家能画出那么好的颜色？自己该怎么创作实践？这就是一个很好的教材来进行对比教学。我们有时候讲，因为俄罗斯的风景好，天空蓝，所以，像列维坦、希什金等俄罗斯画家能画那么好的风景画。那么，现在学员们也到了俄罗斯，也到了苏兹达里，我们画出来看看，我们的风景画能不能跟俄罗斯画家的作品一样好？这样，可能就更加深刻一点，更加具体一点。在这次考察与创作相结合的教学活动中，大家都很勤奋，早出晚归，画了很多画，学员们感到收获很大，各方面都有提高。当然，有些收获看得见，有些看不见，像欣赏水平和认识程度方面，就很难说提高了多少。

2015年12月，创研班学员回国后，他们的作品在我们艺术中心和华茂美术馆搞展览。我认为，这个创研班是一个比较难得的历史见证，学员们的这些作品本来应由我们艺术中心来收藏，但到宁波华茂美术馆展览以后，他们老总很有眼光，看完以后，全部买下来了，作品很多，每个学员有好几幅，不仅有习作、风景画，很大的毕业创作，他们全部都买下来了。最后，学员们的临摹作品捐给艺术中心了。

2016年7月，我又带着学员们去欧洲进行了为期一个月的考察。我们先去了法国，后来又去了意大利、奥地利、德国、西班牙，反正这些国家的主要博物馆、美术馆都去了。为此，我专门编了一个小册子，因为我看了那么多博物馆、美术馆，有时候会忘了具体的馆藏情况，什么画在哪个地方，怕记不清楚。我事先都做好功课，编好小册子，发给学员，告诉他们重点看哪个博物馆里面的哪几张画，我都给列出来，让他们有目的、非常专业地去看博物馆，直奔那些作品，不是说走马观花地去转一圈博物馆，看看有多漂亮。而且考察一个博物馆前，我就告诉他们事先要做好功课，诸如这个作品是哪一年创作的，什么人画的，画的背景是什么等，我就不讲了，我也不会给他们讲，而是直接进入到这个作品里面，我分析作品本身，这样效率就很高。

创研班用了两年的时间，基本上考察了欧洲最主要的博物馆，看到了美术史上的主要油画作品。这是以前所有油训班、创研班都做不到的。通过这样走出去，拓展了学员们的视野，提高了他们的认识水平、识别能力。至于这些学员的油画教学能力和油画创作能力，到底提高了多少，这个很难说清，因为都是潜移默化的东西，不能一下子都体现出来。反正每个人的体会都不一样，程度也不一样。进步比较明显的学员，一般是来自地方上的，相对来讲，他们的进步要快一些，因为以前见的少。有些学员可能过去看过国外的博物馆、美术馆，点点滴滴的东西也知道，不是完全不知道，因为他们是搞这个专业的。比如中国美院的有些老师，他们已经出去过几次了，只不过以前获取的知识是零零碎碎的，那么这次创研班就给他系统地整理了一遍。他们的反应就是把整个油画的脉络都理顺了，在油画的整体认识、认知方面，普遍有很大的提高。总之，每个人的情况不一样，改变的方面也不一样，但他们都感到很有收获。

2017年3月，我与靳尚谊、詹建俊、钟涵、邵大箴等几位先生对创研班学员的毕业创作进行了最后汇总，从我的角度来说，大部分学员的成绩达到了当初我开办这个班的预期目标。同年5月，我们还举办了"跋涉与追索——中国美院全山石油画高级创研班汇报展"，这次展览先在中国美院展览，后来到艺术中心展出。大家普遍认为，这个创研班很有成效，而且各方面对毕业创作展的反映还是比较强烈的。

因此，这些创研班学员尝到甜头后，我们艺术中心几次办展览的时候，他们就回到这里临摹，不用交钱，自己直接来就可以。像巴巴的展览，十几个学员从四面八方赶过来，一起请我吃饭，然后在艺术中心里临摹巴巴作品，有从甘肃来的，有从上海来的，有从新疆来的，还有从西藏过来的，这很不容易啊，那么远的路过来临摹！还有两个是从广西来的，都不是杭州本地的。

十五、油画收藏与鉴赏

提香的《达娜厄》

2016年,有推荐人告诉我有一幅提香的《达娜厄》正在出售。这位推荐人、鉴定人叫普比,是意大利最权威的画家、艺术评论家,他大概写过一千多部书。我跟他接触、交谈了好多次。对这张《达娜厄》,我有很多疑问,他都给我解释。我们现在是好朋友,2017年,我为他专门画了一张肖像画作为纪念。普比现在已八十多岁了,我本来想请他过来,到艺术中心讲课,开研讨会,但他身体不是很好。

普比推荐这张《达娜厄》的时候,我正在北欧。随后,我和几个朋友赶到意大利威尼斯与普比集中,然后去瑞士看画。在普比陪同下,我们看了好几次《达娜厄》,分析这张画值得不值得收藏,研究这张画的前后收藏谱系、创作的来龙去脉,都了解得非常清楚了,再订购下来。

《达娜厄》画的是希腊神话中阿尔戈斯王阿克里西俄斯与欧律狄克的女儿达娜厄。一条神谕曾经警告她的父亲,达娜厄的儿子将来要篡夺他的王权。国王为了避免发生这一事情,就把他的女儿关在一个铜制的塔里边。后来,天神宙斯看到后,爱上了达娜厄,化身成金雨水,水滴通过屋顶渗入屋内,落到达娜厄的膝盖上,结果达娜厄有了身孕,生下了一个小孩。这个小孩长大后,最后还是把国王给灭了,他就是希腊神话中的另一个英雄珀尔修斯。这幅画画的就是这么一个故事。因为提香是一个非常能干也很爱财的人，他不断地画，是一位非常忙的大画家，他有自己的工作室，有助手帮忙，这是无可非议的，但不管怎么样，都是经过提香的手的。当时来讲，很多欧洲国家王室都想要他的画。比如说，西班牙王室就向提香订购了很多画，这里就包括《达娜厄》。

世界上至少有六张《达娜厄》，都是当时的教皇、皇帝向提香订购的，在奥地利博物馆、冬宫博物馆、美国大都会博物馆、马德里普拉多博物馆、意大利博物馆，都有相同的《达娜厄》。我们艺术中心这张《达娜厄》，是教皇保罗三世向提香订购的第一张《达娜厄》。当时教皇写信给提香，希望提香给他画一张《达娜厄》，然后给提香开出很优渥的条件。这个条件是什么呢？就是给提香一座教堂作为报酬、奖励。因为提香有两个儿子，他的小儿子跟他学画，大儿子希望做主教。那么，要做主教，就必须要有一座教堂。教皇赐给提香一座教堂，提香就很心动了。本来，提香从来不去罗马的，一直在威尼斯画画，而且第一张《达娜厄》已经画了一半。为了解决大儿子的问题，为了这座教堂，那个时候交通也不是那么方便，他就第一次到了罗马。到罗马以后，他就背出原作，重新画了一张《达娜厄》给教皇。

所以，同样画给教皇的《达娜厄》，一张是在罗马画的，现藏于意大利那不勒斯国家博物馆；一张是在威尼斯他的画室里画的，约1553年左右创作的，这张画在几经周折之后，最终成为我们艺术中心的藏品。当然，我们也付出了很大的代价才买下这幅《达娜厄》。

意外收获

2017年上半年的某一天，雅勃隆斯卡娅的女儿突然给我打电话。她说："我在义乌，今天要从义乌到上海，然后准备回乌克兰，会途经杭州，我们能不能见一面？"我觉得很奇怪，怎么见面呢？我说："你是不是准备在杭州待一天？"她说："不，我路过杭州。你能不能到高速公路，在什么地方我们见个面？你想要的那张画，我给你带来了。"

实际上，现在我们艺术中心收藏的雅勃隆斯卡娅的画，很多都是她创作中的上品。以前我总想去雅勃隆斯卡娅的家里，买到比我们现有藏品更好的画。其实，她是把自己满意的作品放到社会上，把自己不满意的作品留在家里。我在雅勃隆斯卡娅的家里，只看到一张非常好的画，就是雅勃隆斯卡娅画她女儿的一张肖像，我认为这张画是她创作印象派作品时期里面最大的、也是最成功的。当时，我就跟她女儿讲："这张画能不能让给我？"

雅勃隆斯卡娅的这个女儿，是她的小女儿，现在大概也快60岁了。雅勃隆斯卡娅的家庭比较简单，但她的婚姻不是很理想，第一次婚姻没维持多久就离婚了。到1957年前后，雅勃隆斯卡娅正处在创作旺盛期，她经常到亚美尼亚画画，也拜访过萨里扬，后来认识了一位亚美尼亚画家，也就是她后来的丈夫。这张画就是画她的两个同母异父的女儿，因为这样的关系，她的小女儿说："我不能卖给你。"那我就表示算了，没买这张画。

过了很多年以后，当雅勃隆斯卡娅的小女儿主动联系我，而且给我带来了那张画，她们姐妹的肖像画。哎哟！我想那麻烦了，她们不是不肯卖吗？她如果要把这张画给我，我一定要给她钱，我不能白拿她的东西。我就赶快到银行换了五万美金，我跟小刘（刘军发）两个人就在高速公路上等她。这次雅勃隆斯卡娅的小女儿为什么去义乌呢？因为雅勃隆斯卡娅把女儿培养成了画家，现在她是一位独立画家，画的风格跟她妈妈差不多。她是和很多乌克兰画家一起到义乌搞展览卖画的，那边人多，她也就没法一个人跑出来见我。主要是她不知道义乌在什么地方，其实，从杭州到义乌很近，我过去是很方便的事，但她事先没告诉我。

我们在高速公路上见面后，她就跟我说："几年以前，你想要的这张画，我给你送来了。"她说："我们现在很困难，国家很不太平，内斗很厉害，我就一个儿子，现在已经上部队了。"我跟她讲："我非常感谢你，你能够想到我几年以前想要的东西，我为了支持你的生活，把这钱给你。"一开始，她不肯收钱，但后来她还是拿了，并表示感谢，然后就上车走了。这件事给我的印象很深，就是说，现在乌克兰的老百姓生活比较困难。

雅勃隆斯卡娅画女儿的这张肖像画，应该说，确实是她创作后期的一个代表作，现在就挂在我们艺术中心。20世纪50年代初，我们国内画家就看到过《粮食》《春》等她的早期代表作，大家对这位画家非常熟悉。最近，我在联系特列恰科夫国家画廊，计划在2020年准备搞一个雅勃隆斯卡娅的作品展览，把她各个历史时期的代表作都借来，在艺术中心展示一次。我想告诉大家，一个艺术家实际上有多种可能性，不要死抱着一种观点，进行重复的艺术创作。

辨析良莠

收藏油画，首先要懂得鉴赏。怎么样的油画才是好的油画？首先，画面形式要好看、悦目；其次，画面内容所提供给观者的信息是健康的，有愉悦的形式、健康的内容，这样才是好油画。因为只有画面的色彩和形象吸引了你，你才会跑过去看这张画，然后你才会了解这张画是什么内容。在欣赏、鉴赏油画的过程中，画面形式能不能感动审美主体，这是最关键的。如果这张画根本不感动你，看都不想看，那你也就没必要完成下面的审美过程了。形式、内容知道了以后，才会进一步认识这幅油画是用什么方法画成的。这个时候，就需要知道油画的基本常识，懂得一些油画的基本原理。如果以水墨画的原理去要求油画，那就不行，这是油画语言所做不到的事情。

看画的时候，第一眼看过去，它有没有给你一个很大的视觉冲击力，这是最主要的，如果确实有视觉冲击力，你才会去了解这张画的内容是什么。比如说一幅肖像画，首先了解的是谁的肖像，像不像？看完内容以后，才会去研究为什么这么好看？噢！它的颜色好看，然后我们再欣赏它的色彩、技法、颜色是怎么拼出来的，如何协调，造型是怎么样变化的，画面中又有几个层次。而这些鉴赏的内容、审美的步骤，都以这张画要让你感觉到好看、悦目为基础，这是很重要的。

至于我喜欢哪些画家的作品，或者说，我对哪些画家的作品印象比较深的问题，因为画家不同，风格不同，所表达的美各种各样，每一个历史时期，我都有很多喜欢的画家，但不是说这些画家的画我都喜欢，包括达·芬奇的画，有些画我喜欢，有些画我不一定很喜欢。提香的画也是这样，不是所有提香的画我都很喜欢。

随着时间地推移，随着我自己的修养慢慢地提高，我喜欢的画也有一个变化。比如说，刚去苏联留学的时候，我在冬宫博物馆看到的所有画都是好的，后来逐步感觉到我喜欢的画变少了。那么，这种变化实际上是一个进步，我开始具备鉴别能力了。因为一开始，我只知道作品是谁画的，不知道哪张画好，哪张画不好。但是，画看多了以后，画与画之间就有比较了；有了比较以后，就有识别能力了，就慢慢能分辨哪些是最好的，哪些是比较好的，哪些是差一点的。我觉得，我们去看一个画家的作品，应该看他代表性的作品。每一个画家都有他好的作品和不好的作品，就像我自己画画一样，有些画自己比较满意一点，有很多画自己很不满意。我觉得这个鉴别能力对我们学习有好处、蛮重要，不能盲目地崇拜——哪个画家所有的画都好，那也不是这样。每个历史阶段都有很多好画家，特别是对我们来讲，在每个历史时期能够突破平凡的、常态性的东西，并创造出一种新的东西，这样的勇于创新的画家是特别有价值的，值得我们尊敬和学习。

历史机遇

从油画收藏的角度看，现在可以说是一个历史机遇。在俄罗斯，圣彼得堡有两个博物馆，一个是冬宫博物馆，一个是俄罗斯博物馆；莫斯科的博物馆是特列恰科夫国家画廊和普希金博物馆。特列恰科夫国家画廊，是企业家特列恰科夫的私人收藏。"十月革命"以后，列宁有一个政策，把所有其他博物馆里面有关俄罗斯的好作品全部集中到特列恰科夫国家画廊，使之变成一个国家画廊，但仍以这个企业家名字命名。这说明，俄罗斯重视文化建设，尊重对文化有贡献的人。我觉得，这一点值得我们思考和学习。现在特列恰科夫国家画廊又扩充了第二部分，成立了一个收藏苏维埃时期作品的分部，也属于特列恰科夫国家画廊，仍以特列恰科夫命名。莫斯科还有普希金博物馆，是专门收藏西方美术的地方，就在莫斯科河边上。

虽然西方国家的经济发展水平比俄罗斯要高，但历史的机遇就是这样，这些西方画作依然会进入俄罗斯。像叶卡捷琳娜时代，俄罗斯是一个新兴的帝国，有钱了，其他国家就抢不过它。现在我们也是遇到了收藏西方绘画的最好机会。为什么？第一，西方现在经济不太景气，很多国家博物馆没有能力收购从民间流出的作品；更重要的是第二点，因为现在西方的文艺思想出了问题，他们提高当代艺术的价值，不重视传统艺术，不重视传统文化。现在经常搞一些理念上的东西，比如说观念艺术，给这个桌子加一个概念以后，到了美术馆，就变成艺术了。比较有名的，像杜尚认为一个小便池，就是一个"泉"，赋予这么一个概念以后，它就变成一个艺术品。这就跟传统意义上的艺术完全不一样，现在西方提倡的就是观念艺术，创造新名词，对传统艺术就不那么重视。虽然西方仍然承认传统艺术有价值，但他们认为这已经是过去的东西了。

现在看来，西方的很多文化，已经不再仅仅属于西方的。比如一座希腊的雕塑，那不是属于希腊一个国家的，而是属于全人类的文化遗产。我们既要研究传统的东西，也要研究全人类的东西。就像美国大都会博物馆有很多中国艺术的藏品，为什么？西方人认为，这也是全人类的文化，他们就搬过去。可是，现在问题出在我们中国，那么大的国家，还没有积极收藏西方油画的意识，这是不是一个问题？我觉得，这确实是个问题。像当时叶卡捷琳娜就抓住了这个机遇，动用国家的力量搞收藏。实际上，我们想要收藏西方油画，现在就是很好的机遇，希望我们能抓住这个非常好的机会。

油画的保养

如何保管、保养油画，这是非常难的。因为油画很"娇气"，应该说是比较高贵、比较难制作的一个画种，因此，油画的保养非常重要，也比较复杂。首先，如果买了一幅油画，尺寸还挺大，不能卷起来带走，油画卷了以后，画就完了。另外，像我们艺术中心这里，为什么要恒温、恒湿？因为油画是在布面上画的，随着湿度和温度的变化，布面会产生伸缩变化。布面伸缩以后，布面上的油画颜料会随之出现变动，进而造成损坏。

为了更好地保护油画，博物馆里面都要恒温、恒湿。很多不懂保养油画的人，家里开着地暖，又开着空调，室内很干，那油画很快就完了！不可以的，温度不能超过22度，我们艺术中心的温度就不超过22度，太热不好。油画也不能放在很冷的室外，不可以！比如说，特列恰科夫国家画廊在我们艺术中心办完展览后，这些画拿到北京大都美术馆巡展。那个时候，北京温度已经是零下了，到晚上，大都美术馆忘了画还在室外，这些画就在院子里放了一段时间。特列恰科夫国家画廊工作人员知道后，马上报告莫斯科方面。莫斯科方面马上跟我讲，要终止这个展览。因为太热、太潮了以后，油画会膨胀；太冷、太干了以后，油画会收缩，都会损害到油画的原本结构。油画一定要恒温、恒湿，把油画放在零下温度的环境里，那是绝对不可以的。后来，我就向特列恰科夫国家画廊道歉，马上叫大都美术馆改进，把画都运到恒温、恒湿的地方，这样才让大都美术馆办这个展览，否则这个展览就要终止了。

油画也不可以被太阳光完全直射，阳光直射油画，晒半个小时，这幅油画就完了！因为油画一晒到太阳，受到紫外线照射后，画面表面的颜色就破坏了，容易褪色。油画不能见到紫外线的阳光，但又需要见光，不要把油画包起来放在仓库里，时间放长了以后，颜色就会发黄。油画必须挂在一个背阴的地方，如果保存得好，像文艺复兴时期的一些油画，历时几百年了，还这么好看。油画挂的地方也很重要，挂在太暗的地方不好看，挂在太亮的地方也不好看，兜着光，它又反光，最好是侧光。

所以，油画是很"娇气"的。不过，如果家里放的一幅油画上面落了灰或者有其他污迹是可以自己清理的，就是用干一点的抹布轻轻地抹掉灰尘，但绝对不能用很湿的抹布去抹，因为如果画面上有点裂缝，水一旦进去，画就坏了。

十六、油画可以青出于蓝而胜于蓝

论俄罗斯油画

到19世纪下半叶，俄罗斯出现了不少杰出的文学家、音乐家、美术家，创作出了很多好的文学作品、音乐作品。而且我觉得俄罗斯的文艺家是非常的不容易，他们的文学、音乐、美术、戏剧、舞蹈，都是具有强烈的俄罗斯特色。比如音乐，先有五人集团[①]，最著名的如穆索尔斯基、里姆斯基·科萨科夫、鲍罗丁。再到后来的柴可夫斯基，他们创作的都是具有俄罗斯特色的音乐，这些音乐跟其它的西方音乐不同，就是不论内容，还是情感，它完全是俄罗斯的。

从19世纪下半叶开始，俄罗斯的文学艺术就进入了一个新的高潮。因为车尔尼雪夫斯基[②]的"美源自生活"的理念整体性地启发了19世纪的俄罗斯艺术，尤其是影响了"巡回画派"。1870年，一群艺术家在圣彼得堡成立了"全俄巡回艺术展览协会"，这个协会打破了当时美术展览只在圣彼得堡

[①] 五人集团，又称"强力集团""新俄罗斯乐派"，19世纪60年代由巴拉基列夫、穆索尔斯基、里姆斯基·科萨科夫、鲍罗丁、居伊等五位俄罗斯作曲家组成，是俄罗斯民族音乐艺术创作队伍中的一支主力军。

[②] 车尔尼雪夫斯基（Николай Гаврилович Чернышевский，1828—1889），俄罗斯哲学家、作家、文学评论家。

和莫斯科展览的格局,不断到外省展出,因而被称为"巡回展览画派",简称"巡回画派"。这个"巡回画派"的主张是什么呢?就是美来自生活。它最大的特点是什么呢?就是作品具有民族特色,内容和生活相结合,在鼓舞人、教育人的同时,也具有审美价值。因此,从这个方面来讲,俄罗斯美术有许多地方值得我们借鉴。

虽然"巡回画派"的黄金时期并没有持续很长时间,但是它给俄罗斯的文学艺术奠定了非常重要的基础,在这个基础上,俄罗斯又发展出了新的美术团体"艺术世界",它将所吸收的西方艺术变成一个新的东西。而在"艺术世界"以后,俄罗斯就出现了很多艺术学派,于是,俄罗斯的文学艺术整体繁荣起来。可以说,这是俄罗斯自彼得大帝推行全盘西化后取得的成果,并且这种成果是在科技、文化等诸多方面集中式地爆发,而且群星璀璨。

那个时候,俄罗斯的文学、音乐、戏剧、美术等方面的文艺家都相互交流,都是很好的朋友。比如说,列宾就画了很多托尔斯泰的肖像;搞文学创作和文学批评的知识分子,对美术家非常友好,他们对推动美术创作起了很大的作用,每一幅画创作出来以后,托尔斯泰也好,或者其他理论家也好,会写文章批评或赞扬他们。所以,那个时候的美术批评很活跃,而且非常重要,促使这些画家更加明确他们的创作方向。另外,整个俄罗斯社会的风气良好,姐妹艺术之间融合得非常好,画家懂音乐;音乐家懂绘画;文学家喜欢绘画,也很懂画。比如说,芭蕾舞最早出现在意大利,然而俄罗斯的芭蕾舞要超过意大利的芭蕾舞。起初,意大利芭蕾舞为了突出主体形象,其舞台背景是比较灰的颜色,并没有什么舞台美术。但"艺术世界"里有一个艺术家叫佳吉列夫[①],他有一个很大的功劳,就是把一流的音乐家、一流的画家、一流的演员、一流的导演、一流的指挥都糅合进

---

① 佳吉列夫(Сергей Павлович Дягилев,1872—1929),俄国戏剧及音乐、芭蕾、绘画艺术活动家、批评家。

芭蕾舞剧团。像谢洛夫、伏鲁贝尔、戈洛文等,许多很有名、很有才干的画家都参与到舞台设计、服装设计中,所以,俄罗斯的芭蕾舞舞台使西方人眼睛一亮,惊讶于芭蕾舞可以这么辉煌、这么漂亮!

而且,芭蕾舞音乐也是请最好的音乐家作曲。像柴可夫斯基就写了很多,如《天鹅湖》《胡桃夹子》《睡美人》《罗密欧与朱丽叶》,都是柴可夫斯基写的曲子。所以,俄罗斯的芭蕾舞是一个综合艺术,在芭蕾舞剧里达到登峰造极的境界,这也是为什么当佳吉列夫带着芭蕾舞剧团到意大利、法国演出后,就轰动了整个欧洲。因此,19世纪下半叶到20世纪初,不仅俄罗斯的芭蕾舞艺术远远超过意大利芭蕾舞,俄罗斯美术也影响了西方的近代艺术。比如20世纪前后,俄罗斯出现了以马列维奇、康定斯基、夏加尔为代表的抽象主义艺术,这些艺术家已经远远走在当时西方艺术潮流之前,它对西方艺术产生了很大的影响。

正是俄罗斯出现了这样一个文学艺术高潮,后人就开始总结,为什么会出现这样一个高潮?为什么会出现这样有能力的一些画家?一方面,19世纪70年代,"巡回画派"的所有艺术家都比较接受当时俄罗斯的民粹主义思潮,民族意识比较强烈,在美术学院里边,也接受这样一种思想,出现了一系列优秀成果。包括列宾这一代和列宾之后一代,如列宾的学生谢洛夫、伏鲁贝尔、尼古拉·菲钦,都是苏维埃时期有名的画家,这就给列宾美术学院的教学奠定了非常好的基础。另一方面,如果按照原来的古典学院派的教学法,是不可能培养出自觉表现俄罗斯特色的艺术家,只会培养出用理想美的创作方式表现《圣经》故事的古典主义画家。于是,后人就追溯到契斯恰科夫[①]的基础教学,正是在这个基础教学的影响下,才会出现如列宾、苏里科夫、谢洛夫、伏鲁贝尔等一批优秀的画家。

[①] 契斯恰科夫(ПавелПетровичЧистяков,1832—1919),俄罗斯美术教育家,擅长历史画、风俗画、肖像画,其教学思想推动了俄罗斯现实主义绘画的发展,培养了列宾、苏里科夫等重要画家。

我们以前经常批判苏俄的契斯恰科夫教学法，把基础教学中的素描画灰、画脏等问题都归罪于契斯恰科夫。其实，这是很不公平的，我们当年并不知道契斯恰科夫教学法的所以然。好像在1955年，国内就有人把契斯恰科夫教学法翻译成中文，并在中国传播。他们从国内写信来问我，并且把这个翻译本寄给我看，我就问苏联同学，契斯恰科夫教学法是怎么回事？苏联同学认为这个是比较早的教学法，大概在19世纪中叶开始传播，后来的苏联美术教学里面，虽延续了这种教学理念，但已有所改变，不是完全按照契斯恰科夫教学法的所有要求。

我在苏联留学期间，并没有听说契斯恰科夫教学法。首先，契斯恰科夫生前只是一位普通教师，他并没有很崇高的地位。其次，契斯恰科夫的教学法只是美术学院的基础课，是自然而然形成的教学改革，是教学大纲里面要求的、规定的。比如，你的素描应该怎么画，创作时要正视你的对象等等，这些在教学大纲里面的纲领性的东西，并不一定就是契斯恰科夫讲的。苏联的教学法是慢慢形成的，后人为了追溯教学方法的根源，才把契斯恰科夫的教学法归纳为几条。

契斯恰科夫是一位优秀的教育家，但在绘画方面，并没有获得很大成就。有时候，在我们国内往往搞不太清楚，有些老师可能画画很好，教学并不是很好；有些老师他能教书育人，但在绘画上不一定非常突出。画家与美术教育家之间还是有差别的，因为教育家要因材施教，从浅到深，用一种方法引导学生，教学生如何观察客观对象、如何概括客观对象。在表现客观对象上，教育家有一套方法和步骤，这就是教学。对于画家来讲，不一定人人都能具备从低到高的教育能力、方法。所以，教育家跟画家还是有差别的，这个差别放在我们美术教育界里面，往往不是很公平，有些老师画得不是很好，但课讲得很好，就常常被贬低；有些老师画画得好，好像他教学生就教得好，其实未必是这样子。那么，我觉得契斯恰科夫就是这么一个画家，从他的作品来讲，并没有很著名、很突出的，可他在教学上，却有独到之处并培养出了一大批人才，像列宾、苏里柯夫、谢洛夫，都是在契斯恰科夫的教学法下培养出来的著名画家。我认为，这就是契斯恰科夫的成功之处，虽然不是一位非常有成就的画家，但他是一位很成功的美术教育家。

契斯恰科夫教学法是怎么来的呢？因为以前俄罗斯皇家美术学院进行全盘西化的过程中，完全照搬意大利、法国的美术学院教学方法，皇家美术学院的教师也是外国教师，其艺术理念就是表现理想美，所有的教学目的就是为了在毕业创作中描写《圣经》故事的理想美而做的一个基础练习。在这个基础练习里，主要表现理想美，比如画人体的时候，要把人体的肌肉画得发达、优美，而不是表现创作主体观察到的客观对象的一个人体动作。到19世纪中叶，俄罗斯民主主义思想开始流行，特别是车尔尼雪夫斯基提出"美源自生活"的理念以后，美术学院的艺术教育就发生了很大变化，即契斯恰科夫把这种理念、思想贯彻到他的教学里面，特别是贯彻到他的基础训练教学里面，把原来传统的西方古典美、理想美的素描方法，改变为用素描表现创作主体自己的眼睛所看到东西，这是根本性的理念上的一个差异。经过这个基础训练以后，画家们可以表达自己在生活当中所看到的那种具有生活气息的现实美，而不是学院派的理想美、古典美。所以，契斯恰科夫教学法跟整个时代的创作理念、创作思想有直接关系。

当然，从艺术上来讲，创作主体应该除了眼睛看到的东西以外，还要加入创作主体对这个事物的主观理解，然后才会产生、创造出一个艺术形象。但是，契斯恰科夫教学法有自然主义的方面。比如说，契斯恰科夫讲："画眼睛所看到的所有东西。"这有其对的一面。但，艺术创作不仅是眼睛所看到的东西，而且要把眼睛所看到的东西，提炼加工成为艺术形象。在这个提炼加工的过程中，契斯恰科夫强调得不够。因此，后人抓住这个"辫子"，认为契斯恰科夫教学法是自然主义，只画眼睛所看到的东西。即使在契斯恰科夫的理念当中，有其不足的地方，但在契斯恰科夫所处的历史阶段里，我认为他的教学方法有其先进的方面，他是一个改革派——把理想美、古典美，变成生活美，变成作者自己所看到的真实美，这就为现实主义创作奠定了非常好的基础。

在契斯恰科夫教学法里的素描教学中,特别强调结构,这个特点在法国的美术教学体系里面是缺乏的。以前的北平艺专也好,杭州艺专也好,基本上是法国的美术教学体系,就是那种学院派的古典美、理想美的教学体系。包括徐悲鸿先生,他学的是新古典主义,特别欣赏普吕东[①],普吕东是安格尔[②]的学生。徐悲鸿先生非常赞赏普吕东的素描,学的也是这种素描,找明暗交界线,只有找准了明暗交界线,把暗部画出来、把明暗交界线分出来以后,这个形体的体积基本上就有了。但是,形体上所产生的明暗交界线只是一个表象,结构才是本质。而在契斯恰科夫教学法里,就特别强调人体的内在的构造——骨骼结构,这个结构决定了人体外在的形态。所以,与法国的美术教学中只找寻明暗交界线相比,用这种强调结构的观察方法,去理解对象、表现对象就更理智、更深入,表现的对象就更结实,对造型的构建就有更进一步的理解。应该说,契斯恰科夫教学法是比较好的。所以,当契斯恰科夫教学法传到国内,到1957年、1958年以后,随着大家慢慢开始明白这个教学法的时候,就在国内广泛地运用这种方法来画素描。

我们国内批判契斯恰科夫教学法就比较复杂,复杂在什么地方呢?牵涉到政治的因素和学派的因素。在吸收外国先进经验的时候,我们应该有所分析、有所批判,什么是真正对我们有用的,是合理的,什么是对我们无用的,是不合理的,我们应该自己有个清醒的头脑,我们学任何学派的东西、外国的东西,都要有一个分析的、批判的眼光,这样才是一个正确的态度。

19世纪中叶,俄罗斯出现了变化,就是民主主义思想开始发展起来。

---

① 普吕东(Prud'hon Pierre-Paul,1758—1823),法国画家,擅长肖像画。
② 安格尔(Jean-Auguste-Dominique Ingres,1780—1867),法国画家、教育家、美学理论家。

民主主义思想起源于法国,叶卡捷琳娜认为自己是民主主义者,而且她的朋友都是民主主义者。在这个自上而下的影响下,民主主义就慢慢地影响到俄罗斯,特别是车尔尼雪夫斯基提出美和生活的关系——美来自生活。这个理念在当时被广泛地接受,特别是获得了很多文学家和理论家的支持,出现了现实主义的创作方法——应该画自己所看到的东西,这种理念来源于法国库尔贝①的现实主义,比俄罗斯的现实主义还要早二三十年。库尔贝曾说:我要画我自己所看到的东西,我不会画天使。因为我没有看到过天使,我只会画我自己所看到的东西。这就是他的现实主义宣言。应该说,以列宾为代表的美术创作高峰,形成于法国民主主义思想的基础之上,发达于俄罗斯民主主义思想流行之际。

列宾就是在这样的时代里面成长起来的,而他的主要功绩就出现在19世纪中叶以后。油画从西方引进到俄罗斯以后,俄罗斯油画完全沿着西方的模式培养学生。在皇家美术学院的传统里面,学校师生都对历史画创作非常重视,毕业创作必须画一张以宗教为题材的历史画,像列宾的本科毕业创作,也是宗教题材,画的是玛丽亚去世的时候,耶稣在边上给她祝福。列宾在研究生毕业创作中就做出了重大改变,不画宗教题材的历史画,而是画《伏尔加河上的纤夫》②。列宾创作这幅画的初衷,是按照车尔尼雪夫斯基的"美来自于生活"的理念进行创作的。所以,他到伏尔加河去体验生活,体会到世世代代在伏尔加河边的纤夫的艰辛,以表达俄罗斯整个普通劳动人民的精神面貌。他这张画里面为了表现纤夫的艰辛,每一个人的精神面貌、表情都不一样,前面是一辈子拉纤的老纤夫在埋头拉纤,当中有一个大概十七八岁的小伙子,他是昂起头往前看的,这象征什么?象征着

---

① 库尔贝(Gustave Courbet, 1819—1877),法国画家,现实主义美术的代表,以反映生活的真实为创作的最高原则。
②《伏尔加河上的纤夫》,列宾于1870年至1873年间创作的一幅油画,现收藏于圣彼得堡俄罗斯博物馆。

一种觉醒,意味着一种希望,即一辈子不能这样活下去。所以,这张画引起了轰动,受到斯塔索夫和托尔斯泰的高度评价,认为这张画非常有俄罗斯的特色。

但是,从他的这幅代表作,就能看出、感觉到列宾的油画语言还是存在着缺陷,从我个人看来,它虽然是一张非常好的刻画人物的作品,但不是一张非常好的油画,不足的地方就是缺乏油画语言。从油画语言来讲,这幅画的色彩的纯粹性、色彩的明度和纯度,以及其所表现出来的油画质感,在这些方面很枯干、不滋润,油画技巧不高超。因为,当时俄罗斯油画的画法侧重素描,侧重造型。这种画法也不是不可以,比如说,毕加索的《格尔尼卡》,基本上是黑白,它没颜色的,可以从这个角度来解释《格尔尼卡》。那么,《伏尔加河上的纤夫》也是这样,他所要表达的东西,基本上都已经达到了。

这个问题就跟西方音乐一样,从开始注重旋律,到后来慢慢发展为和声,再从和声慢慢发展为音乐的"色彩";"色彩"就是不同的声音,用不同的音色把音乐情感表达出来,音乐的"色彩"就比较丰富了。早期的古典音乐不讲究"色彩",你不能说这个时候的音乐不好,因为这就是那个时代的风格。我们自己听的时候,就总觉得还缺乏一点味道,这个味道就是"色彩"。比如亨德尔、巴赫,这些从教堂里面、从唱诗班里面、从清唱班里发展出来的古典音乐,其旋律都比较单纯。很多古典音乐都很好,像莫扎特的音乐非常美,但是,总会觉得里面的"色彩"不够,从音乐的"色彩"来讲,它比较单调。所以,我们并不能苛责列宾在运用油画语言方面超越他所处时代的整体面貌,但从我们专业角度来讲,在笔触的运用上,在色彩的运用上,《伏尔加河上的纤夫》的油画有不足的地方,如果在这方面,列宾能做得再好一点的话,那就更好了。

对于俄罗斯艺术而言,列宾的重要意义不仅仅体现在油画语言方面,而是从列宾开始,皇家美术学院的学院派传统出现了很大的改变。所谓学院派传统,来自文艺复兴,当时复兴什么?复兴古希腊艺术,形成了以拉斐尔为代表的理想美,学院派就是根据理想美来进行美术创作和教学,把《圣经》故事里的圣母玛利亚等形象,都用理想美的方法描绘。可是,到列宾的时代,他们就打破了这种程式,描写生活中的美。特别是列宾的画,是从生活中发现美,创造美。列宾的长处就是善于观察生活,善于观察人的情绪,人的性格特征,这是非常不容易的。

列宾的《伊凡雷帝杀子》这种表现矛盾的创作,虽然它表现的不是普通的劳动人民,是一个历史题材故事,但是,列宾充分地表现了伊凡雷帝[①]的矛盾心理——有政权的关系,有父子的关系,有儿子篡权,他杀了儿子后,又是后悔,又是恐惧。这种的戏剧性的矛盾,在列宾的创作中表现得真的是淋漓尽致。应该说,这是他的一幅非常有代表性的作品。在西方美术史里面,可以说很少有像列宾这样擅长深入刻画人的内在精神面目的人。除此之外,列宾还画了一系列历史画创作。

再比如《查波罗什人写信给苏丹王》。当时,奥斯曼帝国侵略俄罗斯、乌克兰的南方,列宾是乌克兰人,所以对这个历史时期深有体会,有一种民族情绪。他创作这幅作品的时候,不仅进行了非常深入地调查研究,而且很有感情地创作,画了许许多多的草稿和变体画,最后形成了展陈在俄罗斯博物馆里的《查波罗什人写信给苏丹王》。这幅画非常深刻,所有的道具、人物都是在生活当中提炼的,自己创作出来的,列宾用一个查波罗什人给苏丹王写信的情节,来表现对苏丹王的态度,既是讽刺,也是嘲笑。这张画有很多人物,列宾就抓住一个典型的瞬间,既揭示矛盾,又解决矛盾,还指出矛盾的方向。所以,这幅画很复杂,要把这样复杂的一个情节在一个瞬间里面表达出来,这是很困难的,但是列宾做得非常好,画面中每一个人的性格特征、姿态、表情都不一样,非常生动,可以说充分体现了列宾的绘画技巧。这不仅在俄罗斯绘画里面是独树一帜的,就是放在同

---

① 伊凡雷帝,即伊凡四世·瓦西里耶维奇(Иван Ⅳ Васильевич,1530—1584),俄罗斯历史上第一位沙皇,1581 年在暴怒中失手杀死自己的继承人伊凡太子。

时代的西方历史画里，能够像列宾这样，深刻地表达人物的内心世界，也是极少有的。

在这个时代的画家中，列宾是非常突出的一个。当然，还有像苏里科夫，也是非常好的画家。但是在揭示人物内心的方面，和其他人比较的话，列宾还是要高出一筹。所以，在俄罗斯的绘画发展过程当中，列宾便成一位公认的奠基性人物——使西方油画自传入俄罗斯以后，逐渐地变成有俄罗斯特色的、有俄罗斯风格的，而且有俄罗斯意味的俄罗斯油画。虽然列宾本人对苏维埃政权并不是很友好。他胆怯。他画过沙皇，画过沙皇的婚礼，画过沙皇时期的国务会议，而且他对苏维埃政权有一点不同的看法。因此，"十月革命"以后，尽管苏维埃政权多次请列宾出来，他就是躲在位于芬兰湾一个很偏僻的乡村里面，一直到去世。但是，因为在俄罗斯美术发展史上列宾是一个举足轻重的人物，他的艺术成就和对俄罗斯文化所做出的贡献是公认的，所以，"十月革命"以后把皇家美术学院改名为列宾美术学院，这是无可非议的事。

苏里科夫是高加索偏西到西伯利亚那个地方的人，出生于克拉斯诺亚尔斯，比列宾要小几岁，成长环境、生活条件等各方面没有列宾那样优裕，但都受到车尔尼雪夫斯基美学思想的影响。苏里科夫的创作能力很强，他对俄罗斯民间的东西有很深的体会，能创作出非常精彩、非常具有俄罗斯特色的绘画。比如说，他的代表作《近卫军临刑的早晨》，表现了彼得大帝的改革所引起的矛盾。近卫军是一个有着传统、保守思想的集团，而彼得大帝是一个有着先进、革新思想的君主，苏里科夫就是通过彼得大帝处置近卫军的历史故事，表现这两种不同的思想及其代表者在临刑的早晨所产生的激烈矛盾。这幅画在造型、构思，还有油画色彩方面，都表现得非常好。所以，他在处理历史画的时候，是非常有才能，非常有特色的，而且画得很精彩。除《近卫军临刑的早晨》外，苏里科夫还画了一系列作品，如《缅希柯夫在别留佐夫镇》《女贵族莫洛卓娃》。《女贵族莫洛卓娃》也是反映新旧宗教的矛盾冲突的作品，画得非常精彩。

苏里科夫就是这样，把历史的矛盾摆在画面上，让大家看。好多人不明白苏里科夫为什么这样画，他并不直接表现哪一方面是对的，或哪一方面是错的，他让观者自己根据历史事件去判断是非，但是，实际上他有很明显的立场和态度。比如《女贵族莫洛卓娃》，通过刻画莫洛卓娃的形象，表达了赞同、歌颂莫洛卓娃的抗争，但表现周围人物的态度时，却是一部分赞成莫洛卓娃，一部分反对她，特别是上层的贵族、精英是比较反对她的。所以，虽然苏里科夫的态度是很明确的，但在画面上，就具有一种矛盾冲突的，并且在矛盾冲突的过程当中，苏里科夫还指出矛盾解决的方面。这种结构方法的创作，与列宾有相同的地方。列宾的《伊凡雷帝杀子》也是这样，把矛盾放在画面上，表现矛盾的激化，然后通过刻画各种人物的不同性格特征，来陈述故事情节。所以，这两位画家都是在俄罗斯历史上没有出现过的非常杰出的画家。

虽然在列宾、苏里科夫前面，也有很好的画家，比如说伊万诺夫，或者再早一点的历史画画家，都是学院派的历史画，有些方法也比较写实，但基本构思都按照旧的西方古典学院派的理念来表达。而列宾和苏里科夫就不同，他们表现俄罗斯的故事，处理绘画构图和矛盾冲突的手法，完全是俄罗斯的民族特色。所以，俄罗斯的油画很快就由一种西方的古典绘画模式，转为一个俄罗斯民族特色的油画模式。这个转折点，应该说是列宾和苏里科夫两位最有功劳，而且在油画本体语言方面，他们掌握得也很好，这就比较难得。因此，俄罗斯油画在"巡回画派"之后，就确立了俄罗斯学派的油画，应该说，他们是功德无量的。

每一个国家的油画，都有每一个国家的特点。这是西班牙的油画，那是意大利的油画，或者这是德国的油画，大家可以看得出来。它们间的风格不同，但油画的本体语言是相同的。很多人认为俄罗斯的油画跟法国的有矛盾，其实，俄罗斯油画也是"二传手"，它的传统纯粹是从意大利、法国照搬过来的，跟法国不矛盾的，是一样的，只是某些阶段风格不一样。而俄罗斯油画与西方油画又有不同，不是因为油画语言方面的差别，而是因为不同的历史文化背景和自然环境。像意大利芭蕾、俄罗斯芭蕾、法国芭蕾，它们的艺术本体语言应该是一样的，但《天鹅湖》只能产生在俄罗斯芭蕾中。一样的道理，油画的本体语言应该是相同或相似的。现在中国油画有很多问题，其中一个就是对油画的本体语言吃得不够透，就如同把芭蕾变成民族舞一样，这是我们一个方向性的错误。

在这个问题上，俄罗斯油画没有犯错误。他们是在西方油画的标准、规则的基础上，使西方油画变成为俄罗斯特色的油画。那么，俄罗斯特色的油画跟其他国家的油画有何不同呢？首先，风格、题材方面不一样。比如列宾画的画，多数是俄罗斯人的生活；再比如苏里科夫画的画，就是北方俄罗斯人的生活。那么，一看题材、内容就是俄罗斯的。其次，风格方面也不一样。俄罗斯人比较粗犷，比较讲情感，俄罗斯文学也好，俄罗斯电影也好，俄罗斯戏剧也好，俄罗斯美术也好，特别讲究一个情感。比如说，俄罗斯的风景画，列维坦的风景和法国印象派的风景有什么差别呢？两类风景画都很好，但是，相较于印象派的风景，列维坦的俄罗斯风景更加讲究人文精神和对情感的表达。像列维坦的《弗拉基米尔卡》，画中的这条路就很有感情，因为列维坦是犹太人，在沙俄的时候，犹太人流放到西伯利亚，就是走这条路，所以列维坦描写这条路的时候，跟一般人描写就不一样，画里面有一种特殊的情感。而在俄罗斯油画中，描写伏尔加河，或者早晨、傍晚，或者风雨天气，都被赋予了俄罗斯人的情感，而且这种情感里面有悲壮的部分，也有忧伤的部分。这点在俄罗斯的音乐、美术中特别突出，比如柴可夫斯基的音乐，那么壮观，那么好听，但是你听完了以后，还有几分伤感，这就是俄罗斯艺术的特色。

这种俄罗斯艺术的特色，是因自然环境、人文环境而形成。如果长期住在俄罗斯，我们就会知道这个地大物博、人口稀少的地方，到冬天以后，铺天盖地的白雪，零下20多度几乎不能出门，那么，在这种环境之下，俄罗斯人的性格就融合进其独特的大自然里面。所以，俄罗斯人粗犷、内向、讲情感的特点跟地理环境很有关系。俄罗斯人又有比较强悍、不服输的精神。在第二次世界大战中,为什么苏联能够战胜法西斯?法西斯已经打到莫斯科,已经兵临城下,但苏联又反攻到纳粹德国本土,说明这个民族不简单。就是这样一种民族性格特征,同样反映在艺术作品里面。像柴科斯夫基的《一八一二年序曲》,拿破仑已经攻入莫斯科,但俄罗斯英勇不屈的民族性格,把拿破仑赶了出去。其中,表现拿破仑的篇章里面,尤其是表现拿破仑溃败的片断,描写得非常好,这种就是表达民族情感的音乐,这个特点在其他国家中也比较少。

俄罗斯油画讲故事、表达情感,是它的长处,但也包含了它的弱点,弱点在什么地方呢?在西方绘画里面,特别强调油画的本体语言和油画的个性特征等方面,但在这方面,俄罗斯油画的理解相对弱一点,因为俄罗斯特别强调绘画的情感。所以,与西方绘画相比,俄罗斯绘画就被认为是在讲故事,在再现文学等等,因此受到批判,认为俄罗斯油画的艺术性不够。那么,在我个人看来,我觉得不应该否认俄罗斯绘画的特色,但另一方面,在绘画语言、个性特征等方面确实需要加强,应该允许别人提这方面的意见。

到20世纪初,俄罗斯美术出现了180度的转弯,出现了康定斯基,产生了抽象主义绘画,在独立的审美价值方面,跨越到西方绘画前面了。"十月革命"以后,列宁从法国请来一位先锋派的理论家卢那察尔斯基掌管文教政策,担任教育部部长兼管造型艺术,就相当于文化部部长。他所重用的人也都是先锋派,像夏加尔、马列维奇、康定斯基等。因为砸烂旧世界,创造新世界,不仅是先锋派的理想,也是苏共的一个理想。此后,苏共意识到文学艺术应为新生的苏维埃政权服务问题,群众看不懂先锋派艺术,不能为苏维埃政权服务。到1932年,苏维埃文艺进行一次整体的改革,成立了全国的作家协会、全国的美术家协会,所有先锋派艺术家及其艺术都靠边,他们离开苏联,回到法国,回到德国,而"巡回画派"又重新受到重视。

1953年斯大林逝世以后,苏联进入"解冻"时期。在1956年苏共二十大之前，苏联仍然认为，包括印象派绘画在内的西方现代主义绘画是资产阶级艺术，禁止看这种绘画。我在中央美院华东分院学习时，也因为涉及资产阶级文艺，而不能看印象派的绘画。包括我刚到苏联的时候，也没有看到印象派的绘画。所以，我的老师阿列希尼柯夫，也是梅尔尼科夫的老师，他们那个时代的画家基本是按照"巡回画派"的传统下来的。

苏共二十大以后，就可以公开研究西方的现代主义绘画，博物馆里开始展出他们的作品，这就给整个苏联美术带来了重大变化，形成了新的面貌。那么，时代不同，艺术必须随着时代在发展。这个时期的一些画家，如梅尔尼科夫、莫伊申科、雅勃隆斯卡娅等，他们的创新，实际上就是艺术随着时代的变化而变化，他们的艺术跟上了时代的步伐，符合这个时代的审美需求。所以，他们这批画家就和前面的画家有所不同，很多东西值得我们研究。比如梅尔尼科夫，他是一位非常有智慧、有才能的画家，他跟上了这个时代，吸收了很多西方绘画的手法，特别是吸收了很多现代主义绘画的方法。比如说，他的《斗牛士》吸收了西班牙的绘画语言，来表达他对斗牛士的一种感受，艺术语言上就有一种崭新的面貌，这就很有创造性，所以，他的绘画在1957年以后变化特别大。

谈中国油画

油画自诞生以来，经历了漫长的发展和演变过程，反映在美术教育中也是这样。随着西方艺术的不断发展，我们杭州，从杭州国立艺专到中国美术学院，其教学理念也不断地更新，这也是与北方的美术学院有所不同的地方。不同在什么地方呢？北方的美术学院一直延续着以徐悲鸿为核心的美术教育传统，我们这里呢？就比中央美术学院要多元化一些，善于创新。当然，这只是我个人的一点看法。总的来说，中国油画的发展，不论南北，都是有一些共性的。

十六、油画可以青出于蓝而胜于蓝

我们国家的第一代油画家是广东的李铁夫①先生，他是跟美国的萨金特②学的油画，但是绝大多数的中国油画家都是在法国学习的。因为19世纪，特别到20世纪初，法国成为世界的艺术中心之后，全世界各国的画家，包括中国的画家都会到法国学习、访问；后来还有一批画家是在日本学的油画，但实际上，留日的中国油画家也受法国的影响，因为日本油画是从法国过去的。所以，法国艺术对中国油画的发展起着非常重要的作用。

一方面，在中国的美术教育中，法国的艺术教育有着非常重要的作用，留法的画家中，像徐悲鸿先生、林风眠先生、颜文樑先生、刘海粟先生等，绝大部分都在巴黎国立高等美术学院学习。我也访问过这个学校，这是一个非常古老的学校，里面有很多藏品，也有很多复制品。徐悲鸿先生就从巴黎美院带回来一系列学院派教学方案和教学方法，并在北平艺专、中央美院实施；颜文樑先生从法国回来以后，在苏州美专，设立了一套很好的、有系统的美术教育方法，颜文樑先生还自己花钱买了很多的石膏像，这是我们国家引进的第一批成规模的外国石膏像。所以，中国第一代油画家对我们中国的艺术教育有着非常重要的作用和不可磨灭的贡献。

另一方面，中国第一代油画家就把法国各个学派的表现手法带回来了。比如徐悲鸿先生，他带回来古典主义的绘画方法；像颜文樑先生，他带回来印象主义的方法；像吴大羽先生，把抽象主义艺术带回来了。此外，浙江美术学院也有很多老师，像方干民先生、肖传久先生、胡善余先生，都是从法国留学回来的。这些早期油画家在外国都是靠个体的力量，很困难的，他们能够学到那种程度，已经很不容易了，能懂得油画语言，是非常困难的一件事情。

---

① 李铁夫（1869—1952），原名李玉田，号昭龙，广东鹤山人，中国近现代油画与民主革命先驱，被誉为"中国油画第一人"。
② 萨金特（John Singer Sargent，1856—1925），出生于意大利佛罗伦萨，19世纪末20世纪初美国肖像画家，英国皇家美术院成员。

因为我自己有亲身体会，留学苏联的时候，我画的第一张油画，表面看都已经不错了，但仔细一看，只有素描造型、素描关系，而没有色彩关系，也没有色彩冷暖变化。我觉得，这是可以理解的。为什么？因为我们东方人跟西方人的文化传统不一样，对西方油画的理解，需要有个过程。很多事情，很多问题，我们必须在历史长河当中逐渐认识它们，我们才会心平气和地对待它们。不然的话，人家会误解，觉得我这个人骄傲自满，怎么讲李铁夫先生的画不好，其实不是的。我认为，从历史长河来看，那个时候中国人只能达到这个水平，像李铁夫先生能够学到这样，已经是非常了不起了。

像徐悲鸿先生也一样。徐悲鸿先生能够把素描造型画到那种水平，他是十分了不起的，当年他的素描有非常高的造诣，和同时期法国画家的素描已是不分上下，所以，我们东方人是很聪明的。徐先生的素描是古典的，但是，就油画语言来讲，徐先生和当年法国画家的油画语言相比，还是有距离的，在油画本体语言的理解上有差距。这就是历史的原因。

那么，罗工柳先生的《地道战》也是这样。素描造型是有的，内容有的，表情有的，都有的，就是相对来说，他所用的油画语言还是比较缺乏、比较薄弱。罗工柳先生是一个非常有智慧、非常聪明的人。他在我们杭州国立艺专读了一半，去了延安。他到延安以后，先入鲁迅艺术文学院美术系，后参加"鲁艺木刻工作团"，一直做群众文化工作，搞木版年画，搞木刻版画。因为在延安没条件画油画，到1951年，罗工柳先生才第一次接受创作油画《地道战》的任务。那个时候，他就是用油画颜料来表达他自己的一种感受，是非常纯粹的那种直接反映。罗先生很快就把他在抗日战争时期的实践经验表达出来，一下子就成功了。我还在杭州国立艺专上学时，就看到他这张画。这张《地道战》是非常好的一张画，虽然油画语言比较幼稚。后来，他自己也讲："哎呀！我这个不算的，我这个是土油画！"这个"土油画"，就是用油画颜料塑造表现对象的形体关系。

新中国成立以后，我们的文艺方针是为社会主义、为工农兵服务。一批老艺术家、老油画家需要进行改造。与此同时，国家采取以"请进来""派出去"的方式培养一代年轻的、新的油画工作者。根据当年的一边倒的政治方针，向苏联学习，把留学生派往苏联和社会主义民主国家。1953年，第一批留苏学生派到俄罗斯列宁格勒列宾美术学院学习油画，随后又陆续派遣多次。1955年，又派往捷克等国家学油画。同时，又请了苏联专家马克西莫夫来中央美术学院举办"马克西莫夫油画训练班"。20世纪60年代初以来，又有"罗马尼亚博巴油画训练班""赵无极油画训练班""梅尔尼科夫油画训练班"等等。中国油画有了新的进展，对油画语言的理解大大进了一步，油画也逐步普及。1959年后，国家先后三次大规模组织历史画主题性创作，由罗工柳、王式廓先生指导，调动全国优秀油画家集中到北京进行创作，直接推动了油画的新进展。

改革开放以来，中国油画开始多元……

油画本体语言

油画的本体语言只有在油画原作里面才能够体现出来，原作的印刷品仅是油画的图像，但油画的本体语言基本无法体现。

我深深地体会到，有文化传统和没有文化传统是完全不一样的。譬如说，我们的国画，我们一二年级的学生画的国画很像样子，但很多西方画家到中国学国画，学来学去，学不像。包括郎世宁[①]，他是意大利画家，到清朝做宫廷画家，这么热爱中国，在中国的宫廷里待了那么多年，这么好的条件，这么高的技巧，但是，他画的中国画不是中国的，充满了西洋味，里面最缺乏的就是中国画的那种风味。这种味道，这个"味"字，我认为是非常微妙的东西，它是一种感觉，很难量化它。油画也是这样，我们一

[①] 郎世宁（Giuseppe Castiglione，1688—1766），意大利人，出生于米兰，后到中国，成为宫廷画家。

般讲油画味，这个"味"字，要我讲清楚是很难的。说一道菜很鲜，这个"鲜"字，只有中国人才有，外国人没有的，味精放下去，很鲜，那么这种感觉，只有品尝到的人才知道。绘画里面讲的这个"味"，就是靠感悟，油画里的油画味，必须要在原作中体悟。

我们要想学油画，很重要的一点，就是要看油画原作。我现在搞（全山石）艺术中心，收集很多西方的油画，就是要使年轻人懂得，油画究竟是什么，它的本体语言是什么，它的奥秘在哪里，我们应该怎么去掌握它。而且这不是通过语言能表达，必须要在画面上感悟，必须要通过眼睛，然后通过心灵，才能领悟油画的本体语言。比如，我说这幅画的这个地方很美，怎么能够把我感受的美和你感受的美统一起来？这是很困难的，因为每个人的感觉是不一样的。那么，这一种很复杂的感知必须通过视觉，通过一个实际的画面、一个实际的例子解释。如此，在很多大师原作前面，才会让年轻人明白什么是好，什么是不好，什么是正确的，什么是不正确的。

如同我在苏联留学的经历一样，在博物馆看画学习，学习到后来，感觉到问题越来越多了，需要我去思考。一开始，觉得博物馆里的张张画都很精彩，看不完。可是慢慢地学进去以后，觉得西方油画里面也有很多不足的地方，后来去博物馆，看画的范围越来越小，最后只看几张画。这个过程给我一个很大刺激，为什么会这样？很多画我不想看了，觉得不好，不好在什么地方？就按照我们东方人的理念来看画的话，我认为这些画是没有可取的，它只是模仿自然，没有主观的东西。但是，很多西方近现代的画，我又觉得不满意，因为太主观，我们画画的人都看不懂。西方的绘画比较两极化，一种是太像大自然的画，没意思，不想看；一种太个性、太主观的画，我们也看不懂。当代艺术里的很多东西，我想未受专业训练的观众不一定能看得懂，包括我们专门从事艺术创作的人可能也看不懂，因为实在太主观了。那么，我们国家的油画应该怎么画呢？现在这些问题就摆在我们的面前。我们怎么样能够把西方好的东西学过来，又结合我们自己民族的东西，去创造一个当代的具有中国特色的油画，这个过程还没有结束。这一进程是我们进行当中、也是我们努力当中，我们必须要解决这个问题。

我们怎么样把西方的油画和中国的传统油画紧密结合起来，创造出具有中国特色的油画，这个是非常重要的。让年轻人不要再走我们的老路。俄罗斯油画虽然也是从西方学来的，是"二传手"，但俄罗斯画家经过一百多年的努力，他们形成了具有俄罗斯特色的油画，这是大家都应该承认的，这一点就很值得我们学习。中国油画也有一百多年的历史了，但我们现在很难说，我们的油画，已经具有中国民族特色，且有很高水平，但我相信，不久的将来一定会形成具有中国特色的油画艺术。

只要我们身上流淌着中国人的血，你生活在中国，你是一个真正的中国人，你就不可能画出来外国画，在外国人看来，你还是中国人。你不要以为自己很"洋气"，比较像外国人，外国人看你还是中国人。画画也是这样，艺术就跟镜子一样，它是没法隐瞒内在本质的，它一定会反射出你的精神面貌、审美理念。我认为，不管西方人怎么评论俄罗斯的油画，从油画民族化的角度来讲，没有人可以否认俄罗斯油画，就是把西方的油画变成俄罗斯风格的油画，变成具有俄罗斯民族特色的油画，受到俄罗斯人民喜爱的油画。这一点应该是值得我们学习的。

甘做铺路石

我退休已有三十来年了，一直在从事着油画教学、研究和创作，包括创办这个艺术中心。我是希望什么呢？就是发出一种声音，为中国油画多做点事。因为我不是领导，领导也不一定能够改变现状，这是一个社会现象。那么，虽然我不能改变现状，但我可以发出我的声音，让大家去感受、去分辨，什么是好的，什么是不好的。我之所以这么努力的发声，可以说是出于一种使命感，是我的人生观、价值观的具体体现。

我自己想，我为什么活着？我为什么学画？我为什么做事情？最终归根结底，我喜欢油画艺术，我希望能够把自己的力量贡献给大家。只要我还有能力，就有多少能力，发多少光。我们这代人什么都经历过，抗日战争也好，国内革命战争也好；日本人也见过，美国人也见过；建国以后，又有各种政治运动，我们都经历过。仅"四清"运动，我就参加了五次。我们很多时间都没用在真正的艺术上。所以，这个时代只能产生这个时代的艺术家，作品也好，艺术家也好，都有这个时代的烙印。

对我们这代人来讲，生活是非常坎坷的，浪费了很多宝贵的时间和精力。如果说，我们有现在这样的条件，我相信，我肯定会学得更多、更好一些。以前我们条件多差！一张纸很贵的，画个素描，正面画过，背面还要画；背面、正面都画过后，把纸放在水里洗掉木炭，再在上面画。到今天为止，我画完以后，画笔都要洗干净，整理好，再给包好，都是这样。所以说，现在的条件比以前好得很多了。

在历史长河中，我们这一代画家肯定是过渡性的，不可能是高峰。我只是给中国的年轻人、中国油画发展做个铺路石吧，我只能做一些自己力所能及的事情，告诉年轻人，我们这代人走过的弯路，只能起这么一个作用。在这个问题上，我看得非常实际，我们这代人怎么努力也只能是这个水平，所以根本没必要成立一个以我的名字命名的美术馆，因为我不是高峰，也不可能成为高峰。

对我来讲，艺术中心办了油画高级创研班，这个创研班只是在继承传统的写实绘画方面帮助美术院校多培养一些人才，也是我高兴的事情。我认为中国美院在写实绘画方面很有希望，就是因为学校有这么一批年轻教师，因此创研班也算做了一点自己的贡献吧！

不过，这个创研班也有一些不足，主要是很多学员都是各院校的教学骨干，不能全脱产来进修。以前所有的油画训练班，包括马克西莫夫训练班、博巴训练班等，全部学员都是脱产进修。我本来也希望学员脱产，但做不到。他们一边在艺术中心上课，一边还要回各自单位任课，这就成了影响学员整体学习质量的一个因素。当然，应该这么说，他们在不脱产的情况之下，仍然能出这个成绩，已经很不容易了。如果说，这些学员能够完全脱产，那么经过这两年补课，创研班的教学效果比现在不知道要好多少！

从他们的毕业创作来说，有好的，也有不好的。中国美院这些青年教师比其他学员的基础、条件都要优越，但他们的进步却不是那么明显。一方面，因为他们任课比较多，还经常出去开会。外地来的学员就住在这里，可能更加安心一些。另一方面，我认为也有主观原因，有时候条件太优越了，也有副作用。物质上的追求是无止境的，物质上的过度追求，会影响专业发展。往往是这样，家庭条件很好的孩子，不一定能成才；而家庭条件不好的孩子，反倒容易成才。改革开放以后，中国画家的整体条件要比以前好得很多，但很努力的学生，以及真正能够成才、成绩很优秀的画家并不很多。以前条件很差，可有时候，一个班里面的学生都成为出类拔萃的人才。我们这个创研班也有类似情况。

这里就有人生观、价值观的问题，现在我们应该引导年轻人，怎么样树立正确的人生观。我觉得，以前年轻人有一种个人奋斗的精神，像当时大家读罗曼·罗兰的《约翰·克里斯多夫》，那种个人奋斗的精神对我们这代人影响很大。另外像《钢铁是怎样炼成的》，也对我们影响很大，那就不仅是个人奋斗了，而是让我们树立了一种正确的人生观，思考人为什么活着？保尔·柯察金在临死前会怎么样追溯他的一生，这就是人生观。那个时候就有这样一种人生观教育，也可以说是教科书吧，对我们这代人来说，都有很深刻的影响。怎么样培养年轻人正确的人生观？现在似乎缺乏这样一种教育和这样一个社会氛围，现在很多东西是在引导生活安逸，追求名利，追逐明星效应。问很小的孩子："你想干什么？"回答："我想当主持人，我想当演员。"小孩倒不一定是为了钱，但这些东西容易扬名、出风头。所以，现在很多年轻人虽然很努力，但有的时候，他们的方向是不明确的，一个时期可能会向好，另一个时期受到什么负面影响，就会变成另外一个东西。所以，虽然我们整个社会是在进步，但在人的道德理念这方面，我认为进步并不大，有时候反而在退步。我觉得，这是令人担忧的。

从我们教育层面来说，不管是什么专业，油画也好，别的专业也好，要培养一个真正有大成就的人才，不仅是专业教育问题，还有一个人生观教育问题。应该说，一个人在某一专业领域能否取得最高成就，或者最后制约一个人成就的，往往不是技术，而是人生观，这个最关键。现在这方面的教育比较薄弱，并且变成了一种模棱两可的东西，人活着到底要干什么？不知道。这些因素，我们要引起注意。

从油画教学来说，目前最主要的，是要按照艺术规律办事，不能搞"一刀切"。现在很多人希望我们艺术中心能够继续办创研班，但这需要付出很大的精力。如果说，有个人或哪个机构愿意举办这样的创研班，我们还是愿意发挥自己的作用，为中国油画高峰的到来充当铺路石！

从青少年抓起

美术教育要从青少年抓起。人类还是原始人的时候，就开始有艺术了，洞穴壁画所画的东西，就是他们生活当中所看到的东西，他们生活当中所经历的事情，然后通过他们的视觉和理解，用心和手把它们表达出来。我想，儿童绘画也应该是这样。首先，小孩要爱好，最主要的是看他喜欢不喜欢，有没有这方面的感觉和才能。他们能够画出从脑子里面想象出来的东西，那是最好。很多小孩喜欢想象，画孙悟空，画猪八戒，画七仙女，完全凭自己的想象画画，这个是最好的。用绘画培养、发挥他们的想象能力和创造性思维，也是一种开发智力的方式。

有时候我去评选儿童画，很多儿童画非常有意思，他们很有想象力。比如说，有些孩子到我们艺术中心临摹，他们是按照自己的眼睛所见去临摹的，就跟我们大人临摹得不一样。大人临摹，要跟原作画得一模一样；小孩临摹，是看原作的特征，是看对原作哪部分最感兴趣，然后临摹出来的东西，就一定特别夸大这部分特征。比如说，小孩觉得这幅肖像画的眼

全山石先生与参观艺术中心的师生合影，后排全山石（右）、全根先

睛好看，那就会把眼睛画得特别大，兴趣点在哪里，就会发挥想象力，这就是小孩，大人不会的。所以，我认为应该从兴趣点这方面入手，去培养孩子的美术兴趣。但是，现在很多的儿童美术教育就不是这样，要求孩子规范化，学技法，训练画石膏像，把这个作为儿童美术教育的基础，这是不对的！儿童美术教育的基础，应该是培养小孩的想象力和创造性思维。

　　培养想象力和创造性思维是因为艺术本身需要创造。有的都是想象啊！连环画和戏剧中的孙悟空万能的猴子，这完全是想象出来的！包括《三国演义》里的很多东西，实际上"演义"本身就是一种想象——基于存在的、现实的生活，发挥人的想象，里面的很多东西实际上是不存在的。这个想象力对文学艺术来说很重要，同时，它对科学也很重要。如果想都不敢想，那人类的科学进步怎么会有实现的可能呢？有很多一般人想不到的东西，是科学家想出来的，然后慢慢把想象的东西发展为现实的东西。像现在人类对太空的认知，都是先有想象，再去太空探索、证实。这种想象的能力或者创造性思维,与文学艺术、科学技术的创作、创新都很有关系。那么,培养人类创造性思维的最好途径是什么呢?就是艺术,特别是绘画。所以,小孩子学点艺术,特别是学点绘画,对他们今后的成长是很有好处的。

想象力难培养,但不是不可以培养,让小孩画孙悟空和猪八戒,他们不可能看到孙悟空,也不可能看到猪八戒,他们画出来的东西,都是根据日常生活中所看到的某些形象,通过想象,然后运用形象的语言把它们画出来。这是创造性思维的一种锻炼方式。更重要的引导方式,是要让小孩进行创作,上创作课,创作本身就是一个创造性思维的实践。给小孩一个题目,让他根据他的生活所见去想象,让他去画。老师出个题目《春天的故事》,小孩子就会想到,我的春天是去春游,或者农民伯伯在插秧,或者是桃花开了。他们会想象与春天有关的生活,然后把它形象化,这就是一种想象力的训练,也是一种艺术创作——用自己的形象语言把脑子里面所想到的东西表达出来。

现在很多家长望子成龙,都希望自己的小孩能够成才,尤其是最近几年出现了一种风气,家长希望自己的小孩能够出名,变成公众人物,换句话说,大家对于追星的概念比较强。那么,成为公众人物的最好途径,就是通过文艺的方式,把小孩培养成明星、主持人或者画家。然而,现在普遍的情况是,家长都希望孩子马上进入到正规的艺术训练中。我觉得像学音乐、舞蹈,都需要且应该从小培养技法,像小提琴怎么握琴,指法如何,都是非常重要的,就必须从小培养,而且要在一个正确、正规的训练方法之下接受学习,如果训练方法弄歪了,以后是很难改的。但绘画,不一定要从小培养绘画技术。儿童、青少年绘画最主要的一点,就是要充分发挥他们的创造性思维,满足他们的兴趣爱好。很多小孩子喜欢画画,自己看到过的动画片,或者自己听到过的故事,或者亲历过的生活,通过他们的手,都能画出来,虽然造型不准,但是他们一定能将眼睛所看到的和心里所想到的东西表达出来,这是艺术的本质。孩子的眼睛看出去的世界是什么样子,就是什么样子,不要去指点,他们喜欢画什么就画什么,要让孩子充分发挥他们的爱美之心，这是最主要的。

而且绘画的本质要求，就是反映一个人对客观世界的认识和感受，不应该把绘画看成一门技术。现在很多大学生，包括很多美院的学生，缺乏的不是技术，而往往是想象力，他们不会创作。大家其实都有技术，或者按照片画画，或者模仿实物画画，但是，模仿不等于创作。我认为，我们应该理解小孩，不要把他们引导到一个纯粹机械的手艺训练上。现在家长普遍容易犯这个毛病，希望小孩子马上去学正规的绘画技巧，学素描，画石膏像、静物画。其实，这个引导方法是不对的，因为过早地引导小孩进行技术、技巧训练，就会忽略最本质、最主要的想象力与创造性思维的开发。现在很多家长把绘画视作一种技术训练，这已经是走偏了，绘画的基础造型能力只是表达创作主体所思所想的一个工具、手段而已。最根本的不是技术，而是创作主体对这个世界的认识和看法，这就是现代艺术和古典艺术的差别所在。不要把绘画艺术传播歪了，不要把绘画当成一个技术活，那只是工匠而已，并不是艺术。也不要一开始就让小孩子规范化，更不要去扼杀孩子与生俱来的想象力，这是他们身上非常可贵的东西。要通过美育，启发小孩，发挥他们的想象力，这样，今后让孩子学数学或学其他科学都可以。

以前我在国家教委艺术教育委员会开会，我们就经常讨论，从幼儿园到大学，如何对学生进行美育教育，也曾有过一个教学纲要，但后来，这个东西慢慢地不实行了。其实，中国很需要美育教育，从幼儿园开始，就应该加强美育教育，而不是技术教育。在小学、中学，更要普及美育课程，需要音乐课、美术课，不是说希望每个人都去当音乐家、画家，最主要的是通过美育教育，培养孩子欣赏美的水平和能力，开发一种创造性思维。

蔡元培先生曾说："以美育代宗教"。这里面包含个人的信仰问题。其实，美是一个客观存在，究竟什么是美？这是很重要的一个问题，美本来是陶冶人们情操的一个东西——世界是很美好的，通过美的事物，让自己的情操更加高尚。我们现在，有时候把美这个概念异化掉了，什么叫美？

不知道，后来更是变成以丑为美了。西方艺术也是这样，发展到后来，以丑为美。像当代艺术里面皮耶罗·曼佐尼（Piero Manzoni）的作品《艺术家的大便》，把大便装在罐头里面，然后作为艺术品进行展示，我认为这个就是以丑为美。那么，这种以丑为美的东西，在中国年轻人当中有没有呢？现在也存在，他们辨别不出来，什么是美，什么是不美。像我们中国美院一个学生画的《福尔马林系列》，熊猫本来是非常可爱的动物，人们都很喜欢，但他画的是放在福尔马林里面的熊猫尸体，你看，这能给人一种美的感受吗？一点美的感觉都没有！所以，这样一种以丑为美，歪曲了人们对美的一种理解。

我经常讲，在科学领域，可能西方的今天就是我们的明天。但是，在艺术领域，我并不认为是这样，西方的今天不一定是我们的明天。因为在人类发展的过程中，我们国家的发展进程跟西方是不一样的，发展阶段也跟西方不一样，不能说今天西方流行的东西，明天我们一定很流行，那也未必。

那么，现在我们应该怎么样开展美育教育呢？那就是从小开始培养。因为小孩生出来，都是非常美好的，都是向着美好方面发展的，你去看看，小孩表现出来的画面都是美好的。我们要引导、培养小孩美的心灵，这样他们眼睛看到的世界才会更美好，才会有更强烈的艺术冲动把美的东西表现出来。所以，我认为美育教育是非常重要的。大人千万不要用技术培训来扼杀小孩子的创造、想象的能力，不要以为画画主要是靠技术，画画主要是靠对美的想象能力和创造性思维——美化、放大生活当中最合理的部分，这样再回过去看生活，生活就更加美好了，这就是艺术。

业余习画

关于画油画，有两种方向：一种是专业的；一种是业余爱好。这就形成了两种不同的学习方法。专业的，要讲究油画本体语言，从教学程序来讲，一个是造型，一个是色彩。业余的，就不需要先画素描，后画色彩，不需要研究这方面的规律、规矩。因为业余画画没功利的目的，完全是陶冶一下情操，表现一下情感而已，跟儿童画画一样，怎么样顺手、怎么样好看就行，不要有规矩，要凭兴趣，凭感觉。这样才能使人愉快，画出来的效果，也许是专业画家表达不出来的。

有时候，我们的美术教育有很多教条，不够人性化，把这些事情本末倒置了。所谓人性化，就是按照人本能的一种审美理念去表现美，这样是非常愉快的。现在，本来很简单的事，本来很开心的事，弄得很复杂，弄得很不开心——这个也不是，那个也不是，缩手缩脚，最后把这些业余爱好者的情绪都破坏掉了。实际上，因为某个东西很好看、很美，很感动一般的美术爱好者，才引发了他们的表现欲望，他们才会有冲动把这个美的东西表达出来，那么，就让他们去充分表达，不就可以了嘛？为什么要设置很多障碍，把爱好者圈起来，最后他们也画不好，情绪也没有了，然后还要指责爱好者不够专业，这个就变得本末倒置了。

艺术是创造，是艺术劳动，不是模仿的技术。我们说，照相机是再现；艺术不仅仅是再现，而是表现我们对这个事物的认识，这是两个不同的概念。那么，就不要本末倒置，把机械地再现当作艺术。现在很多的艺术门类所进行的活动，就已经不是艺术劳动了，而是落到模仿的窠臼里面去了。一开始就教素描，然后机械地复制、机械地再现，画出来全一样，人的艺术劳动就变成了一个活的照相机，为了模仿，把人们表现美的最根本的天性给堵死了。比如丰子恺先生，他的画很简单，笔法、色彩都很简单，他的漫画里的人体比例，也没有特别准确。但是，丰子恺先生可以很准确地抓住生活当中的那种触动人心的细节，并把自己的情绪表达出来，他的画就看着很舒服，很有同感，永远都很愉快的。我觉得，这就是很好的艺术品。

绘画本身就是人们对世界的认识和反映，通过手、笔把自己所看到的东西表现出来，这就是艺术，表现人们对某个事物的不同理解，而且人们的兴趣点往往在不断变化。比如，为什么文人画那么感动人？这些文人本来可能是当官的，很失意、失落了以后，开始把情感寄托在笔墨，玩弄笔墨。所以，文人画的艺术性比较高，不是再现客观事物，而是在笔墨当中蕴含着文人的情感，表达内心的喜怒哀乐，这个就是艺术劳动。再比如，为什么人们会推崇毕加索？虽然我们也不是很喜欢、很看得上毕加索的画，但是，毕加索是画他眼睛所看到的世界，就像小孩子看到的世界一样，这是艺术本源、艺术劳动。为什么七个孩子一起画同一棵树，大家画出来的会不一样呢？就是因为每个人的感觉不一样，这是天性，这个就很好！现在问题就是七个人去画同样一个东西，画出来的一模一样，这是最可怕的，这种机械化的生产，就把人本性的东西给抹杀了。如果说不受拘束的话，七个人画的肯定都不一样。

至于油画的用具，准备最基本的工具就行，现在画材店都有卖的，只要跟店员说："整套我都要。"他们就全部给配好，从大到小的笔一套，调色油、松节油都有，大大小小的画布、画框都是现成的，需要哪样的，再去挑选即可。现在条件非常好，工具挑选非常方便，而且价格很便宜。不像我们学画的时候，每块画布都自己做、自己涂胶、自己涂底色。

业余学油画的人，一定会因为市面上的颜料种类繁多而去购买，我不主张这样。我认为，油画颜料要少一点，种类不要太多，这样反而有好处。为什么？因为太阳的紫外线是七种颜色，赤橙黄绿青蓝紫。一般的印刷品，三色就很好了，五色已经是非常完美了。我画画用三色就可以，其他中间色都可以自己调的。黄跟蓝一调，就是绿色；黄跟红一调，变成橙色。如果说，蓝的多一点，黄的少一点，这个绿就比较深一点，对不对？黄的多一点，蓝的少一点，这个绿就比较嫩一点，这不是很简单的道理吗？这都是一点一点调出来的，不需要很多颜色。像巴巴说，颜色越简单越好。而且巴巴画画只用红、黄、蓝，这三种少不了的，再加上黑、白，就是五种颜色，但千变万化，都可以画出来。我画画的颜色也很少，而且很省，颜色用的得当，程序很重要，用一点点颜料就行了。

当然，业余画油画或初学阶段，这五种颜色可能有一点不够，那么，再加点中间颜色，那就赤橙黄绿青蓝紫，这就够了。其他中间色都不需要的，自己调出来就可以了。店里卖的那些中间色颜料，无非就是厂家调好的颜色，什么肉色、青灰色，其实，哪有肉的颜色？都是为了赚钱而骗人的。很多年轻人买各种各样颜料，其实很多都没用的，反而产生依赖。想要这个颜色，可以自己调，干嘛要去买，这些钱都可以省的。

说到油画技法，这个比较复杂。因为区分各画种的标志，主要是稀释颜料的媒介。用水的话，变成水彩画；用蛋清的话，变成蛋彩画；用油的话，变成油画；用水和墨，变成水墨画，都是这样分的。油画主要是用油来调颜色，比其他画种都要复杂一点，因为以水为媒介的画种，它们的颜色很容易被洗掉。油画颜料洗不掉的，而且有厚度，比较稠，对技术方法的要求更加严格一点。在画家群体里面，一些画画的动作有技术名词，比如拍、擦之类，每个画种都不一样，都归纳成一个程序，也可以说是一个程式。比如说，中国画里有皴、勾、描这类程式；油画里面也有，譬如说涂、摆，一笔一笔摆上去，有这样的程式。

真正画油画的时候，是没有一个很死板的规则、方法的。应该说，所有的用笔要随心而出，不是说不走心、不过脑地做出这样或那样的一个动作。譬如说，我们要表现一个笔触，这个笔触里面表达了一种感情，就像我画一个飞上去的火星，那么我画的时候，火星的颜色以及表现它飞上去的一种从下到上的笔触，是一种情感的表达。所以，绘画里面的各种方法，摆也好，擦也好，总的一条，就是随心所欲，有感而发，随着心走，笔要跟上去，这才是比较好的一个方法。每个画家的技法都不一样，有的喜欢这样，有的喜欢那样。看一张画的好坏，一是要看整体，二是要看局部；最主要是整体是不是好看，然后局部才能起作用，有很多不好的画，就是看局部很好，整体不好，那这张画就失败了。

十七、油画与生活

音乐与美术

音乐是绘画的姐妹艺术。尤其对油画来讲,西方音乐和油画是非常接近的两种艺术。音乐里有节奏,油画里也有节奏;音乐里有旋律,油画里也有旋律;音乐里有色彩,油画里也有色彩。特别是交响乐,交响乐里面有 A 调、B 调、C 调、D 调;油画里面有冷暖不同的色调,这些调性,就是表达情感的一个媒介。整个交响乐通过那种立体感、厚重感的复杂层次表达出丰富的情感,这个特点也存在于油画里面,油画通过本体语言的色彩、笔触的重重组合表达丰富的感情,因此交响乐是最接近油画的姐妹艺术,只是表达方式不一样。

从另一个角度来讲,音乐比绘画更好,更广泛,更直接,领域更大。因为音乐是一个时间的艺术,绘画是一个空间的艺术,绘画只能表现一个瞬间里面的形象,这就比较具体,有局限性了;音乐比较抽象,可以在无限的空间里想象。比如一首曲子,开始的时候很快乐,到后来慢慢发展到一个低谷,很伤心了,再后来又振奋起来。所以,相比于绘画,音乐有更加广阔的空间来表达情感,也更能打动人。语言的结束,即音乐的开始;也就是说,在表达人类情感方面,很多时候语言往往无法完全表达出我们的情感,这个时候,只能靠音乐把这些情感充分地抒发出来。

可以说，从来没有一张能让我感动到眼眶湿润的油画，但经常会有让我感动到流泪的音乐。比如说，每一次听柴可夫斯基的《悲怆交响曲》，我都会流泪。随着乐曲的展开、发展，变化复杂，情感含量非常丰富，既可以表达慷慨激昂，又可以表达悲伤忧郁和犹豫不决。所以，我很喜欢柴可夫斯基的作品，只要了解他的人生，只要理解俄罗斯的生活，就能知道他的思想深度，就能知道他创作的深刻！再比如拉赫玛尼诺夫，也是俄罗斯人，他的创作比柴可夫斯基还要内敛，还要使人感动。他最有名的作品是《第二钢琴协奏曲》《第三钢琴协奏曲》，包括他移居美国后所写的怀念家乡的《第四钢琴协奏曲》，一个俄罗斯人到了美国，回想到自己祖国，那一种情感，太微妙了，太动人了！还有捷克音乐家德沃夏克，他在美国任教期间创作的《自新大陆》，也是表现出怀念祖国捷克的那种情感，都很感动人！我喜欢听像柴可夫斯基或者拉赫玛尼诺夫的音乐，因为它们的这种音色、内容，让我想到了我的生活。所以，音乐可以使听众通过自己的生活来体验它的内容，相比于绘画，它对感情的作用更加直接。比如说，那种伤感的风景画，或者伤感题材的创作，我们看了也会有影响，但不会像音乐那样直接触及人的灵魂。

小说也比绘画的表达范围更宽大，因为它是时间艺术，可以从小写起，一直写到老。电影也是时间艺术，因为它可以表现一个人的出生到死亡的过程。绘画就很难表现这个时间线的发展，除了连环画，连环画可以表现从生到死的整个过程，但单幅绘画作品就有这方面的局限性，只能传达瞬间的一个东西或概念的形象。正因为音乐的表现范畴要宽阔很多，它里面所包含的情感，要比其他艺术大得多，音乐也更能启发我们的一种想象能力和创造性思维，对我们绘画很有帮助，也会调节我们的心情，因此我在画画的时候，经常听着音乐。音乐一听，油画一画，我就进入到艺术的世界里面了，什么都忘掉，几点钟了也不知道。

我觉得，要画好油画，一定要懂得西方音乐。因为音乐有很多规则，油画也有许多程序，这跟我们的习惯不太一样，我们比较自由，吃饭之前拿手拽着吃一点，都可以的，西餐不可以这样吃。它和音乐、油画一样，都属于一个文化体系，是互相影响的，都有一个规则和程序。虽然我不知道音乐家是不是看了绘画以后，对他们的音乐创作有所帮助，但我自己感觉，在听西方音乐的时候，会更好地理解西洋油画；看多了西洋油画后，也会更好地理解西方音乐，两者有很多是互通的。

我在浙江美院当老师的时候，喜欢带学生到我的家里听音乐。我的学生翁诞宪写过一篇《在全山石老师家听音乐》，就是说这些事的。因为我有这么一个观点，我们学画画的人，应该懂得姐妹艺术，要多看小说，多听音乐，有机会多看戏，这些都是我们的一个文化传统。尤其是音乐，我们应该多听，这对培养创造性思维有好处，也有助于我们处理画面。不过，两者也有不同的地方，就是西方音乐的民族性特别突出，尤其在表达情感方面，比油画的民族性更加突出。

那个时候，虽然生活很艰苦，我的唱片、音响硬件比较差，但现在回想起来感到很温馨。我那个房间很小，大概不到二十个平方米。我找木工做了很多矮小的凳子，因为大凳子放不下，然后一个班的学生都来，围在一个小音响四周，坐得满满的。我一边操作一边讲解，准备放什么带子（磁带），交响乐团指挥是谁，为什么这个指挥比那个指挥好，好在什么地方？讲完了以后，开始放音乐，大家的情绪互相感染。虽然有的学生原本不喜欢音乐，但经常到我这里来，然后我跟他们解释，这里面讲的什么，为什么要听音乐，你们有没有感觉？慢慢的，他们也就喜欢上了音乐。后来我换成四个立体声的大喇叭，成为当时浙江美院拥有最先进音响设备的老师了，但现在看来是太落后了。我用四个大喇叭的时候，每天晚上，我房间里坐满了人，一起听音乐，很开心。

当时很好玩，大家很热闹，分糖果、喝茶，那个时候的师生关系就跟一家人一样，他们就像我的孩子。我还做饭给他们吃，那时还没有煤气灶，就一个煤油炉烧菜，但我们那么多人聚在一起，照样吃得很开心。我的学生回想起这些事情，都感到很温暖，很有体会。现在我还跟学生交流音乐。

譬如说，希腊的小提琴家卡瓦科斯①，他的演奏是我偶然在网上发现的，我听了很感动，然后下载，发给我的学生们听，他们听了也很感动，之后他们去美国的时候，就到处找卡瓦科斯的唱片，但很遗憾，没找到。

可以说，我的很多学生比我更痴迷音乐，比我更"发烧"，我最多烧到37度多一点，他们已经烧到40多度了。比如说，从设备的更新升级方面，我最早用的唱片是单面的，一面是平的，一面有唱片的，而且这个唱片是从里面转到外面的，不是后来常见的从外面转到里面的，唱片机是圆的，读取器用金刚钻做的，不是后来那种钢针，可能解放后出生的人都没见到过这些东西。后来，慢慢随着科技的发展，设备也逐步演变、发展。但是，音乐都是一样的，只是音色、音质不同，好的录音带、唱片、CD，那音色和美感确实不一样。这里面太有讲究了，包括用什么样的放大器，用什么样的扩音机，那声音是完全不一样的！这也是青出于蓝而胜于蓝。我这些学生从我这儿学会了欣赏音乐，现在比我还懂音乐，还深入得多，他们置办的设备、收藏的唱片，质量都比我好。前不久，我还碰到翁诞宪，他请我去他家，说他那里的音响设备已经完全更新了，还说我那一套设备早就落后了，也应该更新了。

我的学生里，像翁诞宪这样的同学不是一个两个，都这样"发烧"。比如说，跟翁诞宪一个班的姜衍波，他原来是山东美术出版社的社长、书记。他的唱片比我这里多得多，每一张CD唱片上都有名家的签名，那是"发烧友"。他能"发烧"到什么程度？每次外国的小提琴家、钢琴家，或者交响乐团来中国演出，他必到现场，买他们的唱片，而且找他们签名。现在，我的这些学生又慢慢回到收藏胶木唱片了，他们到世界各地收集胶木唱片，因为这种唱片比较温馨嘛！像姜衍波从俄罗斯回来时，带回来两皮箱胶木唱片，现在他们比我更专业。

---

① 卡瓦科斯（Leonidas Kavakos, 1967—），希腊小提琴家。

那么，我为什么没有那么"发烧"？因为对我来讲，时间是最宝贵的，绘画需要时间。有时候画了一个上午或一个星期，完成以后，看着不满意，一刀刮掉，什么也没有，等于零。探索画面上的一个东西，需要花费很多时间——是这样画过去好，还是那样画过去好，要试验，要实践，看起来很简单的几笔，实际上经过反反复复地比对研究，这就很花时间。这跟巴巴画画一样，看看好像没几笔，实际上这几笔里面，花了很多时间。像巴巴有一张画，画了四年，从1982年到1986年，是不是天天在画？不是的。这四年当中，他不断地修改。

那么，听音乐也需要时间，这就和画画冲突了。因为要真正享受音乐的话，那就得有专门空闲的时间，最好有一个固定位置，喇叭放好，音响调好以后，全神贯注地听音乐，这个时候什么事都不能做。这样就很费时间，一张唱片至少要四五十分钟到六十分钟，有时候甚至二至三个小时，而且还需要时间先让自己静下来。我有一个阶段就这样听音乐，已经有点玩物丧志了。那个时候，人家有好的录音带，很多我没有呀！我就自己拷录音带，不仅要拷得准确，还要拷得节约，就这样，每天都拷录音带，一边听，一边拷，结果画画的时间没有了，很长的一段时间，我都没怎么画画。

现在我不这么听音乐了，也不去拷什么录音带了，我就在画画的时候放点音乐听听。这些音乐我基本都知道，谁作曲的，谁演奏的，什么样的旋律，我一听就知道。但是，这样听音乐有什么缺点呢？就是音质不是很好，因为画画需要走动嘛！我除了画画、听音乐外，就是看小说。不过，我觉得看小说也很费时间，厚厚的一本小说，今天看了一点，想想算了，晚上再看吧，不然就没有画画的时间了。

虽然我现在搞的是美术，但本来第一喜欢的是音乐，然后才是美术。我上中学以后，就喜欢音乐，一个是受到我家庭的影响，我的几个兄弟都喜欢音乐；一个就是跟我的电台工作有关系。上中学的时候，我在家里的宁声广播电台帮忙，从早上到晚上，有时候在剧场转播，一场戏剧我就要从头看到尾,而且还要解说剧情,这些都对我很有影响。有时候播放唱片,有京剧、越剧等传统戏曲;有交响乐、奏鸣曲等西方音乐,听了很多,因此我很小的时候,就知道有肖邦、李斯特、贝多芬等。这些音乐陶冶了我的情操。我也不懂得音乐里面天多高、地多厚,哎呀!年轻时候,我最喜欢乐队指挥,就很想到文工团去当指挥家。其实,我很幼稚,音乐当中的这个作曲和指挥,是需要许多逻辑思维的,但我这个人数学很差,所以我是做不成指挥家的。可是呢,我对音乐是一直有感觉的,而且我的嗓子不错,唱歌比较好,声音很响亮,有种特别的音色。因此,从某种意义上来讲,我更喜欢音乐,但一点也不后悔成了画家,因为我是没有音乐天赋的,想做指挥,其实只是一个空想。

听音乐跟我们看画,或者读文学作品不太一样。比如说,读文学作品,我们根据文字内容,就能基本知道作者要表达什么。看绘画作品,我们根据画面内容,就能大概知道画家要表现什么。可是,音乐相对比较抽象,什么样的音乐是美的?能感动人的音乐就是美的。好的作品为什么会感动人?它一定抓住了一个典型的东西,然后启发我们审美主体的情感,并与之产生共鸣。虽然作曲家、演奏家是外国人,但是,他们的思想情感中可能就有一点东西跟我们审美主体是共通的,我们才会动情;反之,我们就不会动情。

要理解音乐作品,首先要懂得音乐的语言。要能够辨别得出音色,体会得出音色,它的美感在什么地方。同样的乐曲,由于演奏水平不同,其音色也不一样,比如,要听得出提琴的音色的美。有些好的小提琴家,拉出的音色就特别美,然后通过这种美的音色把情感充分地表现出来,那就很感动人了,就像看油画,要领悟到油画本体语言的美一样。它是不依赖内容而具有独立价值的美。康定斯基说,"色彩是对灵魂发挥直接影响力的手段,艺术家是演奏钢琴的双手,有目的地敲击键盘以引起灵魂的颤动。而绘画是由色彩、造型和线条所创作出来的音乐,抽象绘画可谓是一种视觉音乐。"

身心修养

油画与音乐，既可以作为事业，也可以用来养生。对于养生，我也谈点自己的看法：第一，什么都要听其自然，我就反对人为地制约自己。因为人是一种最精密的仪器，没有比人体更精密的东西了，而且我们很难理解身上的各种机能。譬如我这里割破了，红药水一涂，它修复了，什么时候修复的，你都不知道；或者我这里弄破后出脓了，吃下去的这个药，居然能在这么大的人体里面治好这个地方，它消炎了；或者手术开完刀以后，刀口自己就愈合了。你看这个人体精密得不得了，是不是很神秘？所以，人体本是非常精密的全自动化的一个仪器，要是把这个仪器转为人工操作，那就违背规律了。特别是有很多人刻意地保养自己，今天吃什么，明天吃什么；早上干什么，晚上干什么，这就违反规律了。比如全吃素的和尚，按照现在的科学，各种维生素，这个也缺乏，那个也缺乏，但是，他们活的岁数还很长，这就说明人体会自动转化嘛！可能和尚长期吃素以后，他们的体内就开始转化出一些人体所需要的元素。

人体很重要的一点，就是听其自然，顺着规律走，不要勉强自己。比如说，我很喜欢吃奶油，但我家里人不让我吃，为什么？因为我没胆囊，我是"无胆英雄"。胆囊拿掉以后，身体分泌油类的东西就比较困难了，但我还是喜欢吃奶油。我认为，还是可以吃的，少吃一点就是了，但不要不吃，因为我觉得，既然想要吃，那肯定人体里需要。

因此，我的养生之道，就是要"听其自然"。要说听其自然，那我喜欢吃巧克力，拼命地吃，那个也不行的。所以，"听其自然"后面还有四个字，要"适可而止"。这个很重要，不是绝对不吃，也可以吃，但是，什么东西都要有个分寸。这是最重要的。画画也要知道分寸，做人也有分寸，掌握分寸最重要。礼节也有分寸问题。太谦卑了，人家觉得这个人很贱，没必要；太高傲了，也没必要。我认为，一个人掌握这个分寸是非常重要的。

我认为，思维方式也直接关系到身体的健康与否。譬如有些人有个习惯性思维，很喜欢去比较。人比人，气死人，是不是？那没必要。这就是思维方式问题，思维方式对了，他是他，你是你，对不对？每个人的客观条件不一样，我们为什么要去比呢？如果他今天能这样子，里面一定有他的道理，一定有他的原因。我们应该理解这个事后面的道理、原因，而不应该给自己增加麻烦。生活中很多时候，换个角度，事情便不相同了。对自己的身体也是这样，里面有一个思维方式问题。我觉得要使人健康起来，使人愉快起来，一定要把思维方式调节准确，这个很重要。所以，物质变精神，精神变物质，就是这个道理。光是有钱是没用的，你还要会用，用在刀刃上，才是有本事。要是思维方式不对，虽然有很多钱，但整天花天酒地的，那么这个人就完蛋了。所以说，一个人的思维方式是非常重要的，对一个人的健康、事业，以及为人处世都有好处。

那么，关于养生，我就这两点想法——顺其自然，适可而止，以及调整好思维方式，其他没有任何秘密了。在身体的保健方面，我认为，人是动物，要动的！脑子要动、眼睛要动、手要动、脚要动。自己动不了，就要想办法动起来。以前我常游泳。现在每天吃完晚饭以后，我会在 38 度到 40 度之间的热水里面泡半个小时，因为正常的体温是 37 度左右，水温就高一度半，大概 38 度半是正好；超过 40 度的话，就不行了，温度太高了。桑拿房里面可以 40 度以上，蒸一蒸，出出汗，也是可以的。但是，像我这种血压比较高的人，到桑拿房里面，一下子吃不消的，容易出事，而在这种 38 度半的热水里泡半个小时，就会使我体内的所有血液慢慢地流通，然后出一身汗。人不出汗不好，一定要吐故纳新，然后洗个热水澡。这样的话，等于是运动了，就不会感冒，也不会感觉太疲劳，睡眠也很好。虽然这样泡澡可能费点时间，但一般来讲，因为晚饭以后，我除了看新闻节目、听音乐以外，没别的要紧事，我也不看电视。所以，就去泡热水澡。

附 录

全山石先生重要著作目录

全根先　编

个人画集

《全山石新疆写生》，新疆人民出版社，1982年。
《全山石油画选》，河北美术出版社，1984年。
《全山石油画肖像选》，山东美术出版社，1984年。
《全山石素描选》，四川美术出版社，1988年。
《全山石油画集》，浙江美术学院出版社/香港德艺艺术公司，1994年。
《全山石油画精品选》，香港方兰砚国际艺术发展集团有限公司，1995年。
《名家精品临摹范本——全山石素描》，山东美术出版社，1998年。
《中国当代油画名作典藏——全山石》，山东美术出版社，2000年。
《第三代中国油画家研究——全山石》，广西美术出版社，2001年。
《现当代宁波籍美术/书法名家作品集——全山石》，宁波出版社，2005年。
《全山石》，山东美术出版社/浙江大学出版社，2009年。
《中国当代油画史——全山石作品集》，中国画报出版社，2011年。
《大师艺术教育经典——全山石》，上海书画出版社，2012年。
《全山石油画风景选》，山东美术出版社，2014年。

编著画集

全山石、曹意强编著:《名家点评大师佳作——欧洲油画》,山东美术出版社,1998年。

全山石编:《意大利古典人体素描》,山东美术出版社,1999年。

全山石主编:《瑞典画家佐恩油画选》,山东美术出版社,2006年。

全山石编著:《菲钦——油画·素描·版画·雕塑（1881—1955）》,山东美术出版社,2005年。

全山石主编:《菲钦油画肖像选》,山东美术出版社,2005年。

全山石主编:《菲钦素描选》,山东美术出版社,2005年。

全山石主编:《俄罗斯画家——弗明》,山东美术出版社,2006年。

全山石主编:《菲钦画集》(俄文版),山东美术出版社,2007年。

全山石主编:《雅勃隆斯卡娅》(中英文本),山东美术出版社,2008年。

全山石、何越生著:《美术技法丛书——油画》,上海书画出版社,1999年。

全山石、谭永泰译:《德加素描》,上海人民美术出版社,1982年。

全山石、谭永泰编:《外国素描参考资料》,江西人民出版社,1979年。

全山石编:《色彩人物》,浙江人民美术出版社,1985年。

全山石、张奠宇编:《人体素描选》,浙江美术学院出版社,1986年。

全山石、谭永泰编:《伊贡·席勒作品选》,江西人民出版社,1986年。

全山石、谭永泰编:《赛洛夫与弗鲁贝尔的素描》,江西人民出版社,1987年。

全山石主编:《俄罗斯画家——特卡乔夫兄弟》,山东美术出版社,1997年。

全山石主编:《俄罗斯博物馆藏画》,山东美术出版社,1998年。

全山石主编:《俄罗斯画家——科尔热夫》,山东美术出版社,1998年。

全山石主编:《现代绘画——从印象派到20世纪先锋派》,山东美术出版社,1999年。

全山石主编:《巴洛克绘画》,山东美术出版社,1999年。

全山石主编:《塞冈蒂尼》,山东美术出版社,1999年。

全山石主编:《意大利古典人体素描》,山东美术出版社,1999年。

全山石主编:《俄罗斯画家——格里采》,山东美术出版社,1999年。

全山石主编:《俄罗斯画家——普拉斯托夫》,山东美术出版社,1999年。

全山石主编:《俄罗斯画家——莫伊谢延科》,山东美术出版社,1999年。

全山石主编:《意大利画家阿尼戈尼》,山东美术出版社,2001年。

全山石主编:《意大利超前卫艺术》,山东美术出版社,2001年。

全山石主编:《俄罗斯画家——梅尔尼科夫》,山东美术出版社,2002年。

全山石策划:《莱娥——卷心菜收获的季节》,山东美术出版社,2002年。

全山石主编:《19世纪俄罗斯四大风景画家》,山东美术出版社,2003年。

全山石主编:《20世纪绘画》,山东美术出版社,2003年。

全山石主编:《罗工柳油画》,山东美术出版社,2004年。

全山石主编:《戈留塔画集》,山东美术出版社,2004年。

全山石主编:《俄罗斯"艺术世界":19世纪末20世纪初》,山东美术出版社,2004年。

全山石主编:《俄罗斯列宾美术学院珍藏素描精品选——肖像篇》,山东美术出版社,2004年。

全山石主编:《俄罗斯列宾美术学院珍藏素描精品选——人体篇》,山东美术出版社,2004年。

全山石主编:《100幅法国名画》,山东美术出版社,2005年。

全山石主编:《100幅意大利名画》,山东美术出版社,2005年。

全山石主编:《100幅俄罗斯名画》,山东美术出版社,2005年。

全山石主编:《菲钦油画肖像选》,山东美术出版社,2005年。

全山石主编:《菲钦素描选》,山东美术出版社,2005年。

全山石主编:《素描》(中国艺术教育大系·美术卷),中国美术学院出版社,2006年。

全山石主编:《俄罗斯绘画系列——肖像画》,山东美术出版社,2006年。

全山石主编:《俄罗斯绘画系列——弗鲁贝尔》,山东美术出版社,2006年。

全山石主编:《俄罗斯绘画系列——静物画》,山东美术出版社,2006年。

全山石主编:《俄罗斯绘画系列——玛利亚温》,山东美术出版社,2006年。

全山石主编:《俄罗斯绘画系列——戈洛文》,山东美术出版社,2006年。

全山石主编:《俄罗斯绘画系列——涅斯捷罗夫》,山东美术出版社,2006年。

全山石主编:《瑞典画家佐恩铜版画选》,山东美术出版社,2006年。

全山石主编:《瑞典画家佐恩油画选》,山东美术出版社,2006年。

全山石主编:《意大利画家阿尼戈尼油画选》,山东美术出版社,2006年。

全山石主编:《意大利画家阿尼戈尼素描选》,山东美术出版社,2006年。

全山石主编:《俄罗斯画家——奥列什尼科夫》,山东美术出版社,2008年。

全山石主编:《梅尔尼科夫纸上作品选》,山东美术出版社,2008年。

全山石主编:《意大利画家阿尼戈尼》,山东美术出版社,2008年。

全山石主编:《格里采风景画选》,山东美术出版社,2010年。

全山石主编:《100幅俄罗斯风景画》,山东美术出版社,2010年。

全山石主编:《100幅俄罗斯肖像画》,山东美术出版社,2010年。

全山石主编:《希什金风景画选》,山东美术出版社,2011年。

全山石主编:《俄罗斯人民艺术家——莫伊谢延科》,山东美术出版社,2011年。

全山石主编:《俄罗斯经典绘画:俄罗斯主题性油画选》,山东美术出版社,2013年。

全山石主编:《俄罗斯特列恰科夫国家画廊藏品巡展:1894—1980》,山东美术出版社,2014年。

全山石主编:《尼古拉·菲钦油画作品巡展》,广西美术出版社,2014年。

全山石艺术中心编:《跋涉与追索——中国美术学院全山石油画创研班汇报展》,中国美术学院出版社,2017年。

全山石、罗工柳绘,董楚玥、徐新红编著:《井冈山上》,中国美术学院出版社,2019年。

全山石、翁诞宪绘,孔令伟编著:《英雄赞歌》,中国美术学院出版社,2019年。

全山石先生油画作品目录

全根先　编

▶ 1953 年

三月九日（大学毕业创作）

▶ 1955 年

俄罗斯农舍之一 13.5×21 cm 纸板

俄罗斯农舍之二 12.5×20.5 cm 纸板

乌克兰姑娘 85×65 cm 布面

黄云 13×35 cm 纸板

田野 10×35 cm 板纸

对话 13.5×15 cm 布面

远眺 11×31 cm 纸板

河边的水杉 8×36.5 cm 纸板

货轮 7×30 cm 纸板

俄罗斯圣教堂 18×20 cm 布面

俄罗斯水塔 30×27 cm 布面

俄罗斯乡村——暴风雨后 43×64 cm 布面

俄罗斯乡村教堂 11×17 cm 纸板

马车 14×20 cm 布面

马棚 16×18 cm 布面

男人体习作 84×89 cm 布面

农妇 97×60 cm 布面

小桦林 25×35 cm 纸板

坐着的吉卜赛女人体 110×92 cm 布面

▶ 1956 年

穿红背心的妇女 97×69 cm 布面

窗前 50×30 cm 纸板

村落 22×50 cm 布面

俄罗斯古城 25×28 cm 布面

俄罗斯古老的乡村 44×37.5 cm 布面

高尔基水库 23×36 cm 纸板

草垛 18×29 cm 布面

小船 22×37 cm 布面

古堡 18×39 cm 纸板

古城上空的云 13×34 cm 纸板

街景 36×61.5 cm 布面

披皮毛的妇女 85×80 cm 布面

秋景 18×34 cm 纸板

山村 11×24 cm 纸板

高尔基水库 23×36 cm 纸板

睡着的小谭 16×25.5 cm 纸板

乌克兰姑娘 85×65 cm 布面

夕照赛凡湖 22×33.5 cm 布面

洗衣妇（创作稿）81×61 cm 布面

乡间小道 23×34.5 cm 纸板

小船 22×37 cm 布面

亚美尼亚的赛凡湖畔 13×44 cm 布面

亚美尼亚的赛凡湖畔礁石
    15×27 cm 纸板

渔家 22×37.5 cm 布面

长辫子女人体（色彩稿）
    23×14 cm 纸板

牧归 27.5×57.5 cm 布面

赛凡湖暮色 15×34 cm 纸板

夕照赛凡湖 22×33.5 cm 布面

赛凡湖夕阳下的亚美尼亚古教堂
    27×27.5 cm 纸板

土耳其山脉 14×34.5 cm 纸板

乌克兰的黄昏 31×43 cm 布面

乌兹别克人 115×94 cm 布面

小松与白桦 35×16.5 cm 纸板

影下的女人体 140×90 cm 布面

远眺土耳其山脉 13.5×35.5 cm 纸板

月朦胧 17.5×24 cm 纸板

月色 21×35 cm 纸板

运河 26.5×36.5 cm 纸板

▶ 1957 年

白桦 35×24 cm 布面

小松 33×16 cm 纸板

北国之春 16×42 cm 纸板

彼得堡的夏日 30.5×42 cm 纸板

穿紫裙的演员 80×75 cm 布面

对话 13.5×15 cm 布面

伏尔加河上的傍晚 24×35.5 cm 纸板

高加索古城 18×28 cm 纸板

河岸秋色 10.5×34.5 cm 纸板

桦丛 32.5×54 cm 布面

桦林 24×34 cm 布面

桦 32.5×54 cm 布面

蕾娜 121×99 cm 布面

▶ 1958 年

女医师 84×60 cm 纸板

北方的树 33×20 cm 纸板

北国城市之一 25×35 cm 纸板

北国城市之二 15×33.5 cm 纸板

边境 19.5×35 cm 纸板

春天 31×42 cm 纸板

小提琴手 77×59 cm 纸板

高加索赛凡湖上的老教堂
    46.5×66 cm 布面

黄背景女人体 150×85 cm 布面

静寂的夜色 14×35 cm 纸板

军医（色彩稿）33.5×60 cm 布面

通往土耳其的路 10.5×20 cm 纸板

远眺土耳其山脉 13.5×35.5 cm 纸板

街景 36×61 cm 布面

女大学生 125×75 cm 布面

人体背 95×55 cm 布面

秋色 10.5×35 cm 纸板

深秋 21×33 cm 纸板

收割 19×27 cm 纸板

小提琴手 77×59 cm 布面

▶ 1959 年

北方农民 50×35 cm 纸板

大桥 23×33.5 cm 纸板

建设中的三门峡水库之一
　　29×29.5 cm 纸板

建设中的三门峡水库之二 21×40 cm 布面

建设中的三门峡水库之三
　　25.5×35.5 cm 纸板

建设中的三门峡水库之四 15×35 cm 纸板

江帆 16×12.5 cm 布面

密云水库民工 61×43.5 cm 纸板

密云水库小民工 73×54 cm 布面

前赴后继（合作）150×180 cm 布面

水库工地雨景 13×17 cm 纸板

水库上的民工 50×35 cm 布面

窑洞 22×25 cm 纸板

▶ 1960 年

领袖与群众同劳动 350×195 cm 布面

玛里亚·玛格达里娜的忏悔（临摹提香油画）
97×118 cm 布面

小民工 73×53 cm 布面

▶ 1961 年

藏民 46.5×38.5 cm 纸板

藏族小喇嘛 47×36 cm 纸板

井冈山老汉 45×38.5 cm 纸板

井冈山之歌 50×64 cm 布面

井冈山妇女 40×34 cm 纸板

井冈山人 42×28 cm 纸板

茨坪的树 31×15.5 cm 纸板

赤水二郎滩渡口 33×44 cm 纸板

洞庭湖渔民 47×39 cm 纸板

高树 13.5×17 cm 纸板

工人 43.5×37.5 cm 纸板

公社里的电话机 43.5×37.5 cm 纸板

湖南妇女 36×42 cm 纸板

土族姑娘 71×36 cm

江西萍乡煤矿 22×38 cm 纸板

井冈山茨坪农民 70×54 cm 布面

井冈山民兵队长 38×31 cm 纸板

看画报的小谭 32×56 cm 纸板

男孩 23×22.5 cm 纸板

皖北农妇 54.5×40 cm 纸板

小山坡 28×50 cm 纸板

英勇不屈 233×217 cm 布面

▶ 1962 年

芭蕾演员 48×33 cm 纸板

藏族妇女 54.5×40 cm 纸板

藏族歌手 79×65 cm 纸板

藏族捏线女 39.5×29 cm 纸板

藏族女孩 49×33.5 cm 纸板

草地上的藏族女孩 38×50 cm 纸板

朝鲜妇女 52×41 cm 纸板

井冈山上 420×365 cm 布面

看书的土族姑娘 52×29 cm 纸板

两头小毛驴 10×17 cm 纸板

裸体小男孩 52.5×39.5 cm 纸板

牦牛 11.5×16 cm 纸纸板

土族姑娘 71×36 cm 纸板

▶ 1963 年

戴斗笠的农民 39.5×54.5 cm 纸板

海岛石屋 20.5×14.5 cm 纸板

江南农村姑娘 54.7×39.5 cm 纸板

中华儿女——八女投江
　　200×300 cm 布面

舟山渔工 37×50 cm 纸板

▶ 1964 年

贫下中农会上 101×136 cm 布面

▶ 1965 年

两位女学生 40.5×34.5 cm 纸板

▶ 1972 年

港口货轮 10.5×50 cm 纸板

▶ 1973 年

碧海 17×32 cm 纸板

大海孤舟 19×15 cm 纸板

读 33×44 cm 纸板

黄海白帆 14.4×21 cm 纸板

黄浦江上 37×40 cm 纸板

黄浦江上的轮船 29.5×34 cm 纸板

看书 39.5×38 cm 纸板

渔家 22×37.5 cm 纸板

女民兵 50×37 cm 纸板

一帆风顺 21×44 cm 纸板

中国东海 27×36 cm 纸板

舟山大玉环 36×50 cm 纸板

舟山风帆 21×44 cm 纸板

舟山渔港 23.5×47 cm 纸板

海港 36×39 cm 纸板

▶ 1974 年

抽烟的贵州老农 39×54 cm 纸板

贵州大爷 39×54.5 cm 纸板

贵州民兵队长 51.5×39 cm 纸板

贵州民工 40×44.5 cm 纸板

贵州青年小伙 40×55 cm 纸板

湖南农村姑娘 36×42 cm 纸板

湖南农民 42×36 cm 纸板

湖南青年 39.5×54 cm 纸板

青年肖像 137×86 cm 布面

井冈山男孩 39.5×35.5 cm 纸板

陕北农民 39.5×36 cm 纸板

遵义会议旧址 54×78.5 cm 纸板

▶ 1975 年

重上井冈山 360×195 cm 布面

红军时代宣传员 36×41 cm 纸板

遵义会议旧址之一 54.5×77 cm 纸板

红军四渡赤水——二郎滩渡口
　　39.5×54 cm 纸板

红军四渡赤水——茅台渡口
　　39.5×54 cm 纸板

红军遗物 39.5×54 cm 纸板

红军遗物之二 39.5×54.5 cm 纸板

贵州民工 39×44 cm 纸板

包黑头巾的湖南农民 39×42 cm 纸板

前赴后继 233×217 cm 布面

娄山关石碑 39×53.5 cm 纸板

▶ 1977 年

抱玩具的女孩 46×60 cm 布面

学生肖像 137×86 cm 布面

▶ 1978 年

穿白裙的女孩 42×36 cm 纸板

穿黑衣的女孩 42×31 cm 纸板

娄山关 340×185 cm 布面（始于 1975）

▶ 1979 年

背马驮子的老汉 77.3×55 cm 纸板

弹唱 55×78 cm 纸板

敦煌之一 77×59 cm 纸板

敦煌之二 54×43 cm 纸板

敦煌之三 77×55 cm 纸板

敦煌之四 54×45 cm 纸板

房东——维族女工 77.5×54.5 cm 纸板

高昌暮色 39.5×54 cm 纸板

哈萨克歌手 42×54 cm 纸板

哈萨克老大娘 76×52 cm 纸板

黄皮肤女人体 130×94.5 cm 布面

集市 38×51 cm 纸板

手工艺人 78×55 cm 纸板

演员 36×42 cm 纸板

包红巾的女孩 38×30 cm 纸板

库尔班大叔 54×61 cm 纸板

老木工 77×54.5 cm 纸板

老铁匠 43×54 cm 纸板

老艺人（速写）38.5×32 cm 纸板

丽水 60×80 cm 布面

马 32×53 cm 纸板

卖瓜老汉 70×58 cm 纸板

牧区人家 35×41 cm 纸板

维吾尔小演员 41×50 cm 纸板

农家炊烟 54×78 cm 纸板

少女 32×38 cm 纸板

手工艺人 78×55 cm 纸板

天山脚下 33×52 cm 布面

吐鲁番额敏塔 44×54 cm 纸板

维吾尔舞蹈家 77×55 cm 纸板

维吾尔小演员 41×50 cm 纸板

维族姑娘 44.6×40 cm 纸板

维族女教师 54×43 cm 纸板

乌兹别克作家 77×55 cm 纸板

小憩 70×54 cm 纸板

集市 38×51 cm 纸板

小提琴爱好者 65×80 cm 布面

新疆纺织厂女工 42×36 cm 纸板

新疆女学生 50×60 cm 布面

新疆乌拉斯坦 42×36 cm 纸板

学生 92×73 cm 布面

纺织女工 77×53.3 cm 纸板

园林工人 76.5×54.5 cm 纸板

演员 36×42 cm 纸板

阳光下 60×72 cm 纸板

坐着的维族农妇 77×53 cm 纸板

▶ 1980 年

阿巴克和加墓夜色 53×77 cm 纸板

包红头巾女孩 44×39 cm 纸板

福建渔家女 53×42.5 cm 纸板

高昌古城之一 40×54.5 cm 纸板

高昌古城之二 29.5×33.5 cm 纸板

红山 24×54 cm 纸板

护林的维族人 51.5×38 cm 纸板

老艺人 150×80 cm 布面

教长 92×73 cm 布面

新疆老人 90×73 cm 布面

两位维族小女孩 43×54 cm 纸板

玫瑰 72×59 cm 布面

山谷 53.5×77 cm 纸板

诗人 95×80 cm 布面

塔吉克姑娘 80×95 cm 布面

吐鲁番交河古城 43×53 cm 纸板

吐鲁番胜金口 51×61 cm 纸板

▶ 1981 年

白衣少女 77×53 cm 纸板

期待 75.5×55 cm 纸板

昆仑山下的村落 33×52 cm 纸板

草原上的马 28×41 cm 纸板

舞蹈教练 73×53 cm 纸板

赶车老汉 73×97 cm 布面

农家炊烟 53×77 cm 纸板

高原旋风 59×100 cm 纸板

古道遗迹 58×83 cm 布面

护林老人 46×52 cm 纸板

惠安女 78×54.5 cm 纸板

火焰山 49×53 cm 纸板

塔什库尔干青年 79×54 cm 纸板

猎人 54×78 cm 纸板

闽南小巷 43×34 cm 纸板

拿罐的妇女 150×80 cm 纸板

南疆老农 78.5×53.5 cm 纸板

帕米尔高原上的少女 77.5×53 cm 纸板

帕米尔高原上的旋风 59×100 cm 布面

葡萄架下 53×77 cm 纸板

山鹰 54×78 cm 纸板

红山 24×57 cm 纸板

树荫下 78×52.5 cm 纸板

塔什库尔干之晨 53×77 cm 纸板

维吾尔学生 41×50 cm 纸板

维族村长 92×71 cm 布面

维族女工 38×44 cm 纸板

新疆老人 91×73 cm 布面

修路工人 39×36 cm 纸板

摇篮 65×82.5 cm 布面

伊犁姑娘 36×56 cm 纸板

▶ **1982 年**

大树 38×47 cm 布面

阿訇 39×44 cm 纸板

福建村姑 54.5×43 cm 纸板

江南水乡 54×49 cm 纸板

水乡 54×49 cm 纸板

江南田野 49×54 cm 纸板

侨乡姑娘 54×61 cm 纸板

泉州古塔 43×54 cm 纸板

泉州寺 43.5×54 cm 纸板

水乡 54×49 cm 纸板

水乡古屋 54×49 cm 纸板

塔吉克牧民 44×39.5 cm 纸板

天山之父——慕士塔格峰
　　53.5×77.5 cm 纸板

吐鲁番果农 49.5×61 cm 布面

维族农民 44×39 cm 纸板

▶ **1983 年**

阿勒泰 48×74 cm 布面

通往阿勒泰的路 47×74 cm 纸板

江南田野 49×53 cm 纸板

阿勒泰的拉玛早 50×73 cm 纸板

阿勒泰石山 44×39 cm 纸板

穿黑裙的北疆妇女 45×30 cm 布面

大胡子肖像 81×94 cm 布面

钢琴前的女孩 84×100 cm 布面

哈萨克牧民 50×46 cm 纸板

哈萨克骑士 50×74 cm 纸板

哈萨克青年 44×39 cm 纸板

桦林小路 54×49 cm 纸板

桦林雪景 55×83 cm 布面

塔吉克妇女教师 纸板

中学生 40×60 cm 布面

牧归 48×74 cm 纸板

桦林中的姑娘 77×54 cm 纸板

逆光 48×75 cm 纸板

年轻人 90×72 cm 布面

牛 49×55 cm 纸板

青年肖像 45×32 cm 纸板

清真寺门前 53×73.5 cm 纸板

手工匠 54.5×77 cm 纸板

田园 49×54 cm 纸板

通向阿勒泰的路 48×74 cm 纸板

▶ 1984 年

哈萨克妇女 79×55 cm 纸板

和田农妇 37×36 cm 纸板

和田农民 68×52.5 cm 纸板

老农 77×55 cm 纸板

黑大哥 42×52 cm 纸板

红柳 52×73 cm 纸板

昆仑山人 53×69 cm 纸板

昆仑山上 53×78 cm 纸板

昆仑山下 53×73 cm 纸板

南疆汉子 44×39 cm 纸板

织毯女工 58×65 cm 纸板

结地毯的女工 52×65 cm 纸板

女代表 73×52.5 cm 纸板

期待 54×78 cm 纸板

塔吉克妇女 130×110 cm 布面

塔吉克医生 40×53 cm 纸板

拖拉机手 49×53.5 cm 纸板

杏熟时节 54×63 cm 纸板

▶ 1985 年

百岁老人 70×52 cm 纸板

塔吉克妇女 130×110 cm 布面

▶ 1986 年

加拿大尼亚加拉瀑布面 33×48 cm 纸板

静物 40×53 cm 布面

历史的潮流 304×226 cm 布面

民乐 130×98 cm 布面

大学生 42×36 cm 布面

沉思 79×54 cm 纸板

南疆老农 71×55 cm 纸板

维吾尔建设者 130×95 cm 布面

学生肖像 91×64 cm 布面

织毯女工 50×61 cm 纸板

▶ 1987 年

蔡豪杰先生肖像 92×97 cm 布面

桦林 58×74 cm 纸板

中华儿女——八女投江
　　180×300 cm 布面

▶ 1988 年

静物——黑马 65×54 cm 布面

静物——桃 50×60 cm 布面

女人体 80×110 cm 布面

▶ 1989 年

火焰山下驼铃声 75×111 cm 纸板

教长 193×80 cm 布面

▶ 1990 年

豆蔻年华 136×82 cm 布面

女人体背速写 85×55 cm 布面

五月的江南 60×65 cm 布面

西湖全景（三联画）200×825 cm 布面

▶ 1991 年

巴黎圣母院 61×73 cm 布面

戴头花的女孩 65×65 cm 布面

马德里近郊 40×60 cm 布面

塞纳河畔 65×85 cm 布面

威尼斯马可波罗故居 73×61 cm 布面

▶ 1992 年

威尼斯 60×120 cm 布面

威尼斯水巷 73×61 cm 布面

威尼斯圣玛可广场 61×73 cm 布面

远眺蒙玛特高地 61×73 cm 布面

▶ 1993 年

带博士帽的青年 130×94 cm 布面

静寂的苏黎世湖畔 61×73 cm 布面

民间艺人 130×97 cm 布面

水城威尼斯 53×75 cm 布面

▶ 1994 年

红衣少女 115×76 cm 布面

▶ 1995 年

哈达督先生肖像 140×105 cm 布面

西班牙姑娘 80×80 cm 布面

▶ 1996 年

圣玛可广场雨后 85×100 cm 布面

▶ 1997 年

威尼斯水城码头 65×100 cm 布面

威尼斯马可波罗故居 61×41.5 cm 布面

五卅惨案 38.5×98.5 cm 布面

系黄头巾的姑娘 55×46 cm 布面

戴耳环的妇女 100×80 cm 布面

▶ 1998 年

穿红衣的男孩 61×73 cm 布面

世均先生肖像 81×100 cm 布面

男孩 61×73 cm 布面

学生 151×84 cm 布面

涅瓦河畔 50×60 cm 布面

▶ 1999 年

黑发姑娘 100×80 cm 布面

穿衣裙的妇女 100×81.5 cm 布面

树 70×100 cm 布面

▶ 2000 年

雪峰 115×122 cm 布面

▶ 2003 年

俄罗斯人民艺术家梅尔尼科夫教授
 116×109 cm 布面

正气千秋——方志敏 200×120 cm 布面

中华儿女——八女投江 300×200 cm 布面

▶ 2004 年

维吾尔中学生 55×38 cm 布面

▶ 2005 年

胡或中先生肖像 104×102 cm 布面

美术理论家曹意强博士 115×130 cm 布面

香港企业家肖像 140×150 cm 布面

徐万茂先生肖像 202×120 cm 布面

▶ 2006 年

穿白外套的塔吉克妇女 81.5×65.5 cm 布面

塔吉克老大娘 118×90 布面

塔吉克新郎 100×80.5 cm 布面

高原上的青年 60×50 cm 布面

▶ 2007 年

黎明前 33×38 cm 纸板

帕米尔养路工人 117×68.5 cm 布面

盛装的塔吉克姑娘阿依古丽
    102×84 cm 布面

维族百岁老人买买提 100×90 cm 布面

▶ 2008 年

阿依古丽 50×40 cm 布面

▶ 2009 年

血肉长城——义勇军进行曲
    480×400 cm 布面

▶ 2010 年

大娘 47×40 cm 布面

美术理论家水天中先生 115×104 cm 布面

期盼 50×40 cm 布面

女教师 100 cm ×80 cm 布面

▶ 2011 年

穿黑背心的阿依古丽 108×90 cm 布面

拉萨归来 105×152 cm 布面

昆仑山青年——洛孜伊明 120×95 cm 布面

▶ 2013 年

塔什库尔干农妇 106×85 cm 布面

▶ 2014 年

思念 90×85 cm 布面

塔吉克学生 108×80 cm 布面

柯尔克孜族姑娘阿斯娅 100×80 cm 布面

昆仑山上父子行 99×152 cm 布面

▶ 2015 年

康巴汉 130×167 cm 布面

▶ 2016 年

静寂的苏黎世湖畔 80×95 cm 布面

昆仑山上的主妇 65×54.5 cm 布面

▶ 2017 年

阿依古丽的期盼 120×113 cm 布面

戴帽的柯尔克孜姑娘阿斯娅
　　　120×100 cm 布面

塔吉克阿依古丽 120×113 cm 布面

船歌 60×90 cm 布面

炉灶边 120×80 cm 布面

威尼斯大运河的暮色 80×95 cm 布面

火焰山下骆驼铃声 75×110 cm 布面

▶ 2018 年

主妇 120×85 cm 布面

帕米尔山上的姑娘 120×100 cm 布面

梳妆 100×80 cm 布面

▶ 2019 年

红山 75×110 cm 布面

千年胡杨树 90×124 cm 布面

割草老汉 120×100 cm 布面

家庭主妇 120×100 cm 布面

秋风徐来 120×100 cm 布面

塔吉克新娘 120×85 cm 布面

夏日牧场 120×100 cm 布面

▶ 2020 年

塔吉克人的婚礼（始作于 2008 年）
　　　270×350 cm 布面

编后记

全山石先生是中国当代著名油画家,是中国美术学院教授、中国油画学会副主席、中国美术家协会油画艺术委员会副主任,1999年荣获俄罗斯文化部颁发的普希金文化奖章,2001年被聘为列宾美术学院荣誉教授,2009年又当选为乌克兰国家艺术科学院院士。全山石先生的油画语言简练,色彩丰富,造型严谨,用笔奔放、潇洒,具有强烈的艺术感染力。中央美术学院院长范迪安先生曾说:全山石先生是当今中国油画界修养境界最高、手头功夫最好的著名油画家之一。

1930年,全山石先生出生于浙江宁波一个历史悠久、底蕴深厚的文化世家,系清代著名史学家、文学家全祖望后人。1949年,新中国刚成立,原本酷爱音乐的他意外地考上了杭州国立艺术专科学校,从此与油画结下不解之缘。1954年,经过严格选拔,全山石先生被国家选派到苏联列宾美术学院学习,师从阿列希尼柯夫、梅尔尼科夫等油画大师,1960年以全优的成绩毕业,是当时获得学院颁发的最高等级红色文凭仅有的两位同学之一,并获"艺术家"称号。归国以后,他回到母校(现中国美术学院)任教,曾任油画系主任、院教务长、教育部艺术教育委员会委员等,为中国油画事业做出了突出贡献,2019年中国文联授予他"中国文联终身成就美术家"荣誉称号。

2014年9月,我与同事赴杭州,拍摄中国记忆项目"我们的文字"专题的有关内容，得知全山石艺术中心即将开馆，遂前往参观。2016 年 12 月，我探亲赴杭，再次前往，观看油画展览。2017 年 11 月，我向全山石先生提出口述史访谈邀请，全山石先生同意了。我们之所以想采访全山石先生，不仅是因为他杰出的艺术成就，更重要的是为他的敬业精神所感动。据我了解，全老已经 80 多岁了，可仍然为了中国油画事业不知疲倦地辛勤工作，每天的工作强度甚至超过年轻人。全山石先生说："中国现在的油画，不是风格、题材的问题，也不是发挥个性的问题。我们和西方油画，和俄罗斯油画差距，在掌握油画的本体语言上。""我希望现在的人不需要走弯路。从西方油画的发展史我们可以总结出，油画本身是可以青出于蓝胜于蓝的，中国的油画将来很有希望。"

经过半年多的认真准备，我拟定了详细的采访大纲，自 2018 年 4 月 12 日至 2019 年 1 月 9 日，国家图书馆中国记忆项目中心的工作团队对全山石先生共进行了 21 次口述史访谈。在此项工作中，我们中心的赵亮、刘东亮、谢忠军、陈都和宋本蓉参加了拍摄记录工作。中心领导和其他同事都以不同的方式对这项工作给予了支持，全山石艺术中心的馆长和许美玲、刘奕彤、刘军发、王文杰等为我们提供了很多帮助，谨表示衷心感谢！当然，我们还要感谢商务印书馆领导和责任编辑的辛勤付出！

在口述史稿整理过程中，我们中心的陈都对采访速记稿进行了认真校对；我在陈都校对的基础上，对速记稿中待核实的问题进行了仔细核实，编辑成大约 45 万字的口述史文稿。接着，陈都对速记稿中全山石先生的学术经历和艺术成就相关内容进行了分类整理，并对某些史实和学术问题进行了考证注释，形成初步的口述史编辑稿。

在陈都所做整理的基础上，我对书稿又进行了前后五次整理。除了文字的精细化处理，我主要做了四个方面：一是对内容进行充实和完善，同时对重复或相似部分进行合并；二是对一些人名、地名、方言和专有名词进行注释；三是对风格和结构的把握，这是我思考最多、困惑最多的地方。全山石先生是一位会通中西、富于创新的油画大师，如何体现他的思维习惯和表达方式的特点和风格是需要深入思考的;四是口述史稿的主题提炼,这个问题非常重要。一部好的口述史稿,必须有一个明确的主题思想,能反映受访人一生的追求和成就。全山石先生口述史稿的主题是什么?我觉得,就是油画本体语言,就是通过整个油画史和自己的艺术人生,向世人说明:油画是可以青出于蓝而胜于蓝的,中国油画是大有希望的!我在书中专门开辟一章,将有关内容归纳其中,就是对主题思想的提炼和把握。

2020年11月,我又赴杭州,将口述史文稿和整理编辑后的书稿交全山石先生审阅。经全山石先生亲自审定,王文杰先生协助,又对书稿进行了进一步完善。全老还为书稿精心挑选了相关图片。与此同时,我又根据相关资料,编辑了"全山石先生重要著作目录"和"全山石先生油画作品目录",附于书稿之后。

书稿即将编辑完成之际,我曾问过全山石先生,是否为此书写一个前言或后记。他说,书稿已经很完整了,就不写了。现在,我写这个"编后记",只是为了说明整个口述史工作过程,并向大家表达一份谢意而已。不妥之处,敬请指正!

全根先

2021年2月23日

《领袖与群众同劳动》 1960年 350×195 cm 布面油画 俄罗斯列宾美术学院藏

《英勇不屈》 1961年 233×217 cm 布面油画 中国国家博物馆藏

《井冈山上》(合作) 1962年 420×365 cm 布面油画 中国国家博物馆藏

《娄山关》 1978年　340×185 cm　布面油画　中国国家博物馆藏

《历史的潮流》 1986年　304×226 cm　布面油画　中国国家博物馆藏

《中华儿女——八女投江》 2003年 300×200 cm 布面油画 宁波美术馆藏

《血肉长城——义勇军进行曲》（合作） 2009年 480×400 cm 布面油画 中国美术馆藏

《通往土耳其的路》 1958 年　10.5×20 cm　纸板油画

《阿勒泰的拉玛旱》 1983 年　50×73 cm　纸板油画

《静静的苏黎世湖畔》 2016年 80×95 cm 布面油画

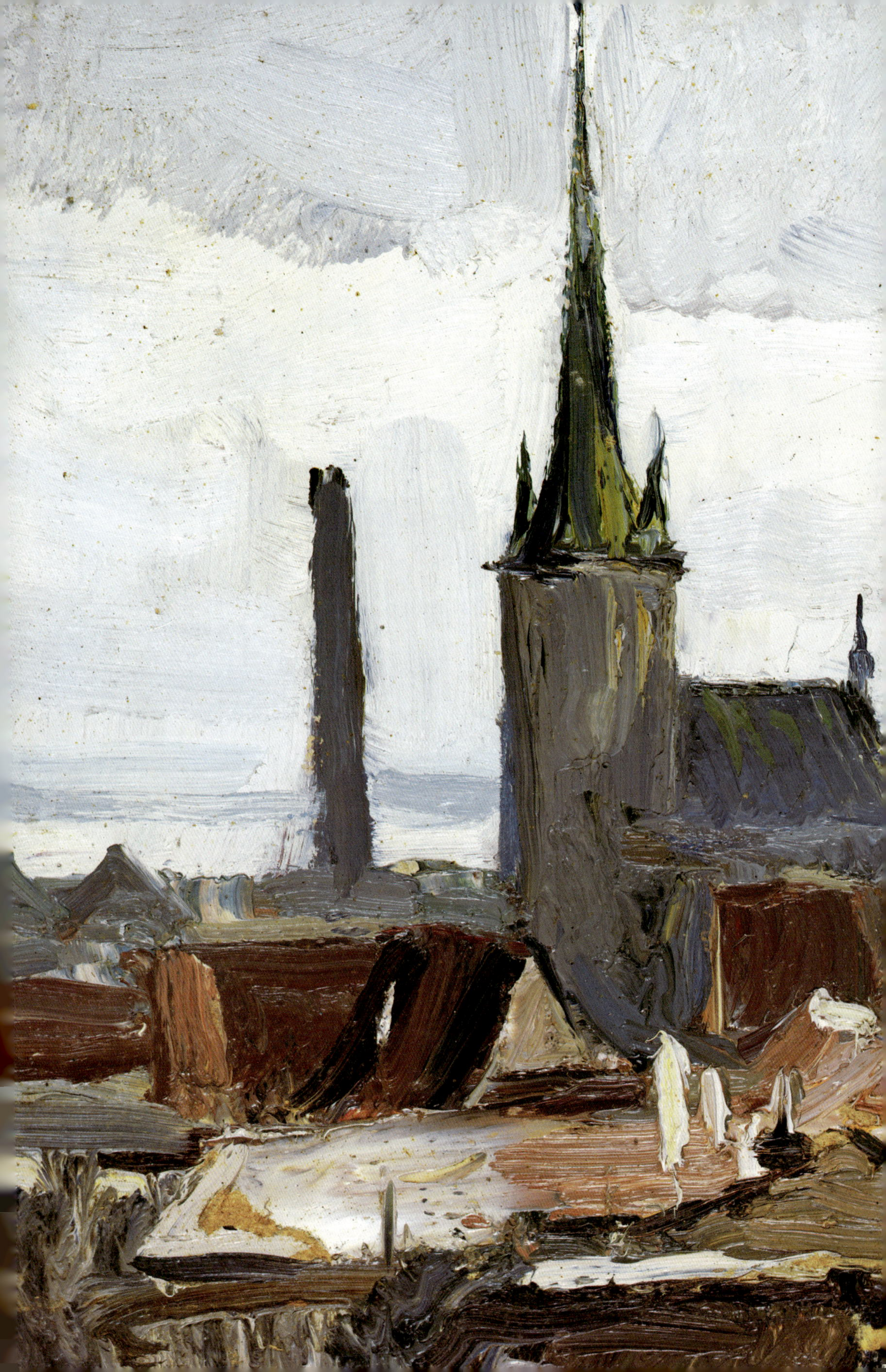

《北国城市之一》 1958年 25×35 cm 纸板

①   ②

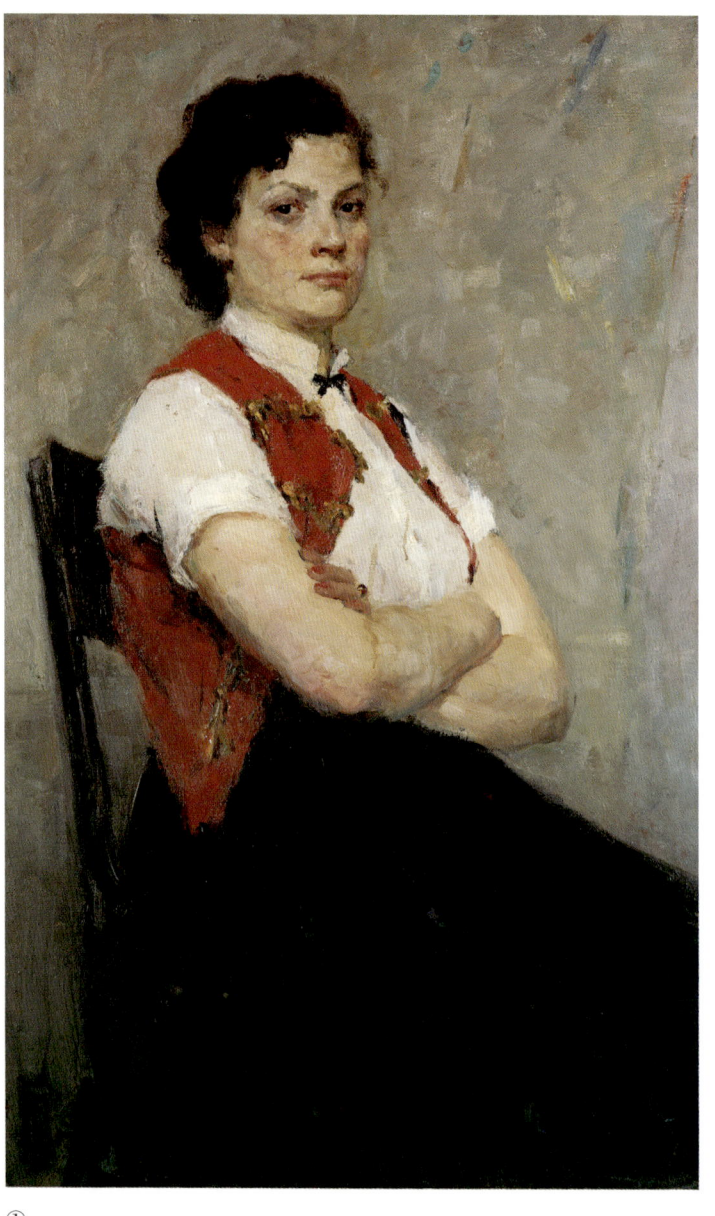

③

①《穿红色背心的妇女》 1956年 97×69 cm 布面油画
②《小提琴手》 1958年 77×59 cm 布面油画
③《女大学生》 1958年 125×75 cm 布面油画

《维吾尔建设者》 1986 年 130×95 cm 布面油画

《盛装的塔吉克姑娘阿依古丽》 2007年 102×84 cm 布面油画

① ②

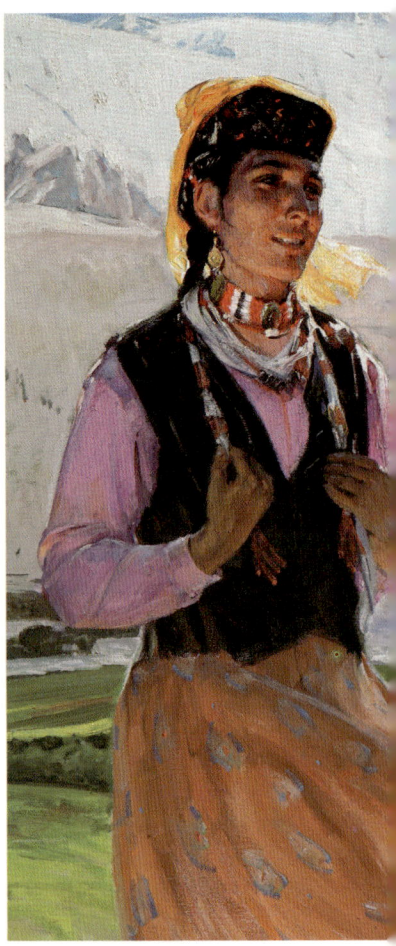

①《炉灶边》 2017 年　120×80 cm　布面油画
②《秋风徐来》 2019 年　120×100 cm　布面油画
③《梳妆》 2018 年　100×80 cm　布面油画

③

《夏日牧场》 2019 年　120×100 cm　布面油画

《大卫石膏头像》 1954年 64×47 纸铅

《赫拉克莱斯石膏头像》 1954年 52×38 纸铅

《吉卜赛姑娘》 1958年 60×43.5 cm 纸炭精

《敦煌之三》 1979年 77×55 cm 纸板